Stephan Wahle | Meinrad Walter

Im Klangraum der Messe

© Verlag Herder GmbH, Freiburg im Breisgau 2021
Alle Rechte vorbehalten
www.herder.de
Umschlaggestaltung: Verlag Herder
Umschlagmotiv: Gaechinger Cantorey unter Leitung von Hans-Christoph
Rademann in St. Wenzel, Naumburg. Fotograf: Holger Schneider
www.hildebrandt-orgel.de
Satz: dtp studio eckart | Jörg Eckart
Herstellung: PBtisk a.s., Příbram
Printed in the Czech Republic
ISBN 978-3-451-39140-8

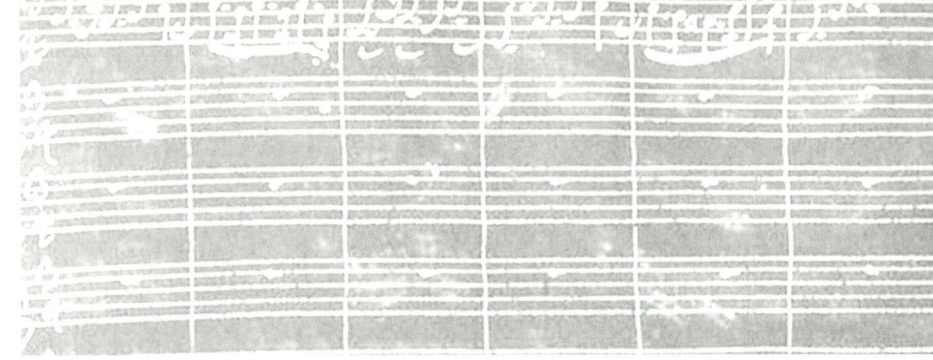

Stephan Wahle | Meinrad Walter

Im Klangraum der Messe

Wie Musik und Glaube sich inspirieren

HERDER

FREIBURG · BASEL · WIEN

III Musik zur Feier des Mahles | 93

Die Gabenbereitung | 97
Raymund Weber / Andrew Lloyd Webber: Nimm, o Gott,
die Gaben, die wir bringen

Heilig, heilig, heilig | 111
Johann Sebastian Bach: Sanctus aus der Messe h-Moll

Das große Lob- und Dankgebet | 123
Ludwig van Beethoven: Präludium und Benedictus aus der
Missa solemnis

Das Gebet des Herrn | 136
Arvo Pärt: Vaterunser im Himmel

Lamm Gottes, du nimmst hinweg die Sünde der Welt | 147
Gioachino Rossini: Agnus Dei aus der Petite Messe solennelle

Die Kommunion | 160
Frank Martin: Image de la Chambre haute aus Polyptyque für
Solovioline und zwei Streichorchester

IV Ausklang | 173

Dank und Sendung | 176
Ökumenisches Kirchenlied: Gott sei gelobet und gebenedeiet

Von der gefeierten zur gelebten Eucharistie | 188
Olivier Messiaen: Offrande et Alleluia final aus dem Orgelzyklus
Livre du Saint Sacrement

Anhang | 203
Literaturverzeichnis sowie Hinweise auf Notenausgaben und
musikalische Einspielungen der besprochenen Werke auf
Tonträgern (CD, DVD) und im Internet

Bildnachweis | 224

Inhalt

Vorwort: Musik im Dialog mit der Messe | 7

I Eröffnung | 11

Österliche Orgel-Einstimmung | 13
Jean Langlais: *Incantation pour un jour Saint*

Ehre sei Gott in der Höhe | 25
Georg Friedrich Händel: Römisches *Gloria* und *Glory to God* aus
dem Oratorium *Messias*

II Klänge am Tisch des Wortes | 41

Psalm aus dem synagogalen Gottesdienst | 44
Louis Lewandowski: *Der Herr ist mein Hirte* (Psalm 23)

Ruf vor dem Evangelium | 53
Wolfgang Amadé Mozart: *Halleluja* aus der Solomotette
Exsultate, jubilate

Auslegung als Predigt in Tönen | 61
Heinrich Schütz: *Der Gerechten Seelen sind in Gottes Hand* aus
den Musikalischen Exequien (Begräbnis-Missa)

Bekenntnis des Glaubens | 74
Leonard Bernstein: *I believe in one God* aus *Mass. A Theatre Piece
for Singers, Players and Dancers*

Beten und Bitten | 84
Felix Mendelssohn Bartholdy: Komponierte Gebete im
Oratorium *Elias*

Vorwort
Musik im Dialog mit der Messe

Der Messfeier kann man sich unter ganz verschiedenen „Vorzeichen" nähern: biblisch und historisch, praktisch und katechetisch, kulturell und ästhetisch, theologisch und geistlich. Dieses Buch widmet sich der Messe als *Klangraum* – ein ergiebiges Thema mit Musik aus vielen Epochen und Stilrichtungen. Kompositionen, die für den Gottesdienst geschaffen wurden, stehen neben konzertanten Werken der geistlichen Musik, die von Worten, Themen und Gesten der Messe mitsamt deren biblischen Ursprüngen inspiriert sind. Beispiele gibt es in großer Fülle. Schließlich wäre die Musikgeschichte ohne die wichtige Gattung Messe ja um einige Kapitel kürzer! Deshalb war eine Auswahl zu treffen, um möglichst viele Aspekte der Thematik zur Geltung zu bringen.

Uns interessiert, wie Komponisten in ihrer jeweiligen Musik-Sprache die Gesänge und Riten der Messe interpretieren, etwa wenn Georg Friedrich Händel im *Messias*, dem „Oratorium aller Oratorien", die weihnachtliche Gloria-Szene mit dem „Ehre sei Gott in der Höhe" (Lk 2,14) aus dem Mund der himmlischen Engel vertont oder wenn der französische Komponist Jean Langlais um 1950 mit dem Orgelwerk *Incantation pour un jour Saint* an die „Verwurzelung" des Sonntags im österlichen Ruf „Lumen Christi" erinnert. Im Halleluja-Finale der Motette *Exsultate, jubilate* zieht Mozart alle Register der ekstatischen Musik, um den für die Messe wichtigen Gestus des Transzendierens alles Irdischen in Musik zu setzen, wohingegen Leonard Bernstein mit seiner musicalartigen *Mass* (1971), einem „Theatre Piece for Singers, Players and Dancers", die Messfeier sogar auf die Bühne bringt, um beim Credo dessen traditionelle Gehalte mit den heutigen Schwierigkeiten des religiösen Glaubens zu konfrontieren. Auch die Instrumentalmusik spielt „im Klangraum der Messe" eine große Rolle, wenn etwa der Schweizer Komponist Frank Martin in *La Chambre haute* für Solovioline und zwei Streichorchester der „Stimmung" der Abschiedsreden Jesu und des Letzten Abendmahls nachspürt.

Inspirierend wirkt es, wenn wir Blick und Ohr über die konfessionellen und religiösen Grenzen hinaus richten. Der typisch protestantische Akzent der Bibelauslegung erschließt sich im Bedenken der musikalischen Predigt des Dresdner Hofkapellmeisters Heinrich Schütz anhand seiner dramatischen Deutung des Bibelverses „Der Gerechten Seelen sind in Gottes Hand" in den *Musikalischen Exequien*, einer einzigartigen „Begräbnis-Missa". Und warum soll nicht Louis Lewandowskis für den synagogalen Gesang bestimmte Vertonung des 23. Psalms *Der Herr ist mein Hirte* dazu anregen, neu über den Antwortpsalm als Teil der Verkündigung des Wortes Gottes in der Messe nachzudenken? Das Hochgebet als Höhepunkt der eucharistischen Liturgie führt uns zu Johann Sebastian Bachs mehrchörigem *Sanctus* aus der *Messe h-Moll* und zu Ludwig van Beethovens *Benedictus* aus der *Missa solemnis*, dem ein *Präludium* als orchestrale Begleitmusik zu den vom Priester leise gesprochenen Worten vorausgeht. Als emotional-dramatische Auslegung des Glaubens mit den Mitteln der opernhaften Musik wählen wir das *Agnus Dei* aus Gioachino Rossinis keineswegs kleiner *Petite Messe solennelle*, die erstmals 1864 zur Einweihung einer Privatkapelle in Paris erklungen ist und deren musikalischer und spiritueller Gehalt seither viele Hörerinnen und Hörer fasziniert. Bei der Gabenbereitung und dem Dank nach der Kommunion geht es mit *Nimm, o Gott, die Gaben, die wir bringen* und *Gott sei gelobet und gebenedeiet* jeweils um ein theologisch und ökumenisch aussagekräftiges Gemeindelied.

In diesem Buch wollen wir zeigen, wie wichtig die unterschiedlichen Klangwelten für die Messfeier sind und welche Inspirationen Komponisten gerade von dieser Gottesdienstform empfangen haben. Knappe historische und liturgietheologische Informationen führen jeweils in die Grundstrukturen sowie in das geistliche Geschehen der Messe ein. Wie ein Kontrapunkt wirkt zudem ein komplementärer Aspekt. Wir fragen auch danach, welche theologischen und spirituellen Impulse von gottesdienstlicher und konzertanter Musik ausgehen können: für ein verstehendes und vertieftes Mitfeiern der Messe ebenso wie für deren durchdachte liturgische und musikalische Gestaltung. Auf weitläufige fachliche Diskussionen, die theologisch wie musikwissenschaftlich zu führen wären, verzichten wir in diesem Buch. Deshalb sind die wenigen Zitate aus der wissenschaftlichen Literatur direkt im Text jeweils in Klammern durch die Nennung von Autor, Jahr der Veröffentlichung und Seitenzahl nachgewiesen; diese Angaben beziehen sich auf das Literaturverzeichnis (S. 201–203), das auch Notenausgaben der besprochenen Werke nennt. Als Anregung zum Hören der Musik gibt es mehrere Hinweise: Wir nennen CD-Einspielungen sowie QR-Codes für Aufnahmen im Internet, die oftmals mit Ton und Bild verfügbar sind. Falls die QR-Codes nach einiger Zeit nicht mehr aktuell sind, können die genauen Werktitel dabei helfen, neuere Einspielungen auf CD und im Internet aufzufinden.

Die beiden Autoren haben dieses Buch gemeinsam verfasst, wobei die ersten Entwürfe zur Liturgie von Stephan Wahle und die Überlegungen zur Musik von Meinrad Walter stammen. Die Abbildungen sollen den Leserinnen und Lesern die Komponisten und deren Klangwelten näherbringen. Zudem sollen sie dafür sensibilisieren, wie sehr es im „Raum der Messe" auf viele Dialoge zwischen klanglicher und visueller Gestaltung ankommt. Während das Umschlagbild die Einheit der vokalen und der instrumentalen Klangwelt am Beispiel einer Bachkantaten-Aufführung in St. Wenzel Naumburg (2018) mit der Gaechinger Cantorey unter Leitung von Hans-Christoph Rademann darstellt, zeigt die Abbildung von der deutschen Erstaufführung der erdwärtsmesse (2011) von Peter Jan Marthé (geb. 1949) in Singen am Hohentwiel unter Leitung von Bezirkskantor Georg Koch (S. 10) eine Messvertonung, die ein organisches Zusammenwirken von Gemeindegesang und vokal-instrumentalen Ensembles ermöglicht (Marthé 2011, 183–211). Altar und Ambo stehen im Mittelpunkt, wenn die Musik den räumlichen Abstand zwischen Chorraum und Kirchenschiff überbrückt und so das oft erlebbare Nebeneinander verschiedener Gestaltungsmöglichkeiten zum intensiven und dialogischen Miteinander wird.
Als Zeichen des Dankes für die langjährige fruchtbare Zusam-

1 Deutsche Erstaufführung der *erdwärtsmesse* von Peter Jan Marthé in Singen am Hohentwiel (2011) unter Leitung von Bezirkskantor Georg Koch (Foto: Sabine Tesche).

menarbeit widmen wir dieses Buch zwei Freiburger Theologen: Herrn Prof. Dr. Helmut Hoping, dem anlässlich seines 65. Geburtstags insbesondere Stephan Wahle seine Dankbarkeit für die langjährige gute Zusammenarbeit am Lehrstuhl für Dogmatik und Liturgiewissenschaft der Universität Freiburg zum Ausdruck bringt, und Herrn Prof. Dr. Reiner Marquard, mit dem vor allem Meinrad Walter seit der vor zehn Jahren erfolgten Gründung des Instituts für Kirchenmusik an der Musikhochschule Freiburg gemeinsame Seminare im Rahmen der „Ökumenischen Stunde" durchführt. Den beiden uns freundschaftlich verbundenen Kollegen sowie allen Leserinnen und Lesern, die einen vertieften Zugang zur Messfeier über die Musik finden wollen, wünschen wir viele neue Inspirationen beim Lesen und Bedenken sowie beim Hören und Feiern „im Klangraum der Messe".

Freiburg im Breisgau, im Sommer 2021
Stephan Wahle | Meinrad Walter

I Eröffnung

Jede Messfeier beginnt mit einem Aufbruch zur Gemeinschaft. „Populo congregato" heißt es im Messbuch – die Gemeinde versammelt sich. Was bedeutet das? Immer dann, wenn Menschen sich aus ihrem persönlichen Lebensumfeld herausrufen lassen und sich aufmachen, um gemeinsam vor Gott zu treten, ereignet sich „Kirche" als Versammlung derer, die sich vom „Kyrios" als ihrem Herrn rufen lassen. Kirche ist in ihrem innersten Kern die im Heiligen Geist vereinte Gemeinde, die zur Feier des Gottesdienstes zusammenkommt. Ob in physischer Gemeinschaft im Kirchenraum oder in virtueller Verbundenheit durch die digitalen Medien: Immer, wenn sonntags Eucharistie gefeiert wird, ist es der Gekreuzigte und Auferstandene selbst, der Gemeinschaft (communio) stiften und Begegnung ermöglichen will, als Begegnung mit ihm, Begegnung mit anderen Menschen, Begegnung des Einzelnen mit sich selbst.

Es geht um ein Fest, ja um die Fülle! So wie der Auferstandene am dritten Tag nach seinem Tod, dem ersten Tag der neuen Woche, seinen Jüngerinnen und Jüngern sichtbar erschienen ist, so will er an „seinem Tag" Anteil geben an der Fülle des Lebens. Die österliche Erfahrung der Auferstehungszeugen – „Der Herr ist auferstanden, er ist nicht tot, er lebt!" – setzt sich in der eucharistischen Erfahrung fort. Und sie knüpft an die zentrale Verheißung Jesu an: „Wo zwei oder drei in meinem Namen versammelt sind, da bin ich mitten unter ihnen." (Mt 18,20)

Und die Musik? Sie gehört ganz selbstverständlich zum Feiern, also auch zum Gottesdienst. Denn Klänge eignen sich besonders dafür, die Versammelten „einzustimmen" und innerlich zu sammeln. Das gelingt im Hören wie im gemeinsamen Singen und nicht zuletzt, wenn Musik „die heiligen Riten mit größerer Feierlichkeit bereichert" (SC 112,3), zum Beispiel als schreitende Musik zum Einzug, der ohne solche Klänge ja eine Art Schweigemarsch wäre. Die musikalischen Möglichkeiten sind überaus „polyphon", wie wir in diesem Buch anhand etlicher Beispiele im Einzelnen sehen und hören werden. Für die Eröffnungsriten wählen wir ein festliches Orgelstück aus dem 20. Jahrhundert (Langlais) und zwei spätbarocke Gloria-Versionen (Händel) aus.

Österliche Orgel-Einstimmung

Jean Langlais: Incantation pour un jour Saint

Irdisches Fest und himmlische Liturgie

Der feierliche Einzug des Vorstehers und der liturgischen Dienste schließt das individuelle Zusammenkommen der Gläubigen ab. In ritualisierter Weise wird nochmals für alle sichtbar eine Schwelle überschritten: aus der Alltagszeit in die Festzeit, in die unter Wort und Zeichen gefeierte Gegenwart des Gottesreiches, den eigentlichen Raum der Eucharistie in der Liebesbeziehung des dreifaltigen Gottes. Das Kreuzzeichen zu Beginn der Messfeier markiert sprachlich diesen Übergang. Im Zeichen des Kreuzes und mit den Worten „Im Namen des Vaters und des Sohnes und des Heiligen Geistes" vergewissern sich die Versammelten ihrer Taufe und damit ihrer Würde, „in der Freiheit der Kinder Gottes zu leben", wie es in der Taufliturgie und bei der Erneuerung des Taufversprechens in der Osternacht heißt. In gemeinsam geteilter Verantwortung erfüllen wir so den Auftrag Jesu: „Tut dies zu meinem Gedächtnis." (Lk 22,19; 1 Kor 11,24f.)

All dies geschieht vorzugsweise am Sonntag, dem „ersten Tag der Woche als den Tag, an dem Christus von den Toten erstanden ist" (eucharistisches Hochgebet). Seit der Auferstehung Christi ist der Sonntag nicht mehr irgendein Tag. Als erster und zugleich „achter" Tag der Woche ist er zu einem österlichen Symbol, zu einem Zeit-Zeichen für eine neue Zeit geworden, für die in Christus angebrochene Zeit des Reiches Gottes. „Dieser Tag ist Christus eigen", heißt es in einem Gotteslob-Lied (GL 103). Wo eine Gemeinde sonntäglich Eucharistie feiert, da „vollzieht sich an uns das Werk der Erlösung" (Gabengebet am Gründonnerstag). Im Akt des Sich-Versammelns wird Zukunft erfahrbar, denn es bricht zeichenhaft schon hier und jetzt die endzeitliche Sammlung der Kirche im Reich Gottes an. Musikalisch ausgedrückt: Der in Raum und Zeit spielende Gottesdienst mitsamt seiner Musik ist bereits ein „Präludium" der himmlischen Liturgie mit dem „Neuen Lied" um Gottes Thron.

Ein fulminanter Orgel-Beginn!

Von dieser Erfahrung tönt das knapp sechsminütige Orgelstück *Incantation pour un jour Saint* von Jean Langlais (1907–1991), das vor über 70 Jahren entstand und zu den bekanntesten geistlichen Orgelwerken des 20. Jahrhunderts zählt. Versetzen wir uns in die Uraufführung. Erstmals öffentlich erklungen ist das Werk, gespielt vom Komponisten, in der Amerikanischen Kathedrale von Paris am 5. März 1950. Entstanden war es bereits im Februar 1949. Wer die ersten Klänge erlebt, erfährt zugleich etwas über die Messfeier! Ohne dass ein Ton gesungen wird, stehen liturgische Worte im Klangraum. Vier kraftvolle Orgelklänge zitieren den Ruf „Lumen Christi" aus der Osternacht. Damit ist in der Sprache der Musik Wichtiges gesagt: Weil sie selbst auf österlichem Fundament steht, macht die Messe jeden Sonn- und Feiertag zu einem „jour Saint"! Nicht zuletzt der Musik obliegt es, dies mit ihren besonderen Mitteln in Erinnerung zu rufen, ja sogar zu „beschwören". Deshalb wohl der ungewöhnliche Titel „Incantation", dessen Bedeutung zwischen Gesang (vom lateinischen *cantare* abgeleitet), Beschwörung und Zauberformel changieren kann und der uns gleich noch beschäftigen wird.

„Jour Saint" – heiliger Tag – bedeutet etwas Besonderes und Unverfügbares. Viele anthropologische und soziale Argumente ließen sich zur Begründung eines arbeitsfreien Tages in der Woche anführen, den es seit genau 1700 Jahren gibt. Aber letztlich geht es um den Kern des Glaubens. Was wir an den drei höchsten Tagen des Kirchenjahres, dem „Triduum sacrum", feiern, soll auf jeden Sonn- und Feiertag so ausstrahlen, dass er zum „jour Saint" wird. Hauptthema ist das „Pascha-Mysterium", die Feier von Leiden, Tod, Auferstehung und Erhöhung Jesu Christi, die im Ruf „Lumen Christi" und der Antwort „Deo gratias" auf den Punkt gebracht wird. Sowohl das gesamte Kirchenjahr als auch die Messfeier und die Tagzeitenliturgie entfalten, variieren und „orchestrieren" dieses österliche Grundthema. Das musikalische Initialmotiv des Orgelstückes ist denkbar kurz. Nur die sogenannte „Rufterz" erklingt. Doch versetzen wir uns an einen Orgelspieltisch, wenn das österlich-sonntägliche Stück von Jean Langlais auf dem Pult liegt. Die Organistin oder der Organist sehen links vor den Noten zuerst die Tempoangabe „Lento" – ein breites Tempo, fast so, wie wenn man in einem leeren Kirchenraum singt und sich am Nachhall erfreut – mitsamt der geforderten enormen Lautstärke forte-fortissimo (fff). Dem entspricht, über den Noten abgedruckt, die Registrieranweisung für einen besonders majestätischen Klang mit kraftvollen Prinzipalregistern, Mixturen und Zungenstimmen. Strahlend darf hier das „volle Werk" der Orgel erklingen, das in Frankreich „Grand Chœur" heißt.

Wer war der Komponist Jean Langlais?

Rechts über den Noten steht der Name des Komponisten mitsamt dem Zusatz „Organiste du Grand-Orgue de la Basilique Sainte-Clotilde". Jean Langlais (1907–1991), der bereits mit drei Jahren erblindet ist und kaum wahrnehmen konnte, ob er sich in einem hellen oder dunklen Raum befand, studierte in jungen Jahren zunächst an der Pariser Blindenschule „Institution Nationale des Jeunes Aveugles" und dann am dortigen Conservatoire als Schüler von Marcel Dupré (Orgelspiel) und Paul Dukas (Komposition). Ein weiterer prägender Lehrer war für ihn Charles Tournemire, der gern über gregorianische Themen improvisierte und dem Langlais als Titularorganist an der Orgel von St. Clotilde nachfolgte.

Das typisch französische Amt des „Titularorganisten" hatte Langlais an dieser Basilika 42 Jahre lang inne, und zwar von 1945 bis 1987. Viele geistliche und weltliche Kompositionen stammen aus seiner Feder. Insgesamt sind es laut Werkverzeichnis 254 Werke. Zudem war Langlais ein international gefragter Kon-

zertorganist und erfolgreicher Pädagoge. Er wirkte an verschiedenen Institutionen, unter anderem 40 Jahre an der bereits erwähnten Blindenschule, die er selbst besucht hatte, und von 1962 bis 1976 an der Pariser Schola Cantorum. In deren Verlag erschien im Jahr 1954 die *Incantation pour un jour Saint*.

Worte ohne Gesang: „Lumen Christi – Deo gratias"

2 Jean Langlais an der Orgel der Wiener Augustinerkirche

Wenden wir uns noch genauer der Musik zu. Was sich sogleich einprägt, ist ihre rhythmische Gestalt. Einstimmig, jedoch in Oktaven, spielen die beiden Hände den viersilbigen Ruf des Diakons „Lumen Christi" mit einer natürlichen Betonung auf der ersten Silbe des Christusnamens. Die Füße übernehmen, in Oktaven mittels Doppelpedal, die fünfsilbige Antwort der Gemeinde „Deo gratias". Hier steht über jeder Note zusätzlich ein sogenannter „Tenuto-Strich": Die repetierten Töne sind nicht, wie meistens üblich, zu kürzen, sondern angemessen lang auszuhalten. Überdies dürfen die jeweiligen Interpreten entscheiden, ob die erste Silbe von „Déo" und von „grátias" ein besonderes Gewicht erhalten soll, damit – wie beim Singen! – der Unterschied zwischen Haupt- und Nebensilben zur Geltung kommt. In jedem Fall sind die Worte beim Spielen mitzudenken. Auch beim Hören drängen sie sich ja geradezu auf.

Was in der Osternacht eine gesteigerte Feierlichkeit bewirkt, nämlich die dreifach „gestaffelte" Tonhöhe, wird im Orgelstück weiter intensiviert. Indem die Orgel den liturgischen Gesang aufgreift, zeigt sie, was sie überdies noch vermag! Zum Beispiel kann sie die auf den Manualen und dem Pedal zu spielende Gemeindeantwort „Deo gratias" mit immer neuen Harmonien „beleuchten". So hören wir am Ende von „gratias" zunächst nur eine „leere Quinte" über dem letzten Ton, nämlich *d-a* und *dis-ais*. Das wirkt archaisch und bleibt nah am unbegleiteten Gesang. Beim dritten Mal erwarten unsere Ohren wiederum diesen Klang

„jenseits" von Dur und Moll. Wenn nun aber in der Mitte des Rahmenintervalls e-h auch noch die Durterz gis erklingt, so erzeugt dies – zusammen mit dem „rallentando" als allmählichem Langsamer-Werden – eine geradezu majestätische Wirkung.

„Incantation" zwischen Anrufung, Zauberformel und Erkennungsmelodie

Jean Langlais zitiert den österlichen Ruf „Lumen Christi" mitsamt der Gemeindeantwort „Deo gratias". Was aber bedeutet „Zitieren" in der Musik? Wichtig ist, dass ein Zitat im Sinne des Grundsatzes „pars pro toto" für etwas Umfassenderes steht. Was aber ist dieses Ganze, an das Langlais erinnern, ja das er mit Orgelmusik „besingen" und geradezu „beschwören" will? Letztlich geht es wohl um alles Österliche, um die ganze „Welt" der Osternacht mit Dunkel und Licht, Zeit und Ewigkeit, Passion und Auferstehung. Es geht um Worte und Musik, Feuer und Osterkerze, Bibelwort und Taufe, Versammlung und Prozession, Diakon und Gemeinde … Alles ist präsent, wenn dieser Ruf zitathaft erklingt!

Obwohl der Ruf keine magische Zauberformel ist, vergegenwärtigt Langlais mit dem „Lumen Christi" den Zauber der Osternacht, wobei die Bereiche des Sinnlichen und des Sinnvollen zusammenspielen, wie – hoffentlich – bei jedem Gottesdienst. Das unverfügbare Heilige lässt sich nicht herbeizwingen, aber vielleicht „locken" im Wechselspiel sinnlicher Eindrücke und sinnvoller Gedanken. Musikalisch steht das sinnliche Erlebnis am Beginn: in der Geste des Beschwörens, die vielleicht heute oftmals liturgisch in den Hintergrund getreten ist, weil Versuche des Erläuterns und Erklärens sie überlagern. Langlais meint wohl am ehesten den „Kern" von Beschwören, der besagt: Diese Kerze ist mehr als nur eine Kerze. Wir grüßen und achten sie als Symbol, in dem Christus uns begegnen will. Ja mehr noch: Mit der Kerze verbinden sich all die großen Nächte des Heils aus der langen Geschichte Gottes mit seinem Volk Israel, denn die „uralten Wunder leuchten noch in unseren Tagen" (Gebet nach der Exodus-Lesung in der Osternacht) – und zwar „bis der Morgenstern

3 Feier der Osternacht in der Kirche Maria Geburt, Aschaffenburg.

erscheint, jener wahre Morgenstern, der in Ewigkeit nicht untergeht" (Exsultet). Das lässt sich kaum „objektiv" beweisen. Es aber nur „subjektiv" zu beteuern, das wäre entschieden zu wenig. Für den Glauben und für die Musik als Sprache des Glaubens ist das *Bezeugen* entscheidend. Im liturgischen Vorgang des Bezeugens gewinnt und entfaltet die Osterkerze ihre Bedeutung, was der Ruf „Lumen Christi" wie eine „österliche Erkennungsmelodie" musikalisch klangvoll unterstreicht.

Ein heiliger Moment ist diese Proklamation „Christus, das Licht" mit der Antwort „Dank sei Gott". Alles ist sinnlich erfahrbar und sinnvoll deutbar. Und doch bleibt es ein „Geheimnis des Glaubens", auf das wir später in der Messfeier mit den Worten der Akklamation antworten: „Deinen Tod, o Herr, verkünden wir, und deine Auferstehung preisen wir, bis du kommst in Herrlichkeit." Im Titel „Incantation" klingt vieles an: die Einheit der Zeit im Verkünden des Vergangenen, im Preisen der gegenwärtigen Auferstehung und im Hoffen auf das zukünftig-herrliche Kommen. Immer wenn Eucharistie gefeiert wird, ereignet sich zeichenhaft die Vollendung von Welt und Geschichte. Genau darin liegt der Anlass für die sonntägliche Versammlung: Im Gedächtnis des Pascha-Mysteriums schon jetzt im Hier und Heute Zukunft, biblisch gesprochen das „Reich Gottes", zu erfahren, die Begegnung mit dem wiederkommenden Christus inmitten der österlich gestimmten Versammlung.

Dreifacher Ruf, neunfaches Orgel-Zitat und fulminanter Schluss

Noch zwei weitere Male zitiert Jean Langlais in diesem Orgelstück den österlichen Ruf, und zwar jeweils in seiner dreifach gesteigerten Form. Das von der Dreizahl geprägte und liturgisch gesungene „Original" wird somit im Orgelwerk – dem neunfachen liturgischen Kyrie-Ruf vergleichbar – gleichsam potenziert zu „drei mal drei". Diese liturgisch inspirierte musikalische Struktur ist leicht hörend mitzuvollziehen. Beim zweiten Erklingen, etwa in der Mitte des Stückes, hören wir den einstimmigen Ruf wiederum in Oktaven, gespielt mit den Händen, und die Antwort im Doppelpedal. Diese Fassung wirkt etwas statischer, weil Langlais auf die liturgisch charakteristische Steigerung der Tonhöhe verzichtet. Jedes „Lumen Christi" beginnt hier auf dem gleichen Ausgangston g. Dafür variiert nun die Antwort. Das „Deo gratias" setzt jeweils nicht, wie beim liturgischen Gesang, ganz selbstverständlich auf dem Anfangston des Rufes ein, sondern mit dessen Schlusston e. Damit ist die „gemeindliche" Antwort nicht – wie beim liturgischen Singen in der Osternacht – mit dem Ruf melodisch identisch, sondern sie rückt eine Terz tiefer. Variatio delectat!

Zehn Takte vor dem Schluss des knapp sechsminütigen Werkes hören wir die dritte Fassung des Zitats „Lumen Christi – Deo gratias", wiederum im Lento, aber doch nochmals anders klingend. Langlais sucht nach einer letztmöglichen Steigerung, was im Blick auf den überaus fulminanten Beginn gar nicht so einfach ist. Das Mittel seiner Wahl ist die zeitliche Verzögerung und das überraschende Spiel mit dem, was unsere Ohren ganz selbstverständlich erwarten. Wenn das Vertraute und Erwartete nicht sogleich erklingt, erzeugt dies Spannung und Steigerung. Also hören wir jetzt, kurz vor dem Schluss des Werkes, zunächst nur zwei der drei liturgischen „Doppelrufe", die wir ja bereits bestens kennen. Die Rufterz h–gis trägt das erste „Lumen Christi", das zweite steht einen Ganzton höher auf cis–ais, jeweils gespielt in Oktaven nur von der linken Hand. Und die Akklamation der Gemeinde? Beim ersten Mal ist die Antwort „Deo gratias" in höchster Höhe der rechten Hand immerhin noch zu erahnen. Sie klingt jedoch nicht in der gleichen Tonhöhe wie „Lumen Christi", sondern eine Terz höher.

Beim nächsten Ruf müssen wir uns bei der Antwort den Rhythmus von „Deo gratias" sogar hinzudenken, weil die beiden Halbenoten nicht syllabisch (silbenweise) in Achtel unterteilt sind. Will Langlais damit zu einem „aktiven Hören" herausfordern? Ein solches Ergänzen geschieht aber wie von selbst! Die Füße der Organistin oder des Organisten dürfen sich dazu noch mit einem akustischen Experiment versuchen, was am besten in großen Räumen und auf gut gestimmten Instrumenten gelingt. Zu spielen sind auf der Pedalklaviatur zwei Töne, nämlich die Quinte G–d, was ein akustisches Phänomen zur Folge hat: Der untere Ton G klingt zusätzlich auch noch eine Oktave tiefer. Wir hören – und spüren! – als dritten Ton ein Kontra-G, für das gar keine Orgelpfeifen vorhanden sind. Das ist der tiefste Ton im gesamten Stück!

Daraufhin, sechs Takte vor dem Schluss, könnte das letzte „Lumen Christi" im Lento erklingen. Doch es scheint zu fehlen. Zu hören ist geradezu ekstatisch und jubelnd, im raschen Tempo Vivo und im langsamen Lento, ein anderes „Thema" der Osternacht, das wir gleich noch erläutern werden. Die beiden letzten Takte sind als abschließendes „Deo gratias" zu hören, mit den gleichen Tönen des Pedals wie bei der ersten Antwort im zweiten Takt des Stückes. Nun ist jeder Ton aber doppelt so lang. Und der Schlussklang ist wie eingetaucht in strahlendes D-Dur! Ein einzigartiges „Deo gratias" ist das: vom tiefen Doppelpedal-D bis zum höchsten Ton a''', der nicht auf jeder Orgel verfügbar ist. Die fallende Terz des Pedals mit den Worten „Deo gratias" erzeugt mit der aufsteigenden Linie im Diskant eine klangliche Öffnung: wie ein Portal zur Messe, das wir auch in diesem Buch durchschreiten, nachdem es sich so fulminant geöffnet hat.

Die Allerheiligenlitanei wie ein ritueller „Auftakt"

Ein wichtiges liturgisches und musikalisches „Thema" fehlt noch. Kaum hat das Orgelstück begonnen, hören wir – nach dem dritten österlichen Ruf mit dem triumphalen Schluss in E-Dur – drei Mal tiefe, fast gemurmelte Klänge in Achtelnoten, denen der Ruf „Ký-ri-e e-lé-i-son" aus der Allerheiligenlitanei der Osternacht zu unterlegen ist. Weitere „Themen" dieser Litanei blitzen immer wieder auf, etwa „Christe, audi nos" (Christus, höre uns) mit der Antwort „Christe, exaudi nos" (Christus, erhöre uns) sowie die Heiligenanrufung selbst, wie man sie sich etwa in der melodischen Gestalt von „Sancte Stephane, ora pro nobis" vorstellen kann. Schließlich erklingen noch die Anrufungen „Propitius esto – libera nos, Domine" (Sei uns gnädig, befreie uns, Herr) und „Peccatores – te rogamus, audi nos" (Wir Sünder bitten dich, höre uns).

„Komponieren" – musikalisch und liturgisch

Hört man das alles? Mehr oder weniger! Eine Hörhilfe mag das eigene Singen der Allerheiligenlitanei sein. Sie findet sich im Gebet- und Gesangbuch *Gotteslob* (GL 556) ganz ähnlich, wie Jean Langlais sie im Ohr hatte und hier zitiert. Wer der Entstehungszeit dieser Orgelmusik noch näher kommen will, kann zur lateinischen Fassung der Litanei im *Liber usualis* greifen. Nach dem eigenen Singen hat man die Melodik so gut im Ohr, dass die Zitate beim Hören des Orgelstücks besser erkennbar sind. Ins Ekstatische „transponiert" und nicht mehr in Achtelnoten, sondern Vivo in Sechzehnteln, erklingt das „Kyrie eleison" der Litanei sechs Takte vor Schluss anstelle des dritten „Lumen Christi". Die beiden Akklamationen sind austauschbar geworden! Zudem „spreizt" Langlais das Tempo in den letzten sechs Takten: Sechs „Kyrie eleison"-Rufe in flirrenden Sechzehnteln, wie die Flügelschläge von Engeln, münden in das insgesamt neunte „Deo gratias", dessen Pedaltöne, wie schon erwähnt, zu Viertelnoten gedehnt sind.

Wer dieses Werk in einer großen Kirche hört, gewinnt einen Eindruck von der eminenten Bedeutung des Raumes für das Feiern. Die Liturgie der Messe vollzieht sich ja nicht nur im Raum, sondern sie spielt ihr „Heiliges Spiel" mit dem Raum – ebenso wie die Musik. Ist nicht, wenn der letzte Ton dieses Orgelstücks verklungen ist, der Raum ein anderer geworden, nämlich festlicher und österlich? Das Orgelstück verändert den Raum, indem es zugleich einen Raum des Verstehens öffnet. Wir erleben und verstehen, wie sehr die Feier der Eucharistie als Lobpreis und Danksagung im „Deo gratias" der Osternacht gründet, die selbst wiederum nichts anderes als eine „Komposition" ist: mit dem dreifachen „Auftakt" des Rufes „Lumen Christi", dessen „Thema" in der feierlichen Lichtdanksagung des „Exsultet" wie in Variationen ausgeführt wird, worauf dann in der österlichen Tauffeier die Allerheiligenlitanei mit dem oftmals wiederholten Ruf „Kyrie eleison" folgt. Hier wird deutlich, dass die Liturgie ähnlich stringent komponiert ist wie ein Musikstück. Und wie bei jedem Musikstück braucht es eine verantwortungsvolle Interpretation des Komponierten im künstlerischen Spannungsfeld von Regeln und Freiheit.

Auch vom Rhythmus in der Musik oder vom Spiel mit verschiedenen Klangfarben lässt sich manches lernen für den „Rhythmus" unseres Feierns und für den Einsatz der liturgischen Klangfarben, die mit dabei sind im „Heiligen Spiel". Viele „Musik-Sprachen des Glaubens", die sich gegenseitig ergänzen und durchdringen, kennt die von der Messe inspirierte Tonkunst. Die Sprache von Jean Langlais atmet eine typisch französische Modernität: impressionistisch-farbig, hochvirtuos, bisweilen aus der Improvisation geboren. Vor allem gelingt es diesem Komponisten immer wieder, Aspekte der Tradition, wie etwa gregorianische Melodien, in seine Werke zu integrieren. So bringt er verschiedene Bereiche in einen inspirierenden Dialog miteinander: vokal und instrumental, liturgisch und konzertant, traditionell und innovativ. Dies gilt im Übrigen ja insgesamt für die Liturgie.

Tauferinnerung und ein liturgisch-musikalischer Vorschlag

Mit seinem Orgelstück *Incantation* stimmt Langlais die versammelte Gemeinde klangvoll und österlich auf die Begegnung mit dem Gekreuzigten und Auferstandenen ein. Musik „transponiert" die Gläubigen aus der Alltagszeit in die Festzeit, sie sammelt die aus verschiedenen Lebensvollzügen kommenden Menschen und verbindet sie zu einer im Geist Christi vereinten und vor Gott stehenden Menschheit. In den fundamentalen Akt des Sich-Versammelns mischt sich immer auch das Motiv der Taufe. Musikalisch wollen wir deshalb zwischen dem dominierenden „Lumen Christi" auch das „Kyrie eleison" der Allerheiligenlitanei nicht überhören. Theologisch erinnert uns das an die Teilhabe am Hohepriestertum Christi, die allen Mitfeiernden gemeinsam ist. Alle sind in der Taufe mit Chrisam gesalbt worden und damit Menschen des Volkes Gottes und Glieder am Leib Christi, „der Priester, König und Prophet ist in Ewigkeit" (Chrisamsalbung in der Taufliturgie). In den Klängen des Orgelstücks vereinen sich die üblichen sprachlichen Vollzüge von Einzugsgesang, Kreuzzeichen mit trinitarischem Votum und sonntäglichem Taufgedächtnis.

Wenn diese Orgelmusik etwa an einem Sonntag der Osterzeit bereits wenige Minuten vor dem „offiziellen" Beginn der Messfeier einsetzt, kann sie das Sich-Versammeln der Gläubigen („populo congregato") begleiten, von dem wir in diesem Kapitel ausgegangen sind. Wenn dann zur zweiten Hälfte der Musik der Vorsteher und die liturgischen Dienste feierlich einziehen, verbindet das Orgelstück diesen festlichen Einzug mit dem vorausgehenden Sich-Versammeln aller. Die Fortissimo-Orgelrufe „Lumen Christi – Deo gratias" sind eine starke Erinnerung an die Osternacht, ob nun die Osterkerze bereits an ihrem Platz im Altarraum steht oder erneut mit hereingetragen wird. Wenn der Diakon das Evangeliar trägt, mag sich die Assoziation einstellen, dass auch dieses Buch und seine österliche Botschaft mit der Akklamation „Lumen Christi – Deo gratias" begrüßt werden dürfen.

Um die Integration der Orgelmusik in die Liturgie zu unterstreichen, könnte gleich die Kyrie-Akklamation die Kyrie-Melodik des Orgelstücks aufgreifen, die ihrerseits ja die Allerheiligenlitanei der Osternacht zitiert. All dies wäre auch ein überaus geeigneter Beginn am Fest Allerheiligen, das im Französischen „Fête de la Toussaint" heißt. Auf solche Weise eingestimmt, kann der zweite Akt einer jeden Messfeier folgen: der Akt der Anbetung durch Akklamation und Anrufung an den in der Versammlung gegenwärtigen Christus.

Musik zur Messe von Akklamation bis Hymnus

Die Musik zur Messe erklingt sehr vielfältig, vor allem auch in ihrer Gestik, deren Möglichkeiten wir im Sinne einer ersten Zwischenbilanz kurz in Erinnerung rufen möchten. Am ursprünglichsten ist wohl die Geste der *Akklamation*, wozu auch das „Amen" gehört und, als wichtigstes österliches Beispiel, der Ruf „Lumen Christi" mitsamt der Antwort „Deo gratias". Eine Steigerung hierzu ist der oftmals wiederholte Ruf *Kyrie eleison*, mit dem sich die Gemeinde kollektiv an Christus als ihren Herrn bindet. Dies geschieht in Form der *Litanei*, die Langlais mit dem „Lumen Christi" verbindet, und für die es in der französischen Orgelmusik mit Jehan Alains *Litanies* (1937) ein weiteres faszinierendes und geradezu ekstatisches Beispiel gibt, das Langlais gewiss bekannt war. Im Zusammenhang des Bußaktes in den Eingangsriten der Messe ist noch die Klangwelt des Klagens, etwa im komponierten *Lamento*, zu nennen. Historisch und sachlich ist der Bußakt jedoch ein sekundäres Element; als Vorbereitungsakt der Gemeinde hat er seinen besten Platz vor Beginn der Messfeier und während des Einzugs. Als nächste poetisch-musikalische Form wenden wir uns in Fortführung der Akklamation dem Hymnus zu, und zwar am Beispiel des Gloria, das auch „Hymnus angelicus" genannt wird, weil es mit den Worten des Engelsgesangs über den Feldern von Bethlehem aus dem Lukasevangelium beginnt.

Ehre sei Gott in der Höhe

Georg Friedrich Händel: Römisches Gloria und Glory to God aus dem Oratorium Messias

Von der Versammlung zur Anrufung

Menschen schließen sich als eine Gemeinde zusammen und versammeln sich. Sie machen sich frei für die Begegnung mit Gott, der sie zusammengerufen hat, und beten ihn an. Wie klangvoll bereits dieser „erste Akt" der Messfeier sein kann, haben wir beim österlich-sonntäglichen Orgelstück von Jean Langlais gesehen und gehört. Der „zweite Akt" ist nun die Akklamation, die in feierlichen Messfeiern auf dreifache Weise geschieht: grundlegend im Kyrie eleison, entfaltet im Gloria in excelsis Deo und abgeschlossen im Tagesgebet. Weil der Kyrie-Ruf als Bestandteil der Allerheiligenlitanei bereits im Orgelwerk Incantation pour un jour Saint von Jean Langlais enthalten ist, wenden wir uns jetzt dem Gloria zu.

Liturgisch ist das Gloria eine ansatzweise trinitarische Ausfaltung und Intensivierung des Kyrie. Inhaltlich führt es die Akklamation an Christus als kyrios, den wahren Herrn der ganzen Schöpfung, fort. Das Kyrie der Messfeier ersetzt den antiken Brauch der Herrscherakklamation, mit dem sich das Volk politisch und rechtlich an den zur Festversammlung einziehenden Kaiser band und dazu jubelnd ausrief: kyrie eleison. Solche liturgischen Kyrie-Rufe waren in den christlichen Kirchen zu spätantiker Zeit der „Normalfall" zur Eröffnung einer Messfeier. Ein Introitus als Gesang zum Einzug war zunächst nur für die päpstliche Liturgie in Rom üblich. Dass das Sich-Versammeln der Gemeinde auch ganz schlicht und ohne jeglichen Gesang möglich ist, zeigt bis heute der Beginn der Karfreitagsliturgie, die diese alte Möglichkeit bewahrt hat und deren erstes gesprochenes Wort dann das Tagesgebet, die Anrufung Gottes im Gebet, ist.

Nach dem Kyrie als vertrauensvoller Christus-Akklamation der ganzen Gemeinde besteht das Gloria aus einer Reihe von Akklamationen, die sich im ersten Teil an Gott und im zweiten Teil an Christus richten. Im vorletzten Vers wird auch der Heilige Geist in den Hymnus mithineingenommen. Solus-Akklamationen (tu *solus Sanctus*, tu *solus Dominus*, tu *solus Altissimus*) betonen die Einzigkeit der Herrschaft Christi. Hierzu können wir die Bibel als Inspirationsquelle aufschlagen. Im ersten Korintherbrief bekräftigt Paulus, dass wir „nur *einen* Gott haben, den Vater". Denn „von ihm stammt alles und wir leben auf ihn hin. Und *einer* ist der Herr: Jesus Christus. Durch ihn ist alles und wir sind durch ihn." (1 Kor 8,6)

Das biblische Gloria in excelsis Deo

Dass bereits im Kind in der Krippe der Anfang des Heils sichtbar angebrochen ist, das erzählt die berühmte lukanische Weihnachtsgeschichte und davon zeugt auch das Gloria mit dem weihnachtlichen Engelsgruß: „Ehre sei Gott in der Höhe und Friede auf Erden den Menschen seiner Gnade." (Lk 2,14) Das Gloria ist aber kein rein weihnachtlicher Gesang. Im Kern preist es Gott, den „Vater, Herrscher über das All", und Christus, den österlichen Sieger über den Tod, der als „Lamm Gottes" beim Vater thront (vgl. Offb 14). Krippe und Kreuz, Weihnachten und Ostern, Inkarnation und Auferstehung – der christliche Glaube entfaltet mit dem Blick auf Jesus Christus die Dramatik seines und unseres Lebensweges, auf dem Gott immer wieder selbst sein Heil erneuern und Leben in Fülle schenken will.

Historisch ist das Gloria ein Erbe der ostkirchlichen Liturgien. Sein ursprünglicher Ort sind die Laudes, das morgendliche Tagzeitengebet, an dessen Ende mit diesem Hymnus Christus, der Auferstandene, im Symbol der aufgehenden Sonne begrüßt wird. Lange blieb das Gloria in den Westkirchen den Eucharistiefeiern des Papstes an den Sonntagen und Märtyrerfesten vorbehalten. Priester durften es nur am Ostertag anstimmen. Nachdem im ausgehenden Mittelalter das Gloria fast zum Alltagsgesang mutiert war, verleiht es heute den Sonntagen außerhalb der Advents- und Fastenzeit und auch den Festtagen und besonderen Feiern eine österliche Grundstimmung unter einem weihnachtlichen Vorzeichen.

Polyphone Klangwelten beim komponierten Gloria

In den himmlischen Gesang des „Gloria in excelsis Deo" darf immer wieder eingestimmt werden. Schon auf Erden! Denken wir nur an das aus Frankreich stammende Weihnachtslied *Engel auf den Feldern singen* mit dem längsten „Gloria"-Refrain in unseren Gesangbüchern, oder an Franz Schuberts *Deutsche Messe* mit dem Gloria-Beginn „Ehre, Ehre sei Gott in der Höhe! Singet der Himmlischen selige Schar. Ehre, Ehre sei Gott in der Höhe! Stammeln auch wir, die die Erde gebar." Ganz prägnant formuliert diesen Gedanken die dritte Strophe „Gloria sei dir gesungen" des Wächterliedes *Wachet auf, ruft uns die Stimme!* aus der Feder des lutherischen Pastors Philipp Nicolai. Es geht in diesem Choral, der um 1600 in schrecklicher Pestzeit entstanden ist, um den irdisch-himmlischen Zusammenklang von „Menschen- und englischen Zungen". Das ist die größte Verheißung für das irdische Singen, die sich denken lässt: Unser menschlicher Gloria-Gesang nimmt teil am himmlischen. Bereits hier und jetzt.

Ob gregorianisch oder mehrstimmig, a cappella oder mit Chor und Orchester, liturgisch oder konzertant: Der für Gloria-Vertonungen zumeist gewählte „Rahmen" ist das mehrsätzige Messordinarium mit dem Gloria an zweiter Stelle nach dem Kyrie. Doch es gibt noch weitere hörenswerte Möglichkeiten. Schon in der Barockzeit begegnen uns, etwa bei Antonio Vivaldi, lateinische Gloria-Vertonungen, deren einzelne Abschnitte vermutlich über die gesamte katholische Messfeier verteilt erklungen sind, was aus heutiger Sicht durchaus fragwürdig wirkt. Bei „Orgelmessen" wiederum, wie sie im Frankreich der Barockzeit üblich waren, wechseln auch im Gloria einstimmig-gregorianische Abschnitte mit Orgelmusik ab, so dass etwa die Worte „laudamus te, benedicimus te" gesungen werden und anschließend ein Orgelstück – ohne Gesang! – das „adoramus te" instrumental zur Geltung bringt, bevor die Schola gregoriana mit dem „glorificamus te" fortfährt.

Vor allem im evangelischen Raum finden wir zudem die nur aus Kyrie und Gloria bestehende „Missa". Als Beispiele sind Johann Sebastian Bachs Leipziger Kyrie-Gloria-Messen der 1730er Jahre zu nennen. Darunter ist die Missa in h, die Bach als protestantischer Leipziger Thomaskantor im Jahr 1733 dem katholischen Dresdner Hof dediziert hat und die er etwa 15 Jahre später, gegen Ende seines Lebens, als „Grundstock" der vermächtnishaften Missa tota et concertata in h-Moll genommen hat.

Georg Friedrich Händels römisches Gloria ...

Während es von Bach eine große Missa tota et concertata gibt, suchte man im Œuvre Händels selbst einzelne Messsätze vergeblich, bis der Hamburger Musikwissenschaftler Hans Joachim Marx um das Jahr 2000 in London ein interessantes Gloria wiederentdeckt hat. Dass als Autor Händel in Frage kommt, wurde zunächst von einigen Forschern bejaht und von anderen verneint. Auch wenn die näheren Umstände der Entstehung des etwa fünfzehnminütigen Werkes wohl für immer im Dunkeln bleiben werden, scheint es sehr wahrscheinlich, dass das virtuose „Kirchen-Stück" für Sopran, zwei Violinen und Generalbass sich einem römischen Kompositionsauftrag verdankt. Und dass Händel der Komponist ist! Er hielt sich nämlich um 1707 als Zweiundzwanzigjähriger in der Ewigen Stadt auf, wo er etliche geistliche und weltliche Werke für Adlige wie den Marchese Francesco Maria Ruspoli oder für Kardinäle wie Pietro Ottoboni geschrieben hat.

Dass in diesem Gloria etliche Passagen aus früheren Händel-Werken quasi echohaft nachklingen, macht es noch plausibler, dass kein anderer als Händel es komponiert hat. Für die hochvirtuose Solopartie kann man sich eine Sopranistin wie die damals in Rom berühmte Margherita Durastanti ebenso vorstellen wie, aus heutiger Sicht eher befremdlich, die Stimme eines der damaligen Kastraten. Zur Begleitung wählt Händel eine für Italien eher ungewöhnliche, weil kleine Besetzung mit zwei Violinen und Generalbass. Dahinter steht vielleicht die deutsche Tradition solcher „Kirchentrios", mit der Händel gut vertraut war. Oder haben vielleicht räumliche und finanzielle Beschränkungen eine Rolle gespielt? Leider lassen sich über die Entstehung und Erstaufführung keine weiteren Details in Erfahrung bringen. Entscheidend ist jedoch das eindrückliche und überzeugende Ergebnis! Die auf das neu entdeckte Werk gemünzte Schlagzeile des „Sunday Telegraph" vom 11. März 2001 „Lost work by Handel could rival Messiah" (Marx 2013, 96) ist aber dennoch ins Reich journalistischer Übertreibungen zu verweisen.

... und die dramatische Gloria-Szene im Messias

Anders als beim frühen römischen *Gloria* (1707) kennen wir die Umstände der Entstehung beim *Messias* (1741) recht genau: vom Beginn der Komposition am 22. August 1741 und der Fertigstellung bereits drei Wochen später, von der Uraufführung in Dublin am 13. April 1742 vor einem 700-köpfigen Publikum, bei der nur 20 Sänger aus dem Dubliner Christ Church Choir und dem St. Patrick's Cathedral Choir aus London mitgewirkt haben, bis zum spektakulären Jubiläumskonzert 1784 in Westminster Abbey, London, zum 25. Todesjahr oder dem 99. Geburtsjahr des Komponisten. Hier haben, unter dem Vorzeichen nationaler Religiosität und musikalischer Identitätsstiftung durch dieses Meisterwerk, Hunderte Sänger und Instrumentalisten mitgewirkt. Kein Wunder, dass dafür der Chorraum der Westminster Abbey eigens umgebaut werden musste!

Für beide Gloria-Kompositionen Händels, die wir hier besprechen, mag überdies gelten, was der Schriftsteller Stefan Zweig (1881–1942) in seinen *Sternstunden der Menschheit* mit dichterischer Phantasie über Händels *Messias* geschrieben hat. Zweig schildert – unter der bezeichnend kunstreligiösen Überschrift „Georg Friedrich Händels Auferstehung" – einen von Opern- und Oratorien-Misserfolgen niedergeschlagenen Komponisten, dem der *Messias* einen Neubeginn schenkt. Dass himmlische Engel in diesem „Oratorium aller Oratorien" auftreten und ihr berühmtes Gloria singen, inspiriert Zweig zu einem weiteren Gedanken: In der Erzählung haben die Himmelsboten auch den Komponisten „angerührt und erlöst". Händels Musik wird in solch poetischer Deutung zum Dank für die Rettung aus der Depression und zum persönlichen Bekenntnis: „Wie da nicht danken, wie nicht aufjauchzen und jubeln mit tausend Stimmen in der einen und eigenen, wie nicht singen und lobpreisen: ‚Glory to God!'" (Zweig 2013, 37) Kaum erwähnt werden muss, dass sich das weder beweisen noch widerlegen lässt.

Musikalische Hell-Dunkel-Malerei und virtuoses Konzertieren

Hoffen wir, dass Händel auch in jungen Jahren schon Grund zu solchem Lobpreis gehabt hat. Im Jahr 1685 in Halle geboren, wendet er sich bereits früh gen Norden, sodass wir ihn achtzehnjährig als Violinisten im Hamburger Opernorchester treffen können. Auch das renommierte Lübecker Organistenamt in der Nachfolge des berühmten Dieterich Buxtehude (um 1637–1707) hat ihn interessiert, doch dazu kam es nicht. Bald darauf zieht es ihn, wie viele junge Komponisten damals, nach Italien, dem aufregenden Zentrum musikalischer Neuerungen. Florenz,

Auf der Basis des Generalbasses (mitunter pausierend) überbieten sich die beiden Violinen und die Sopranstimme geradezu mit ihren virtuosen Koloraturen.

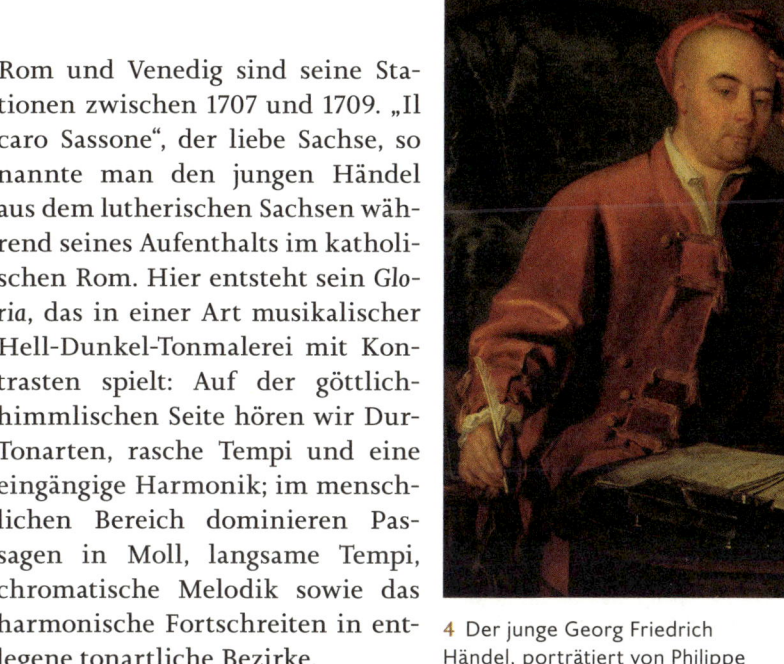

Rom und Venedig sind seine Stationen zwischen 1707 und 1709. „Il caro Sassone", der liebe Sachse, so nannte man den jungen Händel aus dem lutherischen Sachsen während seines Aufenthalts im katholischen Rom. Hier entsteht sein *Gloria*, das in einer Art musikalischer Hell-Dunkel-Tonmalerei mit Kontrasten spielt: Auf der göttlich-himmlischen Seite hören wir Dur-Tonarten, rasche Tempi und eine eingängige Harmonik; im menschlichen Bereich dominieren Passagen in Moll, langsame Tempi, chromatische Melodik sowie das harmonische Fortschreiten in entlegene tonartliche Bezirke.

4 Der junge Georg Friedrich Händel, porträtiert von Philippe Mercier, um 1730.

Händels Vertonung der liturgischen Gloria-Worte lässt sich am besten mit Verben beschreiben. Deren „Ensemble" reicht vom Jubeln und Staunen bis zum Bitten und Anbeten. Auch das ekstatische Transzendieren fehlt nicht. Verfolgen wir die Musik vom Beginn an: Nach dem einleitenden orchestralen Aufschwung mit einer ungestümen Tonleiter, die aufhorchen lässt, erklingen die Anfangsworte der Sopranstimme „Gloria in excelsis Deo" im jubelnden Gestus. Typisch für Händel ist der häufige Wechsel von Halteton und Koloraturen (Notenbeispiel links), fast wie später im „Halleluja" des *Messias*. Der gehaltene Ton vermittelt Standfestigkeit, während die Koloraturen, oft in parallelen Terzen, sich in die Höhe schwingen und eine ekstatische Stimmung verbreiten. Dieses Prinzip – Halteton gegen Koloraturen – aus der musikalischen „Grammatik" barocken Konzertierens wirkt nicht nur dialogisch, sondern zugleich wie eine inspirierende Konfrontation. Deutsche Musiktheoretiker haben das Wort „Concertare" gelegentlich mit „Scharmützeln" übersetzt. Und selbst die Hörerinnen und Hörer nehmen an diesem Wetteifern teil, ja sie spielen hörend und verstehend innerlich mit, indem sie sich unwillkürlich fragen: Welche Stimme schafft einen noch längeren Halteton, und wie gelingen dazu die virtuosen Koloraturen?

Vom gefährdeten Frieden bis zum jubelnden Amen

Ein ganz anderes klangliches Gewand erhält die Verheißung „Et in terra pax hominibus". Händel liebt ja die effektvollen Kontraste! Hier könnte man an ein Wechselspiel von Bitten und Segnen denken. Wenn Sopranistin und Orchester die Dissonanzen geradezu auskosten, erinnert das sogar ein wenig an Johann Sebastian Bach. Er hat sowohl beim „Et in terra pax" der *Messe h-Moll* als auch im *Weihnachtsoratorium*, in dessen zweitem Teil die Engelsworte „und Friede auf Erden" erklingen, viele affektvolle Seufzerfiguren sowie musikalisch-sinnbildliche Dissonanzen und deren Auflösung als Zeichen des Weges vom Unfrieden zum Frieden ganz ähnlich eingesetzt.

Musikalisch-theologisch ist hier entscheidend, dass „Friede" nicht einfach wie eine These behauptet oder als Gebot eingeschärft wird. Komponisten fragen weniger danach, was Friede ist, sondern wie er sich ereignet. Hier treffen sie sich mit allen Theologen, die auf den Glaubensakt (fides qua creditur) ebenso großen Wert legen wie auf die Inhalte des Glaubens (fides quae creditur). Bei der Geste des Bittens mag einem der Philipperbrief des Apostels Paulus in den Sinn kommen: „Sorgt euch um nichts, sondern in allen Dingen lasst eure Bitten in Gebet und Flehen mit Danksagung vor Gott kundwerden!" (Phil 4,6) Gleich der nächste Vers ist die Antwort: „Und der Friede Gottes, der höher ist als alle Vernunft, wird eure Herzen und Sinne in Christus Jesus bewahren." Händel schafft in seiner Friedensmusik innige Höhepunkte gerade durch die Zurücknahme äußerer Mittel, so dass bereits mit den eindringlichen Pausen des Orchestervorspiels die Geste des Empfangens ins Zentrum rückt.

Am Ende öffnet sich dieser Abschnitt über die Brücke eines für Händel ganz typischen Rhythmus', den man „Hemiole" nennt, und mit drei Adagio-Takten ins virtuose Loben des „laudamus te". Hier ist die Sopranistin nun ganz in ihrem Element. Dem folgenden Dank des „gratias agimus tibi" gewinnt Händel hingegen ein Staunen ab, und beim „Domine Deus" wechselt er mit einer eigenwilligen Litanei, die an das liturgische Psalmodieren erinnert, zur Geste des Anbetens. Warum das? Wenn der Gottessohn besungen wird, hören wir bei vielen Komponisten eine majestätische Musik. Jesus Christus gilt so sehr als Held, dass Gioachino Rossini diesen Gloria-Abschnitt in seiner *Petite Messe solennelle* (1864) sogar zu einer veritablen Bravour-Nummer für den Solotenor machen kann. Händel hingegen komponiert weniger den „Dominus" als königliche Hauptperson, sondern das inständige Bitten derer, die ihm huldigen und sein Erbarmen mit dem Ruf „miserere" demütig erflehen. Am Ende hören wir eine letzte Steigerung, weil Händel im Allegro „den jubilierenden Affekt des Anfangs wieder aufgreift und mit der anscheinend nicht endenwollenden ‚Amen'-Akklamation den Lobpreis Gottes abschließt" (Marx 2013, 103). Wenn die Stimme mehrfach bis zum hohen b geführt wird, will Händel wohl nicht nur den freudigen Affekt darstellen, sondern zugleich das Durchbrechen irdischer Grenzen andeuten. Die Koloraturen steigern sich in einen Begeisterungstaumel hinein, was bereits Händels erste Hörerschaft in Rom entzückt haben könnte.

Das Messias-Oratorium als komponiertes Triptychon

Wenn wir den liturgischen Gloria-Hymnus hören, schwingt vieles mit, vor allem die biblische Weihnachtsgeschichte. Das ist ja, wie eingangs erwähnt, die Herkunft der berühmten liturgischen Gloria-Anfangsworte, sozusagen die biblische Quelle des Zitats. Im zweiten Kapitel des Lukasevangeliums lesen wir die Geschichte, in die diese Worte eingebettet sind. Wir hören nicht nur „Gloria in excelsis Deo", sondern wir erfahren zudem, wer das singt, zu wem, wann, wo und warum. In Händels *Messias* heißt die Überschrift „The appearance of the Angels to the Shepherds". Dies ist im Übrigen der erste Erzählzusammenhang in diesem Oratorium, „der nicht als Prophezeiung vorausweist, sondern Geschehenes berichtet" (Waczkat 2008, 58). Bevor wir uns der biblisch-oratorischen Gloria-Szene zuwenden aber noch wenige Bemerkungen zu Händels *Messias*.

5 Georg Friedrich Händel mit der Messias-Partitur, porträtiert von Thomas Hudson, 1756.

„Subject is Messiah" – diese denkbar knappe Inhaltsangabe zu einem geplanten Oratorium, dessen Hauptperson der Messias sein soll, lesen wir in einem Brief vom 10. Juli 1741 aus der Feder von Charles Jennens, dem wir das „Libretto" (Büchlein) mit dem Wortlaut des Werkes verdanken. Nichts weniger als ein musikalisches Triptychon gelingt Jennens und Händel. Worte und Musik deuten den Messias dreifach: Er ist im ersten Teil der Erhoffte und Kommende (Advent und Weihnachten), dann der Leidende und Auferstandene (Passion und Ostern), schließlich der endzeitliche Richter und Retter (Wiederkunft in Herrlichkeit). Dieser schlichte, dem Kirchenjahr entsprechende dramatische Duktus gehört mit zum „Erfolgsrezept" des Werkes. Das Publikum war von Anfang an begeistert. Schon bei der Uraufführung wurden die Damen in Zeitungsanzeigen darum gebeten, ohne Reifröcke zu erscheinen, und den Herren empfahl man, ohne Degen zu kommen, weil so mehr Menschen Platz finden konnten (Erhardt 2010, 311).

Heute erklingt der *Messias* weltweit in Kirchen und Konzertsälen. Verjazzte Versionen gibt es ebenso wie Inszenierungen und Choreographien. Kaum jemand nimmt daran Anstoß. Um die Mitte des 18. Jahrhunderts hingegen war es noch ungewöhnlich, dass biblische Verse im Konzertsaal erklingen. Weil ein Oratorium mit dem Titel „The Messiah" Befürchtungen hätte wecken können, dass hier ein singender Schauspieler in der „Rolle" des Messias auf der Bühne steht, zog Händel es vor, das Werk nur als „A New Sacred Oratorio" anzukündigen. Der Messias durfte also nur inkognito nach London kommen. Dennoch erschien im „Universal Spectator" ein pseudonymer Artikel, der Händel blasphemische Tendenzen, ja sogar die Entweihung des Namens des Messias zum Vorwurf machte. Aus dem Mund von Schauspielern wolle man die Worte der Heiligen Schrift nicht hören! Die köstlichste Entgegnung hierauf stammt von Charles Jennens, der am 24. März 1743 brieflich mitteilt, dass diese „Farce" ihn nicht kümmert, zumal sie von „Bischöfen und anderen zimperlichen Menschen" (Waczkat 2008, 36) ausgeht.

Wie die Engel auftreten und entschwinden

Damit sind wir endgültig bei Händels eigenwilligem Freund Charles Jennens. Von diesem theologisch versierten Privatgelehrten stammt die Zusammenstellung der Textvorlage. In freier Anlehnung an die Kochkunst könnte man sagen: Mit den „Zutaten" vieler Bibelstellen und deren geschickter „Abmischung" hat Jennens für Händel ein Libretto „zubereitet". Das Ergebnis verstand er dezidiert als Demonstration des christlichen Glaubens: gegen die sogenannten „Deisten", die Jesu Messianität leugneten, und leider auch gegen die Juden (Heymel 2019, 373).

Durchweg orientiert Jennens sich am vertrauten theologischen Schema von alttestamentlicher Verheißung und neutestamentlicher Erfüllung. Die Inkarnation wird deshalb doppelt besungen: im hymnisch-kontrapunktischen Chor „For unto us a child is born", dessen Worte beim Propheten Jesaja stehen und dessen Aufführung in Hamburg 1776 der Dichter Johann Heinrich Voß mit den Worten kommentierte „Ich hätte 24 Stunden ohne Essen und Trinken dastehen, und mir bloß den Chor vorspielen lassen mögen" (Waczkat 2008, 57), sowie im konzertant-dramatischen Chor „Glory to God in the highest" auf die bekannten Worte des „Hymnus angelicus" aus dem zweiten Kapitel des Lukasevangeliums.

Was bringt nun die oratorische Musik Händels zu den biblischen Worten hinzu? In der Messias-Weihnachtsgeschichte werden die Vokalsolisten zu Personen der neutestamentlichen Handlung, fast wie auf einer Opernbühne. Die Sopranstimme stellt den Engel dar, der den Hirten auf dem Feld die Geburt Jesu ankündigt: „Fürchtet euch nicht. Siehe, ich verkündige euch große Freude." Mit glitzernden Staccato-Klängen verschaffen die Streicher diesem Engel einen geradezu überirdischen Auftritt, der die Hirten überwältigt. Dann ruft der erste Himmelsbote eine ganze Schar von Engeln herbei, um die himmlische Friedensbotschaft noch klangvoller auf die Erde zu bringen. Während des Sologesangs hört man im Hintergrund bereits das rauschende Flügelschlagen der ganzen Engelschar.

Frieden als Bitte und Verheißung

Händel sagt nicht nur, was Weihnachten ist. Nein, er inszeniert gleichsam, wie Weihnachten die Menschen trifft. Typisch barock ist seine „Übersetzung" der Worte „and peace on earth" in Musik. Ganz anders als im virtuosen Sopran-Gloria schreibt er nun jeweils nur vier Töne, zwei hohe und zwei tiefe: der hohe Friede des Himmels – und die tiefe Erde, die diesen Frieden sehnsüchtig erwartet. Der Chor singt dabei unisono, einstimmig. Vielleicht will Händel damit andeuten, wie universal das Thema Friede ist. Weil allen „auf Erden" diese Verheißung gilt, bitten alle darum. Im Oratorium übernimmt der Chor das stellvertretend. Auch weil die Worte „and peace on earth" ein großer Menschheitswunsch sind, passt die Einstimmigkeit sehr gut. Der Bitte schließt sich jeweils eine ebenso kurze wie schlichte instrumentale Bestätigung an.

Eine kaum beachtete Vortragsanweisung über den Noten der beiden Trompetenstimmen ist ein weiterer Schlüssel zum Verstehen dieser Friedensmusik. „Da lontano e un poco piano" sollen ihre Töne klingen. Das kommt aus der Opernmusik, wo „da lontano" die Postierung von Instrumenten oder Singstimmen „hinter der Bühne" bedeutet, was den Effekt von Ferne und Nähe oder von Tiefe und Höhe erzeugen soll. Hier geht es um irdische Tiefe und himmlische Höhe. Erst der Trompetenklang „aus der Ferne" macht das *Glory to God* zum himmlischen Engelsgesang. Dass die Trompeten bei den Worten „and peace on earth" pausieren, ist nur konsequent, denn jetzt singen ja die bittenden Stimmen aus der noch unerlösten Welt. Im letzten Abschnitt sorgt der Trompetenklang dann vollends für das Hereinbrechen des himmlischen Glanzes ins Irdische. Die Worte „good will towards men" komponiert Händel als polyphones Geflecht, dem die Trompeten sozusagen die Krone aufsetzen dürfen. Jetzt ist die Himmelsbotschaft des „Chorus angelicus" tatsächlich auf Erden angekommen.

Geigen und Bratschen (mit Generalbass) „inszenieren" in den Schlusstakten das Wegfliegen der himmlischen Engel.

Ganz am Ende dieses himmlischen Friedenschores wird es dann fast humorvoll. Wenn Händel ein Oratorium komponiert, denkt er in opernhaften „Szenen", zumal die beiden Gattungen Oper und Oratorium ja gleichsam verschwistert sind. Das Oratorium ist im Musiktheater ebenso verwurzelt wie in der Predigt. Händels „opernhafter" Gedanke heißt wohl: So wie die Engel auf die imaginäre Bühne gekommen sind, müssen sie den Schauplatz auch wieder verlassen, um der nächsten Szene Platz zu machen. Am Ende, wenn schon kein Engel mehr singt, dürfen die Streicher im Orchester noch das Wegfliegen der letzten Himmelsboten mit kleinen Trillern wie Flügelschläge „inszenieren". Im letzten Takt ist dann, damit sich der imaginäre Vorhang dieses Chores schließen kann, auch der allerletzte Engel im pianissimo nach oben hinweggehuscht.

Gloria als geistliche Unterhaltung?

In der unvorstellbar kurzen Zeit von nur 24 Tagen hat Händel seinen Messias komponiert. Dabei gelingen ihm so berühmte Stücke zu liturgischen Grundworten wie das packende „Halleluja" oder das große abschließende „Amen". Für Charles Jennens war dieses Oratorium „a fine entertainment" (Brief vom 30. April 1745) – große musikalische Unterhaltung! Wer das Wort in seiner ganzen Tiefe versteht, kann diesem Urteil zustimmen – und vielleicht sogar fragen, welche Momente solchen „Unterhaltens" die Liturgie kennt und braucht. Im weiteren Sinne gilt das auch für die „Liturgie" eines Konzerts oder einer adventlichen beziehungsweise weihnachtlichen Feier mit Teil 1 des Oratoriums, bei der etwa Händels konzertante Musik in einen Dialog mit biblischen und literarischen Lesungen sowie mit dem Gesang der Gemeinde tritt (Walter 2019). Ähnlich wie im „Klangraum der Messe" kommt es auch hier darauf an, die Musik stimmig in das gesamte Geschehen zu integrieren.

In unserem Versuch, das Gloria musikalisch zu verstehen, mag beim Wort „Unterhaltung" durchaus auch die Bedeutung von „Unterstützung" wie ein Oberton mitschwingen. Im Vergleich der beiden Händel-Stücke *Gloria* und *Glory to God* hören wir zudem die beiden Grunddimensionen von Liturgie. Der „herabsteigende" Aspekt wird im Gloria des *Messiah* schon in den ersten Noten deutlich. Klänge steigen von oben herab, ja ihre Herkunft ist so himmlisch, dass sogar das eigentlich vorgeschriebene Bassfundament der Barockmusik hier fehlen darf. Das römische *Gloria* hingegen schlägt vom ersten Moment einen anderen Ton an, weil hier die melodische Linie der Instrumente fast ungestüm nach oben weist, so dass die Sängerin in diese Aufwärtsbewegung virtuos einstimmen kann.

Die Oration als Zielpunkt von Kyrie und Gloria

Kommen wir abschließend kurz auf den Duktus der Messfeier zurück. Der zweite Teil der Eröffnungsriten, der „Akt der Anbetung", steigert sich vom akklamatorischen Kyrie über das hymnische Gloria in das als Oration vorgetragene Tagesgebet. *Oratio* bedeutet „feierliche Rede". Das vom Vorsteher im Rezitationston vorgetragene Tagesgebet fasst laut und vernehmlich das stille Gebet zusammen, zu dem die ganze Gemeinde durch das „Lasset uns beten" – mit anschließender Stille! – aufgefordert ist.

In gewisser Weise bereitet das Gloria den Klangraum für jene innere und äußerliche Gebetshaltung vor, mit der sich die Gemeinde jetzt an Gott wendet und ihn still und dann laut mit seinem Namen anruft: „Deus!" Genau darin, im dankbaren Gedächtnis an sein Heilshandeln um die Erneuerung und Vollendung zu bitten, ereignet sich Kirche als die von Gott herausgerufene und durch Christus im Heiligen Geist geeinte Versammlung. So wie am Gloria in der Messfeier vorzugsweise alle Gläubigen beteiligt sind, etwa durch einen Rahmenvers, auch wenn ein Sängerchor den Hymnus singt, so ist auch die Oration grundsätzlich ein gegliederter Gebetsakt, nicht bloß ein vom Priester stellvertretend gebeteter oder verlesener Text aus dem Messbuch. Bereits die stehende Haltung der gesamten Gemeinde – die Grundhaltung aller Eröffnungsriten – verdeutlicht als leiblicher Gestus die Ausrichtung des Menschen zu Gott. Entscheidend sind nicht viele Worte, die nach einem klangvollen Gloria ausgesprochen werden müssten. Entscheidend ist der leiblich-geistige Akt der Ausrichtung zu Gott, der jetzt zur Gemeinde sein Wort sprechen wird. Mit diesem Geschehen von Wort und Antwort im „Wortgottesdienst" befasst sich der nächste Abschnitt.

II Klänge am Tisch des Wortes

Beim Wortgottesdienst versammelt sich die Gemeinde um den „Tisch des Wortes". Hier eröffnet die Sprache der Musik viele Möglichkeiten. So lässt sich der gesprochene Vortrag biblischer Lesungen und vor allem des Evangeliums durch ein Kantillieren steigern. Bereits der Kirchenvater Augustinus (354–430) beschreibt dies am Beispiel der Psalmen als „ein gelindes Auf und Ab in der Stimme des Psalmenlektors, das mehr einem getragenen Lesen als einem Singen gleicht" (Confessiones X,33,50). Hierfür entwickelten sich bestimmte Formeln der einstimmig-solistischen Rezitation, die Lektionstöne und Evangelientöne genannt werden. Darunter ist der „Jesaja-Ton", der vom gesungenen Weihnachtsevangelium her vielen Menschen bekannt ist.

Die gesamte Liturgie des Wortes wäre aber missverstanden, wenn ein gesprochener Text auf den anderen folgt und quasi nur zur Auflockerung auch noch Lieder gesungen werden. Nicht selten gleicht unsere Feierkultur allerdings dem Typ einer „Bet-Sing-Messe" in recht stupider Taktung ohne erlebbaren Spannungsbogen. Viel besser hat der Innsbrucker Liturgiewissenschaftler Josef Andreas Jungmann (1889–1975) in seinem Buch „Die liturgische Feier" (1939) die Dramaturgie des Wortgottesdienstes mit dem „liturgischen Formschema" von Lesung – Gesang – Gebet erfasst. Auch wenn sein liturgiehistorischer Ansatz, der in diesem „Dreiklang" eine universale Gesetzmäßigkeit des christlichen Wortgottesdienstes entdecken wollte, mittlerweile kritisch beurteilt wird, hat er doch die geistliche Dynamik von Wort Gottes und Gebetsantwort der Menschen erkannt. Der Musik kommt dabei eine unverzichtbare und vermittelnde Rolle zu. Denn erst im Nachklingen des Schriftwortes, im Meditieren und Nachsinnen, vor allem in respondierender Psalmodie keimt die menschliche Antwort auf das gehörte und verstandene Wort Gottes. Hören wir, wie Jungmann sich eine gute „Performance" der Wortliturgie vorstellt:

„Sehen wir näher zu. Den Höhepunkt in diesem Schema bildet das Gebet; darauf strebt das Vorausgehende hin: man ist zum Gebet versammelt. Aber das Gebet kann nicht gut unvermittelt beginnen. Zum Gebet muss gewissermaßen erst Gott uns rufen; bevor wir als Christen beten und zu Gott reden können, muss Gott uns durch sein Wort angeredet haben. Darum steht am Anfang des liturgischen Schemas die *Lesung*, allgemein: das Wort Gottes, das wir hören.

Das Wort Gottes nun nehmen wir gläubig und dankbar auf, wir lassen es gewissermaßen nachklingen in unserm Herzen; es weckt darin Echo und Antwort. Diese Antwort könnte ein schweigendes Verweilen sein; meistens tritt sie als *Gesang* hervor; darum folgt auf die Lesung Gesang. Und dann, wenn so die rechte Atmosphäre geschaffen ist, kann das *Gebet* folgen; die Kirche will beten, das heißt: die christliche Versammlung mit dem Priester an der Spitze, nicht der Priester allein. Die Gebetsbewegung nimmt also ihren Ausgang in der Gesamtbewegung des versammelten Volkes, dann wird das Gebet vom Priester zusammengefasst und zu Gott emporgeleitet ‚durch Christus, unseren Herrn'." (Jungmann 1965, 58)

Jungmanns „Dreiklang" kann auch vollständig in Musik übersetzt werden, um das geistliche Geschehen von Verkündigung, Verweilen und Gebet auf ungewohnte Weise neu zu entdecken. So wählen wir für die Feier des Wortes Gottes fünf musikalische Akzente aus, die aus dem chorischen (Lewandowski), dem klassisch-konzertierenden (Mozart) und dem frühbarock-predigenden (Schütz) Bereich sowie aus dem Musiktheater (Bernstein) und dem Oratorium (Mendelssohn) stammen.

Psalm aus dem synagogalen Gottesdienst

Louis Lewandowski: Der Herr ist mein Hirte (Psalm 23)

Psalmen in Musik und Liturgie

Ohne die 150 Psalmen des Alten Testaments wäre die Musik ärmer! Diese oftmals komponierten Gebete – vom schlichten Lied bis zur Psalmensinfonie, vom barocken Psalmkonzert bis zu Orgelpsalmen – bilden jedoch kein einheitliches großes Kapitel der Musik, dessen Überschrift „Die Gattung Psalm" heißen könnte. Psalmen begegnen uns vielmehr „verstreut", nämlich in allen Epochen und an ganz verschiedenen Orten. Die Geschichte der Psalmmusik hat gleichsam zwei Wurzeln: Zunächst sind die jüdisch-hebräischen Singweisen der synagogalen Musik zu nennen und dann die christliche Gregorianik als einstimmiger „Klangleib" (Zender 1991, 83) der Worte, wobei die Klänge ganz im Dienst des liturgischen Feierns stehen.

Als Lebensbuch, Glaubensbuch und Liederbuch entstand im Volk Israel über einen langen Zeitraum hinweg der Psalter. Die Bibelwissenschaft versteht ihn heute als theo-poetische „Komposition". Nicht nur die hellen Seiten des Lebens mit Lob, Dank und Vertrauen – bis zum Jubelruf des nicht übersetzbaren „Halleluja!" – spiegeln sich darin, sondern auch Verzweiflung und Klage, etwa im 22. Psalm, den Jesus am Kreuz betet: „Mein Gott, mein Gott, warum hast du mich verlassen?" (Ps 22,2; Mk 15,34; Mt 27,46) Und nicht nur Freunde begegnen uns in den Psalmversen, sondern auch Feinde. Es gibt schlichtweg keine Facette des Lebens, vor der die Psalmen die Augen verschließen. Allerdings fordert kein Psalm zur Rache auf. Immer geht es darum, Gott an seine Zusage zu erinnern, dass die Gerechtigkeit „aufblühen" soll und das Unrecht nicht das letzte Wort behält. Die Psalmen sind eminent politische Gebete.

Der Psalter gleicht damit einer „Bibel in der Bibel". Alle großen Themen der Heiligen Schrift finden sich hier wie in einem Konzentrat wieder: von der Schöpfung über die Bundes- und Heilsgeschichte mit der zentralen Glaubenserfahrung von Exodus und Landnahme bis hin zu den messianischen Prophetien und apokalyptischen Visionen. In ihrer theo-poetischen Gestalt sind die Psalmen deshalb genauso Gottes Wort wie die fünf Bücher Mose, die Geschichts-, Weisheits- und Prophetenbücher des Alten Testaments, die vier Evangelien und die Briefliteratur sowie die Apokalypse des Neuen Testaments. Deshalb steht der Antwortpsalm der Messe im Lektionar und wird vom Psalmisten solistisch vom Ambo aus gesungen. Die aktuelle Leseordnung ist somit nicht, wie oft zu lesen ist, dreigliedrig (erste und zweite Lesung, Evangelium) oder, wie in der Praxis zumeist realisiert, zweigliedrig (eine Lesung, Evangelium), sondern viergliedrig mit erster Lesung, Psalm, zweiter Lesung und Evangelium.

Dass der Psalm zuweilen ganz für sich als einzige Schriftlesung in einem christlichen Gottesdienst stehen kann, ist dagegen ungewöhnlich. Weil er aber mehr als ein „Zwischengesang" ist, nämlich „Wort des lebendigen Gottes" (Hebr 4,12), steht auch der Psalm für den Anruf Gottes, der den hörenden Menschen zur Entscheidung drängt: Nehme ich diesen Ruf an? Lasse ich mich auf Gott ein? Will ich mich an ihn und seinen Heilswillen erinnern lassen? Oder verweigere ich mich dem Anspruch Gottes? Nehmen wir als Beispiel den bekannten Psalm 23 „Der Herr ist mein Hirte", nun in der Vertonung von Louis Lewandowski, die zunächst gar nicht für eine katholische Liturgie gedacht ist.

Wer war Louis Lewandowski?

Im Jahr 1821 in Wreschen in der Provinz Posen geboren, kam Louis Lewandowski mit zwölf Jahren nach Berlin, wo damals 6000 Juden lebten. Bald singt er im Chor der Synagoge und wird

6 Louis Lewandowski, porträtiert von einem anonymen Künstler, 1850.

mit Unterstützung des deutsch-jüdischen Bankiers Alexander Mendelssohn – dieser war ebenso wie Felix Mendelssohn Bartholdy ein Enkel des Philosophen Moses Mendelssohn – als erster Jude in die Akademie der Künste aufgenommen. Bald leitet Louis Lewandowski den Männer- und den Knabenchor der Großen Synagoge in der Heidereutergasse. Nachdem 1866 die Neue Synagoge in der Oranienburger Straße eröffnet wurde, wechselt er dorthin. Bis ins hohe Alter ist Lewandowski musikalisch tätig. Am 27. Dezember 1890 ernennt die Akademie der Künste ihn anlässlich seines 50-jährigen Dienstjubiläums zum Professor.

Was er anstrebt, ist die musikalische Balance zwischen Tradition und Zeitgenossenschaft. Bereits bei seinem 25-jährigen Amtsjubiläum 1865 wurde ihm der Ehrentitel „Königlich Preußischer Musikdirektor" verliehen. Selbst das mag an Felix Mendelssohn erinnern, der ab 1842 als „Preußischer Generalmusikdirektor" auch für die Kirchenmusik am Berliner Dom zuständig war. Die beiden Komponisten werden ja oft in einem Atemzug genannt. Diese Nähe lässt sich gerade bei Lewandowskis Psalm 23 durchaus feststellen. Man könnte dem Chorstück als Orgel-„Präludium" Mendelssohns op. 37,2 in G-Dur voranstellen! Beide Werke stehen in derselben Tonart und haben einen „pastoralen Grundton" im wiegenden Sechsachteltakt. Die harmonische Welt und sogar manche melodischen Einfälle ähneln sich.

Musica judaica semper reformanda?

Ungewöhnlich sind bei Lewandowski drei Aspekte, die uns die Akzente seines Wirkens als Reformator der synagogalen Musik verdeutlichen. Erstens hören wir Gesang mit Orgelbegleitung, was damals umstritten war und zu einem Orgelstreit geführt hat, in dem Lewandowski für den „König aller Instrumenten" (W. A. Mozart) plädiert hat. In einem Gutachten schreibt er: „Die Orgel in ihrer großartigen Erhabenheit und Vielfachheit ist jeder Nuancierung fähig und muss in ihrer Verbindung mit alten Sangweisen von wunderbarer Wirkung sein." (Nemtsov/Simon 2011, 17) Zweitens singen hier Männer- und Frauenstimmen, ohne dass die besondere solistische Rolle eines Kantors erkennbar wird. All das ist ungewöhnlich und auch im Schaffen von Lewandowski eher ein Randphänomen. Hinzu kommt noch, drittens, die deutsche Sprache im Unterschied zur hebräischen Kultsprache, in der Lewandowski sehr viele liturgische Gesänge geschaffen hat. Psalm 23 erschien in Lewandowskis *18 Psalmen*, deren Komposition ein Auftrag der jüdischen Gemeinden von Nürnberg und Stettin war. Lewandowski hat dieses Werk „Sr. Majestät dem Könige von Bayern Ludwig II. in tiefster Ehrfurcht zugeeignet". Interessant ist – noch vor allen Klängen, die uns erwarten – die Textvorlage:

> Der Herr ist mein Hirte, mir wird nichts mangeln,
> auf grasigen Auen lässt er mich ruhn, an stille Wasser leitet er mich.
> Meine Seele labt er, führt mich aufs rechte Geleise
> um seines Namens willen.
> Auch wenn ich wandle im Tale des Todesschattens,
> fürcht' ich kein Leid, denn du bist bei mir,
> dein Stecken, dein Stab, sie trösten mich.
> Du richtest vor mir einen Tisch an, angesichts meiner Bedränger,
> tränkest in Öl mein Haupt, mein Kelch fließt über.
> Ja, nur Glück und Heil folgen mir nach all' meine Lebenstage,
> und ich kehr' zurück in das Haus des Ewigen für die Dauer der Zeiten.

Lewandowski vertont, wie schon angedeutet, nicht die Hebräische Bibel, sondern die deutsche Übersetzung des jüdischen Gelehrten Leopold Zunz (1794–1886). Allerdings stimmt auch das nicht ganz, weil der Komponist auf der Grundlage seines bürgerlich-assimilierten Judentums etliche Verse an die damals im protestantisch-kulturellen Bereich dominierende Luther-Bibel angeglichen hat. Gleich zu Beginn hören wir nicht „Der Ewige ist mein Hirt, ich darbe nicht", wie es bei Zunz heißt, sondern das allbekannte „Der Herr ist mein Hirte, mir wird nichts mangeln" aus der Luther-Bibel. Im vierten Vers gefällt dem Komponisten wohl das „Tal des Todesschattens" bei Zunz, allerdings ersetzt er direkt davor das eher blasse „auch wenn ich gehe" durch „auch wenn ich wandle", was wiederum von Luther stammt, ebenso wie „Stecken und Stab" anstatt „Stab und Krücke".

Psalm 23 in musikalischer Interpretation

Doch nun zur Musik. Das pastellartige Klanggemälde von Lewandowski hat eine „Rahmung" wie ein Bild, einen Vorder- und Hintergrund und etliche Einzelheiten. Der pastorale Duktus im Sechsachteltakt wirkt wie ein Rahmen. Er passt zum Tongeschlecht Dur, den natürlichen Wortbetonungen und der gefälligen Melodik. Die Tempovorgabe „Andantino" entspricht einem ruhigen Schreiten. Besonders geglückt ist die musikalische Anlehnung an den sogenannten „Parallelismus membrorum" der Psalmverse, deren zwei Glieder (membra) jeweils inhaltlich ähnlich (parallel) aufgebaut sind, was im Einzelnen drei verschiedenen Prinzipien folgt: synonym (zwei ähnliche oder identische Aussagen), synthetisch (die zweite Hälfte folgt aus der ersten) oder antithetisch (ein Gegensatz kommt zum Ausdruck). Gleich die Musik des ersten Verses bildet das genau ab, mit einer kurzen Pause in der Mitte: „Der Herr ist mein Hirte – nichts wird mir mangeln." Die identische Musik der beiden Vershälften weist auf den Zusammenhang im Sinne eines „synonymen Parallelismus", wenngleich Exegeten die Worte eher als „synthetischen Parallelismus" deuten, da ja die zweite Hälfte aus der ersten resultiert: Weil der Herr mein Hirte ist, wird mir nichts mangeln.

Eine Entwicklung hören wir im zweiten Vers, der sich harmonisch zur Dominante wendet, so wie wenn der Blick in die Ferne schweift, zu den „grasigen Auen" im Hintergrund des Bildes. Die chromatische Einfärbung auf „ruhn" intensiviert das zusätzlich. Dieses Ruhen muss durch einige kurz angedeutete Schmerzen hindurch erst gewonnen werden. Ungewöhnlich ist der Akkord H-Dur auf dem wichtigen Wort „Seele". Aber das erklärt sich später, wenn genau dieser Klang ein zweites Mal vorkommt. Die bereits erwähnte Sphäre des „Todesschattens" nutzt Lewandowski zu einem musikalischen Gegensatz, indem er das Tongeschlecht wechselt: von G-Dur nach g-Moll. Die „Gangart" kommt im pianissimo ins Stocken, die Atmosphäre wird unheimlich, der Chor singt jetzt unisono. Doch zu den emphatisch wiederholten Worten „fürcht ich kein Leid, kein Leid" kehrt die anfängliche Stimmung zurück. „Psalmistisch" wirkt dann das Vor- und Nachsingen bei „Dein Stecken, Stab, sie trösten mich". Das ist ja ein Kern des Psalmodierens: Einer, hier die Bassstimme, singt vor, und alle anderen stimmen ein.

Wie klingt der „überfließende Kelch"?

Psalm 23 nennt zwei Gottesbilder, die sich ergänzen wie zwei Seiten einer Medaille: der umsichtige Hirte (Verse 1–4) und der königliche Gastgeber (Verse 5–6). Genau dieses Gliederungsprinzip „übersetzt" Lewandowski in seine Musik, wenn er beim Bild des Gastgebers zu den Worten „Du richtest vor mir einen Tisch an" etliche Parameter ändert: Auf den vierstimmigen Chor folgt ein Solo des Soprans, aus dem pastoralen Sechsachteltakt wird der eher tänzerische Dreiachteltakt. Eine köstliche Einzel-

Der „überfließende Kelch" in Louis Lewandowskis Vertonung von Psalm 23.

7 Louis-Lewandowski-Festival mit dem Synagogal Ensemble Berlin in der Synagoge Pestalozzistraße, Berlin, 2014 (Foto: Benjamin Hauf).

heit hören wir beim Wort vom „Kelch": ein einzelnes Motiv, das ja auch für die Messfeier bedeutsam ist. Wie kann ein Komponist verdeutlichen, dass der Kelch überfließt? Lewandowski wiederholt das Wort zunächst, was die Wichtigkeit unterstreicht.

Zudem aber ändert er die von der Tonart her naheliegende Tonfolge *c-a-fis* (Dominantseptakkord über D), die schon ganz zu Anfang beim ersten Vers mehrfach erklungen war und die in ihrer inneren Spannung zur Auflösung (G als Tonika) drängte, nun zu *cis-ais-fis*! Im Sinne der bereits in der Barockzeit grundgelegten Kunst musikalischer Textauslegung entsteht dadurch eine neue harmonische „Klangfarbe" mit veränderten (alterierten) Intervallen, die man „superflua" nannte, überfließend, nämlich jeweils einen Halbton höher als zur Tonart passend: Cis statt *c* und *ais* statt *a*. Was aber könnte das „Überfließende" besser zur Geltung bringen als eine solch überfließende Melodik?

Vom Sterben und Leben, von Zeit und Ewigkeit hören wir im nächsten Vers. Die „Lebenstage" schließen mit einer Abwärtsgeste, fast seufzend. Dann aber wird das „Haus des Ewigen" geradezu beschworen, wobei am Ende ein zweites Mal H-Dur erklingt. Wir erinnern uns: Diesen Klang hat Lewandowski beim Wort „Seele" schon einmal gewählt. Will er musikalisch ausdrücken, dass nun der wahre Ort der Seele zur Sprache und zur Musik-Sprache kommt, das „Haus des Ewigen"? Zwischen dem zeitlichen und dem ewigen Aspekt, die beide – „Lebenstage" und „ich kehr zurück" – im piano erklingen, steht ein einziges Wort im forte: „und". Solche einzelnen Worte, die eine Wendung markieren oder herbeiführen, sind ganz typisch für die Psalmen und überaus inspirierend für Komponisten. Johann Sebastian Bach komponierte den Vers „Ich hatte viel Bekümmernis in meinem Herzen, aber deine Tröstungen erquicken meine Seele", indem er das „Aber" als homophonen Block herausstellt, wie einen Wendepunkt.

Musik wie ein Aquarell

Lewandowski gelingt mit dieser Psalmvertonung ein aquarellartiges Stimmungsbild in der Sprache der Musik. Keine musikalische Weltliteratur, aber eine sehr einfühlsame Resonanz auf die Bibelworte des berühmten Psalms. Eine Musik des Vertrauens, in der die hellen Aspekte dominieren, wenngleich die Gefährdungen keineswegs vergessen, sondern geschickt angedeutet sind. Gern würde man den Komponisten fragen, was er sich bei der ungewöhnlichen Melodik im Bass beim wichtigen Wort „Name" gedacht hat. Und ganz am Ende wird die „Dauer der Zeiten" tatsächlich zur immer stärkeren Beruhigung. Es geht den „ewigen Zeiten" entgegen, was hier ja gemeint ist.

Über den persönlichen Charakter von Lewandowski gibt es durchaus gegensätzliche Überlieferungen. Er war wohl dominant und schreckte auch vor Intrigen nicht zurück. Heute erinnert in Berlin das Lewandowski-Festival an ihn und an seine Reform der synagogalen Musik, die weite Kreise zog und immer noch zieht. Auch viele kirchliche Chöre haben seine Vokalmusik inzwischen entdeckt, was ihn vermutlich gefreut hätte. Zumal er in seinem künstlerischen und pädagogischen Wirken vieles erreicht hat, was auch zum Profil eines christlichen Kantors oder einer Kantorin zählen könnte. Etliche Aspekte nennt die Glückwunschadresse seiner jüdischen Gemeinde anlässlich seines 50-jährigen Dienstjubiläums:

> „Sind Sie doch unverkennbar für jedermann in der Gemeinde: Ihre Verdienste um die Verherrlichung unseres Gottesdienstes und Veredelung unserer Schuljugend: dort Ihre meisterhafte Chorleitung und Ihre das

Gemüt ergreifenden Tonschöpfungen, hier trefflicher Gesangsunterricht, der einerseits der Jugend die reichen Schätze des deutschen Volksliedes erschließt, andererseits sie in die tiefen und innigen Weisen synagogaler Musik einführt und zu Stützen gottesdienstlichen Gemeinde-Gesanges heranbildet." (Nemtsov/Simon 2011, 22)

Verkündigung als Offenbarungsgeschehen

Eine Nachfrage darf erlaubt sein: Eignet dem gesprochenen – oder besser dem kantillierten – Schrifttext nicht doch mehr „göttliche Objektivität" als der „subjektiven Komposition" eines Lewandowski? Schließlich geht es bei der Liturgie des Wortes um Verkündigung. Der Lektor oder die Lektorin ruft der Gemeinde am Ende der Lesung „Wort des Lebendigen Gottes" zu, worauf die Gemeinde anerkennend mit „Dank sei Gott" antwortet. Passt diese Akklamation auch an das Ende dieser Komposition?

Dazu nur ein kleiner Gedanke, der sicherlich für jede Form der Schriftverkündigung leitend sein kann: „Verkündigung ist Offenbarungsgeschehen." (Meßner 2009, 184) Das bedeutet: Verkündigung lebt vom Heute des je aktuellen Ereignisses. Grundlegender Bezugspunkt ist das Heilshandeln Gottes in der Geschichte, herausragend und endgültig in der Auferweckung Jesu aus dem Tod. Diese Heilswirklichkeit ereignet sich erneut in symbolischer Vermittlung, wenn die Verkündigung jene Gerechtigkeit und Barmherzigkeit Gottes ins Wort setzt, die sich am Ende der Zeiten bei der Wiederkunft Christi durchsetzen wird. So wie Gott in der Geschichte Israels und im Menschen Jesus in „vermittelter Unmittelbarkeit" gehandelt hat, so handelt er auch in der menschlichen Inszenierung seines Wortes. Daher reicht es nicht aus, dass nur vermeintlich heilige Texte gelesen werden, vielmehr wollen sie zu einem „Ereignis", zu einer sinnlich erfahrbaren, durch menschliche Erfahrung hindurchgegangenen Klangwelt werden. Die „Performance" des Wortes, nicht allein der Buchstabe des Textes, ist das Medium, durch das sich der lebendige Gott durch Christus im Geist erfüllten Menschen offenbaren will.

Ruf vor dem Evangelium

Wolfgang Amadé Mozart: Halleluja aus der Solomotette Exsultate, jubilate

„Alle Sonn- und Feiertäge meine Messe"

Von vielen Komponisten wissen wir, dass sie von Kindheit an Gottesdienste mitgefeiert haben oder dabei selbst kirchenmusikalisch tätig waren. Für Mozart gilt beides. Durchaus „ehrliche Bekundungen" (Konrad 2009, 48) liest man, wenn er etwa in Briefen auf die Messe zu sprechen kommt: „Ich höre alle Sonn- und Feiertäge meine Messe, und wenn es sein kann, die Werktäge auch, das wissen Sie, mein Vater." (ebd.) Zusätzliche „Register" des Argumentierens zieht er, wenn das liturgische Erleben seine Zuneigung zu Constanze Nissen sozusagen beglaubigen soll, zumal der Vater mit dieser Beziehung ja lange nicht einverstanden war. Mozart schreibt: „Wir sind auch schon eine geraume Zeit lediger allzeit mitsammen sowohl in die Heilige Messe als zum Beichten und Communiciren gegangen – und ich habe gefunden, dass ich niemalen so kräftig gebetet, so andächtig gebeichtet und Communicirt hätte als an ihrer Seite." (ebd.)

Ein interessanter Gedanke: Welche Rolle spielt das menschliche Miteinander bei der Messfeier? Warum ist es nicht gleichgültig, mit wem ich feiere? Und auf die Musik bezogen: Die persönliche Andacht hängt wohl auch damit zusammen, wer für die Musik verantwortlich ist und wie diejenigen mit dieser Verantwortung umgehen. Immerzu ist Fingerspitzengefühl gefragt, liturgisch wie beim Spiel auf Instrumenten. Es allen recht machen zu wollen, scheint ähnlich unbefriedigend wie die Haltung, dass es doch auf das Gefallen der Menschen gar nicht ankommt, wenn wir Gottesdienst feiern. Mozarts Musik ist für viele eine gute liturgische Wahl. Aber auch das gilt wohl nur in bestimmten kulturellen Milieus. Jedenfalls bleibt die Frage spannend, worin die musikalisch-liturgische Qualität etwa des Halleluja besteht, das die Motette Exsultate, jubilate virtuos abschließt.

„Wie ein einziger Jubelgesang"

Der Jubelruf „Halleluja" – wir schreiben das Wort mit „H" am Anfang, wenngleich Mozart in der lateinisch-liturgischen Tradition die Version „Alleluja" komponiert hat – war für Komponisten oft ein Ansporn: Händels Welterfolg aus dem Messias und Bachs Schlusssatz aus der Kantate Jauchzet Gott in allen Landen (Sopran und Trompete) für die Klassik-Fans, Leonard Cohen für die popmusikalische Szene. Weniger bekannt ist das großartige Halleluja aus dem Oratorium Das Buch mit sieben Siegeln (1937) von Franz Schmidt, zu dem es auch eine Orgelfassung mit dem Titel „Halleluja-Präludium" gibt. Das bekannteste Halleluja aus der Epoche der Klassik dürfte der Schluss von Wolfgang Amadé Mozarts solistischer Motette Exsultate, jubilate sein, dem wir uns hier zuwenden.

Im Alter von 16 Jahren gelang ihm dieses Kabinettstück, wenige Wochen nach seiner festen Anstellung in Salzburg, jedoch auf seiner nunmehr dritten Italienreise, auf der Vater Leopold ihn begleitet. Es war eine glückliche Zeit mit großen Erfolgen beim italienischen Publikum, wenngleich sich etwaige Hoffnungen auf eine feste Anstellung nicht erfüllten. Der Schriftsteller und Pianist Hanns-Josef Ortheil schreibt von den „triumphalen Auftritten" und „Jahren einer immensen Entwicklung, an deren Endpunkt eine Komposition steht, die heute wie ein einziger Jubelgesang und wie ein Dank für die zuteil gewordenen Eindrücke erscheint" (Ortheil 2006, 109). Damit meint Ortheil diese Solokantate Exsultate, jubilate KV 165, die in einer frühen Abschrift nach Mozarts verschollener eigenhändiger Partitur mit „Motetto" überschrieben ist.

Wer wäre nicht gern dabei gewesen, als der Soprankastrat Venanzio Rauzzini die Uraufführung gesungen hat? Das war am 17. Januar 1773 in der Theatinerkirche San Antonio zu Mailand. Rauzzini hatte bereits als „primo uomo" in der Titelrolle von

Mozarts Oper *Lucio Silla* großes Aufsehen erregt. Der Komponist wusste also, was er diesem Sänger zumuten kann. Am 16. Januar 1773, dem Tag vor der Erstaufführung in Mailand, teilt Mozart ein paar Details mit, als Nachtrag zu einem Brief des Vaters Leopold an Mutter und Schwester. Typisch für Mozart ist der scherzhafte Umgang mit der Sprache, deren Worte er spielerisch umstellt: „Ich vor habe den primo eine homo motetten machen welche müssen morgen bey Theatinern den producirt wird." (Münster 1993, 120) Der marianische Wortlaut, zu dem sich bislang keine Quelle und kein Autor auffinden ließen, preist Maria als Krone der Jungfrauen. Später gab es dann mehrere Umtextierungen, etwa eine Salzburger Fassung für das Dreifaltigkeitsfest am 30. Mai 1779 und eine weihnachtliche Textfassung, bei der ungewiss bleibt, ob sie jemals aufgeführt wurde.

In Mailand „bei den Theatinern produziert"

Wer auch immer gepriesen wird, Maria oder die Trinität, der Wortlaut des geistlichen Werkes läuft auf das jubelnde Zielwort „Halleluja" zu, das alles wie ein klingendes Feuerwerk zusammenfasst. Die musikalische Sprache unterscheidet sich dabei nicht von Mozarts weltlichen Werken. Er beginnt hier syllabisch, so dass pro Silbe jeweils ein Ton zu singen ist. Dann aber folgen gleich überbordende Koloraturen, die das Wort ekstatisch in Musik „auflösen". Aber ist nicht das im Wort „Halleluja" schon angelegt? Keine Aussage, sondern pure Geste des Jubelns! Interessant ist in Mozarts Briefzitat nicht zuletzt das Wort „produziert". Es war damals die selbstverständliche Bezeichnung für „Musik hervorbringen". Heute hätte ein Kommentar wie „Die Musiker haben ein Musikstück – oder gar sich selbst – in der Liturgie produziert" einen kritischen Unterton, etwa in der Bedeutung: Sie stellen sich selbst in den Mittelpunkt und vergessen den Dienstcharakter. Das ist ein überaus sensibler Punkt, der nicht nur mit äußeren Handlungen – Wie geht jemand zum Ambo, etwa beim Halleluja-Ruf? Welche Gestik ist angebracht? – zusammenhängt, sondern vor allem mit der inneren Haltung des Musizierens und Feierns. Keine Solistin kann sich hinter der Musik „verstecken",

8 Eine mehrchörige Aufführung im Salzburger Dom. Stich von Melchior Küsel, um 1682.

wenn sie Mozarts „Halleluja" singt, das eine durchaus extrovertierte Gestik verlangt. Vielleicht kann aber eine Solistin von einer Lektorin ähnlich etwas lernen wie etwa ein Lektor von einem Rezitator. Es ist und bleibt nämlich eine hohe Kunst, den eigenen solistischen Part in die Liturgie zu integrieren. Hier könnte mehr mit Blick auf Üben und Reflektieren getan werden, wie es etwa beim Fach „Szenisches Spiel" für angehende Opernsängerinnen und -sänger ganz selbstverständlich ist. „Liturgisches Spiel", „Gottesdienstliche Präsenz" oder „Musikalisch-liturgische Ars celebrandi" wären Überschriften für solche Übungen, die im „Klangraum der Messe" sinnvoll sind und nur im interdisziplinären Dialog und im gegenseitigen Voneinander-Lernen einen Sinn ergeben.

Eine Begrüßungsmelodie für Christus

Halten wir kurz inne und schauen wir auf die Dramaturgie der Evangeliumsverkündigung in der Messe. Nachdem die Lesungen verkündet und dazwischen im Antwortgesang meditiert worden sind, erhebt sich die Gemeinde, und die Kantorin oder der Kantor stimmt feierlich das Halleluja an. Eine Prozession setzt sich in Bewegung. Der Diakon trägt das Evangeliar sichtbar durch die Mitte des Volkes zum Ambo, flankiert von Ministrantinnen und Ministranten mit Leuchtern und Weihrauch. Die Szenerie gleicht einem Triumphzug, bei dem das Volk seinen einziehenden König begrüßt und ihm huldigt –, nur dass der Ruf nicht einem weltlichen Fürsten gilt, sondern Christus, dem Auferstandenen und Erhöhten, dem eschatologischen Herrscher, der nun in direkter Rede sein Wort sprechen wird. Wenn Schola und Gemeinde das Halleluja singen, dann machen sie sich jenen Gesang zu eigen, der nach der Vision des Johannes beim „Hochzeitsmahl des Lammes" erklingt, mit dem die Königsherrschaft Gottes endgültig anbricht (Offb 19,1–6). Das Halleluja ist also die österliche und endzeitliche Erkennungsmelodie, die im Staunen über den Besieger von Tod und Sünde nahezu endlos weiterschallt. Das Halleluja ist die authentische Begrüßungsmelodie, die den geistlichen Raum für die sich anschließende Rede Christi zu seinem Volk bereitet.

Wie schon bei den Überlegungen zum Psalm vermerkt, werden alle Schrifttexte in der Messe nicht einfach wie Geschichten aus längst vergangenen Jahren, ja Jahrhunderten gelesen. Schriftverkündigung ist auch nicht mit Didaktik oder Informationsaustausch zu verwechseln. Selbst wenn nur noch die wenigsten Menschen „bibelfest" sind, ist die Messe nicht der geeignete Ort, über den Inhalt der Bibel zu belehren. Vielmehr ereignet sich in der Verkündigung – und zwar aller Schrifttexte, Lesungen wie auch Evangelium – Präsenz und Transformation, das heißt: Gott selbst spricht jetzt sein Wort, hier und heute. Er ist es, der im Wirken seines Heiligen Geistes die Hörenden verwandeln will. Sein Heilshandeln wird im Medium der menschlichen Sprache vergegenwärtigt. „Verkündigung ist symbolisches Geschehen" (Meßner 2009, 183), so formuliert es der Innsbrucker Liturgiewissenschaftler Reinhard Meßner. Damit will er sagen: In der Versammlung des Volkes Gottes spricht Gott jeden einzelnen Menschen an und sagt ihm sein Heil zu – jenes Heil, das er in der Geschichte an seinem Volk Israel und in seinem Sohn Jesus Christus gewirkt hat und das auch heute noch gilt. Wer bereit ist, sich mit diesem Gott und seinem geschichtlichen Heilshandeln so zu identifizieren, als ob er selbst beim einstigen Geschehen dabei gewesen ist, der kann sich selbst und sein Leben in den Heilsereignissen wiedererkennen und beginnt zu singen, ja in ausgelassener Freude zu jubilieren. Ein gesprochenes Halleluja widerspricht sich selbst.

Eine solche Erfahrung wird gewiss nicht an jedem Tag gelingen. So enthält sich die Liturgie auch in der vierzigtägigen Bußzeit vor Ostern ganz dieses Rufes, um sich über das eigene Tun und Handeln neu klar zu werden. Schließlich geht es bei der Evangeliumsverkündigung um die eine Wirklichkeit des in

Christus erneuerten und erlösten Menschen – und diese Wirklichkeit deckt die Wahrheit über den Menschen auf. Wehe dem, der zu leichtfertig und sentimental in das Halleluja einstimmt!

„Wenn du den Sonntag feierst ..." (Ingeborg Bachmann)

Kommen wir zurück zu Mozart, so wie die Dichterin Ingeborg Bachmann (1926–1973) ihn sah und hörte. Gleich unser erstes Mozart-Zitat in diesem Abschnitt von der sonntäglichen Messe greift sie in ihrem „Blatt für Mozart", verfasst im Mozart-Jahr 1956, auf: „Zieh deine schönsten Kleider an; dein Sonntagskleid oder dein Totenhemd. Der Rasen ist frisch gemäht – nicht nur im Mirabell. Wenn du den Sonntag feierst oder dich zum Sterben niederlegst, lass die Streicher kommen, das Blech, das Holz und die Pauken. Du brauchst ihnen die Blätter nicht umzuwenden. Der Wind, den die Tiefebene eingelassen hat, wendet sie um. Du spürst, welcher Wind." (Bachmann 1978, Bd. 4, 56)

Das vielleicht schönste literarische Denkmal, das die Dichterin, die in ihrer Jugendzeit in Klagenfurt sogar mit dem Komponieren liebäugelte, Mozarts Musik gesetzt hat, lesen wir im Roman *Malina*, der 1971 erschienen ist und autobiografische Züge trägt. Hier wird der Textbeginn „Exsultate, jubilate" geradezu zur Chiffre des Jubilierens. Ganz geheimnisvoll geht es dabei um ein Buch inmitten der vielen Bücher, „die hier herumstehen in deiner Gruft". Das einzigartige Buch aber soll sein „wie EXSULTATE JUBILATE, damit man vor Freude aus der Haut fahren kann" (Bachmann 1978, Bd. 3, 54). Dieser Charakterisierung hätte Mozart wohl nicht widersprochen! Eine Seite weiter beschreibt Ingeborg Bachmann das Buch noch genauer. Wir wissen zwar nicht, ob sie dabei jemals an den möglichen „Sitz im Leben" der Mozart-Motette gedacht hat, der ja liturgisch auch mit einem Buch verbunden ist. Wenn Mozarts Musik heute in der Messfeier als Graduale erklingt, was durchaus möglich ist, dann sollte nämlich ihr abschließendes *Halleluja* die Begleitmusik zur feierlichen Evangelienprozession sein.

Wer diese komplexe Begrüßung Christi mit Musik (Halleluja), Gestik (Aufstehen) und Handlung (Prozession) besser verstehen will, könnte zu Ingeborg Bachmanns „Exsultate-jubilate-Szene" greifen. Die Dichterin schildert eine extreme und üppige Gedankenflut, bei der man sich fast mitten in Mozarts Briefen wähnt, wo ähnliche Momente der Überraschung und Überwältigung vorkommen. Aber wie wäre es, wenn zumindest einige Momente davon in Gottesdiensten erfahrbar werden, wenn das im Roman gesuchte Buch – zumindest in unserem kleinen Gedankenexperiment – vielleicht ein schon gefundenes Buch wäre, nämlich das Evangeliar der Messe? Hören wir Ingeborg Bachmann:

> „Ein Brausen von Worten fängt an in meinem Kopf und dann ein Leuchten, einige Silben flimmern schon auf, und aus allen Satzschachteln fliegen bunte Kommas, und die Punkte, die einmal schwarz waren, schweben aufgeblasen zu Luftballons an meine Hirndecke, denn in dem Buch, das herrlich ist und das ich also zu finden anfange, wird alles sein wie EXSULTATE JUBILATE. Wenn es dieses Buch geben sollte, und eines Tages wird es das geben müssen, wird man sich vor Freude auf den Boden werfen, bloß weil man eine Seite daraus gelesen hat, man wird einen Luftsprung tun, es wird einem geholfen sein, man liest weiter und beißt sich in die Hand, um vor Freude nicht aufschreien zu müssen, es ist kaum auszuhalten, und wenn man auf dem Fensterbrett sitzt und weiterliest, wirft man den Leuten auf der Straße Konfetti hinunter, damit sie erstaunt stehenbleiben, als wären sie in einen Karneval geraten, und man wirft Äpfel und Nüsse, Datteln und Feigen hinunter, als wäre Nikolaustag, man beugt sich, ganz schwindelfrei, aus dem Fenster und schreit: Hört nur, hört! schaut nur, schaut! ich habe etwas Wunderbares gelesen, darf ich es euch vorlesen, kommt näher alle, es ist zu wunderbar!"
> (Bachmann 1978, Bd. 3, 55 © Suhrkamp Verlag)

Was wir hier hören, ist zwar keine alt- oder neutestamentliche Lesung, aber vielleicht ein literarischer Impuls zum Verstehen, was wir in der Liturgie des Wortes feiern. Mozart trifft den Halleluja-Ton sehr genau. Und Ingeborg Bachmann hat Mozarts musikalische Gestik geradezu kongenial verstanden. Lektorinnen und Lektoren, Diakone und Priester dürfen zumindest darüber nachdenken, ob etwas von diesem Überschwang auch auf den Vortrag biblischer Texte „abfärben" könnte. Freilich nicht nur auf den Vortrag, sondern auf den gesamten Ritus. Kirchenmusikerinnen und Kirchenmusiker könnten sich vom poetischen Überschwang zu Improvisationen inspirieren lassen, die die Evangelienprozession begleiten. So kommt die sinnliche Dimension der Liturgie zur Geltung, deren Gestus man durchaus mit Ingeborg Bachmanns energischen Aufforderungen vergleichen kann: „Hört nur, hört! schaut nur, schaut!" Die Intensität von Mozart muss nicht immer erreicht werden, auch nicht Ingeborg Bachmanns Überschwang. Aber vielleicht in der Osterzeit …

Auslegung als Predigt in Tönen

Heinrich Schütz: Der Gerechten Seelen sind in Gottes Hand aus den Musikalischen Exequien (Begräbnis-Missa)

Eine „teutsche Begräbnis-Missa"

Zu den ungewöhnlichsten „Mess"-Vertonungen in der Musikgeschichte zählt ein berühmtes Werk des sächsischen Hofkapellmeisters Heinrich Schütz (1585–1672) aus der Zeit des Dreißigjährigen Krieges. Wer den einstimmig-gregorianischen Beginn mit Hiobs Worten „Nacket bin ich von Mutterleibe kommen" (Hiob 1,21) hört, wird zunächst kaum an eine Messe denken. Bald wechseln vertonte Bibelverse und Liedstrophen miteinander ab, ohne dass sogleich ein klares strukturelles Prinzip erkennbar und hörbar wird. Das dreiteilige Werk heißt *Musikalische Exequien*. Erstmals erklang es am 4. Februar 1636, und zwar im Rahmen einer liturgisch-predigthaften Gesamtinszenierung für alle Sinne, für den Intellekt und nicht zuletzt für den Glauben, von der man sagen kann: „Es wurde mit allen nur denkbaren Möglichkeiten an Kopf, Herz und Sinne appelliert." (Stein 1998, 56) Und könnte das nicht sogar eine Umschreibung für „Predigen" sein?

Zu vermuten ist, dass sich zu diesen Feierlichkeiten im thüringischen Gera – mit mehreren Gottesdiensten, der Bewirtung von Ehrengästen, Musik und Glockengeläut sowie Leichenzug und Gedenkmünzen, um nur einiges einleitend zu nennen – insgesamt „trotz der Gefährdungen von Pest und kriegerischen Unruhen mehrere tausend Menschen eingefunden haben, die – sofern sie nicht selbst am Zug teilnahmen – die Straßen säumten."

(Ebd., 66) Unmittelbar relevant für die Musik der Exequien sind Bibelworte, ein mit ihnen beschrifteter Sarg, mehrere Predigten sowie ein bis in letzte Details vorbereiteter Abschied von dieser Welt mitsamt der in Worten, Riten und Klängen artikulierten Hoffnung auf das Jenseits. Initiiert hat all dies der adlige Lutheraner Heinrich Posthumus Reuß (1572–1635), der zwar kein „Fürst" war, wie oft zu lesen ist, jedoch immerhin „Herr zu Gera, Herr zu Lobenstein und Herr zu Ober-Kranichfeld". Er wird uns noch näher begegnen, weil es um seine Trauerfeierlichkeiten als einem „Höhepunkt des protestantischen Funus" (Karg 1997, 10) geht, bei denen Heinrich Schütz als musikalischer Prediger eine wichtige Rolle spielt.

Der erste Teil dieser „Predigt in Klängen", der wir uns unter dem Stichwort „musikalische Verkündigung" als Alternative zu einer „klassischen Predigt" zuwenden, ist überschrieben mit „Concert in Form einer teutschen Begräbnis-Missa" (SWV 279). Somit klingt die Praxis von Kyrie-Gloria-Vertonungen an, wie sie vor allem im lutherischen Bereich anzutreffen sind. Bei Schütz ist das Kyrie mit Sätzen wie „Herr Gott Vater im Himmel, erbarm dich über uns" durchaus identifizierbar. Allerdings ist eine solche trinitarische Gliederung des Kyrie den Liturgiewissenschaftlern schon immer ein „Dorn im Auge", weil sie dem christologischen Charakter dieser Akklamation nicht entspricht. Ein Gloria findet sich in den Exequien von Schütz schlichtweg nicht. Anstelle des Gloria hören wir die musikalisch-predigthafte Auslegung von Bibelversen.

Was also meint „Begräbnis-Missa"? Heinrich Schütz will offenbar andeuten, dass diese Musik an die Stelle der früheren Totenmesse, der Missa pro defunctis, treten soll. Das lateinische Requiem wird abgelöst durch deutschsprachige Musik mit verkündigendem Charakter. Zudem ist die liturgische Verbindlichkeit gelockert und das „Ich" dessen gestärkt, der für seine Trauerfeier selbst die Bibelverse auswählt, was letztlich auf der Basis zweier lutherischer Errungenschaften zu verstehen ist: Zum einen meint Predigen „in dieser Zeit ein gegenseitiges Sich-Besprechen mehrerer Texte" und ein „Hin- und Hergehen zwischen Anklängen" im Sinne eines „höchst musikalischen Vorgangs" (Steiger 1996, 194). Zum anderen entwirft der Prediger hierfür ein dezidiert eigenes Konzept, weshalb gesagt werden darf, dass der Sarg, um den es uns hier geht, „zu den frühesten Funden durchgängig beschrifteter Sarkophage mit Individualkonzept" (Stein 1996, 214) zählt.

Nur ganz kurz blicken wir auf die weitere Geschichte der Gattung Requiem. Stand im katholischen Ritus der „Opfer"-Gedanke im Mittelpunkt, rückt im protestantischen Klangraum die Predigt ins Zentrum. Die spätere bürgerliche Variante, etwa beim *Deutschen Requiem* (1868) von Johannes Brahms, ist dann ganz auf den „Trost" gestimmt und wiederum einem „Individualkonzept" verpflichtet. Noch säkularisierter sind Werke wie Robert Schumanns *Requiem für Mignon* (1849) auf Worte von Goethe. Im 20. Jahrhundert schließlich wird Benjamin Britten in seinem *War Requiem* (1962) aktuelle Fragen nach dem Zweiten Weltkrieg ins Zentrum rücken und Bernd Alois Zimmermann mit dem *Requiem für einen jungen Dichter* (1970) eine weitere Seite dieser Gattung aufschlagen, und zwar mit einem „Panakustikum", das sich kaum noch auf einen Nenner bringen lässt.

Heinrich Schütz und der besondere Auftrag aus Gera

Heinrich Schütz hat die Bibel zum Klingen gebracht: in großen *Psalmkompositionen* und *Kleinen geistlichen Konzerten*, mit der *Weihnachtshistorie* und den *Passionen*. Auf dem Titelblatt seiner Ostermusik op. 3 heißt es sogar, dass er hier die biblische „Historia der siegreichen und fröhlichen Auferstehung (…) in die Musik übersetzet" hat. Damit steht er in protestantischer Tradition. Martin Luther nennt in einem Tischgespräch den Grundsatz: „Die Noten machen den Text lebendig." (Walter 1999, 44) Wie aber geht das? Komponisten der evangelischen Kantoreitradition „übersetzen" den Gesamtsinn eines Textes (scopus) in Klänge. Musikalisch inspirierend wird zudem die Bedeutung (sensus) einzelner Worte mitsamt Gesten und Gefühlen, Gedanken und Gegensätzen. Heinrich Schütz gelingt all das meisterlich. In einem poetischgereimten Nachruf heißt es deshalb über ihn: „Die Texte wusstest du beweglich einzurichten, / Dass jedes Wörtgen war genommen wohl in acht." (Küster 2016, 135) Paul Fleming dichtet auf ihn sogar Verse, in denen die biblische Osterbotschaft vom „Tod des Todes" sich mit der mythisch-paganen Vorstellung vom Sänger Orpheus vermischt, der den Tod bezwingt: „Schütz, auf deinen Namen bloß, gibt der Tod die Toten los." Kann es für einen Komponisten ein größeres Kompliment geben? Überschattet war das Leben und Wirken des sächsischen Hofkapellmeisters Schütz vom Dreißigjährigen Krieg. Zu Beginn des Krieges war Schütz 33 und am Ende 63 Jahre alt. Bald nach der Hälfte des Krieges erhält er als „Musicus poeticus" (Eggebrecht 1984) den Auftrag zu den Musikalischen Exequien, der ihn vielleicht auch persönlich berührt hat. Warum? Das Werk ist für das Begräbnis des musisch interessierten und begabten „Herrn" Heinrich Posthumus von Reuß bestimmt, mit dem Schütz ab 1617 im Austausch über die Förderung der Musik stand. Zudem war Schütz ja durch die Geburt in Köstritz Heinrichs „Landeskind". Aber vielleicht sind die Exequien ja auch nur ein Gelegenheitswerk? Das greift zu kurz. Dagegen spricht nicht nur der große Erfolg dieser Komposition, sondern vor allem die Tatsache, dass Schütz sie als Opus 7 unter seine Hauptwerke gezählt und Aufführungen der Missa (Teil I) im Kirchenjahr, etwa am 16. Sonntag nach Trinitatis mit dem Thema der Sterbekunst sowie am Fest Mariae Reinigung (2. Februar, heute das Fest „Darstellung des Herrn"), ausdrücklich empfohlen hat. Das Wort „Exequien", das Schütz für den Titel wählt, bezeichnet eigentlich nicht die Totenmesse, sondern es meint die Riten des Hinausgeleitens des Sarges zum Begräbnis. Vermutlich geht man nicht zu weit, wenn man bereits diese Überschrift als programmatische Andeutung liest, dass es um eine Musik mit besonders „performativer Qualität" geht.

Das berührt sich mit unserer Frage, die hier im Mittelpunkt stehen soll: Wie verkündigt diese Musik? Bei der Annäherung an diese Frage betrachten wir die musikalische und die predigthafte Qualität der Komposition als eine Einheit. Den bisweilen ins Feld geführten Gegensatz zwischen struktureller Qualität der Musik und dem Amt des Predigens scheint Schütz nämlich gar nicht zu kennen. Seine Musik ist von höchster Qualität und zugleich eine „Predigt in Tönen". Als Beispiel wählen wir die Auslegung einer Bibelstelle, bei der nicht nur Inhalte des Glaubens benannt werden, sondern der Glaubensakt geradezu musik-dramatisch ins Zentrum rückt. Entscheidend für den ursprünglichen „Sitz im Leben" ist der Zusammenhang von Sterben, Tod und Bestattung.

Der Regent hatte sein Haus gut bestellt, um eine Formulierung aus Jesaja 38,1 aufzugreifen, die oft im Zusammenhang der Ars moriendi vertont wurde, unter anderem von Johann Sebastian Bach im berühmten *Actus tragicus*. Zum Bestellen des Hauses gehörte auch die Sorge um das würdige und zugleich fürstlich angemessene Begräbnis. All dies hat Heinrich Posthumus in seiner handschriftlichen „Sterbens-Erinnerung" (Karg 2010) auf vielen Seiten beizeiten festgelegt, was sich bisweilen fast wie ein „Drehbuch" liest.

9 Heinrich Schütz, porträtiert von Christoph Spätner, um 1660.

Protokoll einer Trauerzeremonie

Eine besondere Rolle kommt dem mit Bibelstellen „gezierten" Sarg zu. Er ermöglicht „das Einhüllen auch des Leibes mit den Trostworten, in die der Sterbende zuvor seine Seele gehüllt hat" (Steiger 1996, 193). Den damaligen zeitlichen Ablauf hat man sich so vorzustellen: Etwa ein Jahr vor seinem Tod gab Heinrich Posthumus einen kupfernen Sarg in Auftrag, was er jedoch selbst vor seiner Gattin geheim hielt. Diesen Sarg ließ er mit Bibelstellen und Liedstrophen schmücken, die einem genauen Programm folgen und allesamt um die Thematik der Ars moriendi kreisen, die bekanntlich immer auch Ars vivendi sein will. Nach dem Tod des Regenten am 3. Dezember 1635 oblag es seiner Familie, Heinrich Schütz den Kompositionsauftrag für die Begräbnismusik als klangvolle „Übersetzung" ebendieser Bibelworte in die Sprache der Musik zu erteilen. Die Aufführung war dann bei der „herrlichen und hochansehnlichen Leichbestattung" am 4. Februar des Folgejahres. Warum dieser Tag? Er galt als der Tag der Bestattung

des biblischen Simeon, mit dem sich Heinrich Posthumus iden-
tifiziert hat. Das Canticum Simeonis, von Schütz im dritten Teil
der *Exequien* vertont, zählt ja zu den Kerntexten der Sterbekunst.
Unter dem Namen „Nunc dimittis" ist es bis heute der Hoch-
gesang der spätabendlichen Tagzeitenliturgie vor dem Schlafen,
der Komplet. Unmittelbar vor der Beisetzung sang die Gemeinde
als zweitletztes Gemeindelied den Choral *Mit Fried und Freud ich*
fahr dahin, also Luthers Fassung dieses Hochgesangs. Das letzte,
nach der Beisetzung von allen noch gesungene Lied versucht, daraus eine Konsequenz für das Leben zu ziehen, was den persönlichen Charakter der Zeremonie betont, die man fast „therapeu-
tisch" nennen könnte. Nach allem, was sie gesehen, gehört und
verstanden hat, sollte die Gemeinde nun in der Lage sein, diese
Strophe zu singen: „Hört auf mit Weinen und Klagen, ob dem
Tod soll niemand zagen; er ist gestorben als ein Christ, sein Tod
ein Gang zum Leben ist."

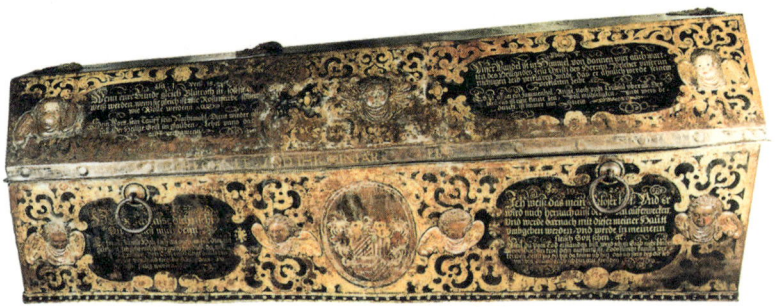

10 Der Sarg von Heinrich Posthumus Reuß mit Bibelzitaten und Liedstrophen.

„Der Gerechten Seelen sind in Gottes Hand …"

Schauen und hören wir auf einen Ausschnitt der *Exequien* von Heinrich Schütz. Vertont ist hier ein Bibelvers aus dem Alten Testament, der in Majuskeln auf dem Falz des Sargdeckels zu lesen ist, wenngleich er im handschriftlichen Entwurf noch fehlt. Singulär im Gesamtkonzept ist hier der Aspekt der Begehung: Nur bei diesem Spruch müssen die Betrachter den Sarg umrunden, um die Bibelverse lesen zu können. Es ergibt sich so ein „Rhythmus" mit tieferem Sinn, was die Musik zudem ins Dramatische steigert. Am Anfang aber stehen die Worte. Im Buch der Weisheit heißt es zu Beginn des dritten Kapitels:

> Der Gerechten Seelen sind in Gottes Hand
> und keine Qual rühret sie an;
> für den Unverständigen werden sie angesehen, als stürben sie,
> und ihr Abschied wird für eine Pein gerechnet
> und ihr Hinfahren für Verderben;
> aber sie sind in Frieden.

Den inneren Spannungsbogen der drei Verse könnte man mit Stichworten wie Glauben – Anfechtung – Gewissheit benennen. So konvergieren Anfang und Ende: Weil die Seelen „in Gottes Hand" sind, sind sie „in Frieden". Vielleicht war dies entscheidend für die Überlegung, diesen Bibeltext als einzigen „umlaufen" zu lassen. Wer mit ihm am Ende ist, kann sogleich wieder neu beginnen. Dies ist ein Sinnbild des Lebens, das aus Gottes Hand kommt, im Widerspiel von Verstehen und Unverstand sich abspielt und unter der Verheißung jenes Friedens steht, der in der lateinischen Totenmesse von „Requiem aeternam" bis „Dona ei(s) requiem" besungen wird. Auch eine quasi rhetorische Überleitung vom ersten zum mittleren Abschnitt ist gegeben, weil der erste schon die Anfechtung als negierte enthält: „keine Qual rühret sie an". Wenn nun die Betrachter diese biblischen Worte lesen, „erfahren" sie deren Botschaft im wahrsten Wortsinne, nämlich im zeitlichen Meditieren als Umgehen des Sarges.

Und ein Letztes mag bedacht werden. Bei den Sprüchen und Liedstrophen auf dem Sarg ist es keineswegs bedeutungslos, wo sie stehen. „Zu Häupten" lesen wir zentrale Verse als „zu Füßen". Und auch bei diesen drei Versen entspricht es der „Gesamtkomposition" des Sarkophags, dass die wichtigsten Worte „Der Gerechten Seelen – sie sind in Frieden" ganz oben stehen, wohingegen auf der Gegenseite ganz unten die Worte „als stürben sie und ihr Abschied" zu lesen sind: „Also auch hier ein ‚Zunehmen' des Textes von den Todesworten am Fußende bis zu den Lebensworten am Kopfende." (Henning 1973, 53)

Wie „übersetzt" Schütz die biblischen Worte?

Nun aber zur Musik. Sie intensiviert den Textgehalt, indem sie den aussagenden Duktus der Worte, in denen ein Glaubensakt allenfalls angedeutet ist, in eine dramatische „Inszenierung" überführt. Dass dabei homophone und polyphone Abschnitte abwechseln und die Stimmenzahl variiert, ist typisch für geistliche Konzerte im 17. Jahrhundert. Schütz setzt die Überschrift in einen getragenen, weitgehend homophonen Satz, wobei er die

11 Heinrich Schütz im Kreise seiner Musiker in der alten Dresdner Schlosskapelle. Kupferstich von David Conrad, 1676.

Gewissheit durch das synkopisch akzentuierte „sind" eigens betont. Ja, sie sind wirklich in Gottes Hand. Sodann hören wir mit den Worten „Für den Unverständigen ..." die solistische Bassstimme, wobei es nicht bedeutungslos ist, dass dies die Stimmlage des Auftraggebers war! Um den Vorgang des Hörens und Sich-Bekehrens zu inszenieren, personifiziert Schütz die Aussagen des Textes: Was *textlich* über den Unverständigen gesagt wird, erzählt dieser *musikalisch* von sich selbst, und was als Spitzenaussage am Ende steht, erklingt ab der Textstelle „als stürben sie" bereits simultan zum Unverstand, gesungen von himmlischen Stimmen. Eine eindrücklichere musikalische Fassung von Römer 10,17 ließe sich kaum denken. Dort nämlich schreibt der Apostel Paulus vom Glauben, der vom Hören kommt. Martin Luther übersetzt etwas frei mit „So kommt der Glaube aus der Predigt". Und Heinrich Schütz komponiert, wie das geht.

Auslegung der Dramatik des Glaubens

Wenn wir einen bloßen Text im Vergleich mit einer Partitur betrachten, wird deutlich, welche besonderen Möglichkeiten die Komposition zum Wortlaut hinzubringt. Von links nach rechts gelesen, lassen sich rhetorische Wiederholungen anbringen. Hier sind es die beständig repetierten Worte „Aber sie sind in Frieden", von zwei Sopranen in geradezu einschmeichelnden Terzen gesungen. Wenn wir die Partitur von unten nach oben, also in vertikaler Richtung betrachten, ist der Unterschied zum bloßen Text, bei dessen Rezitation sich ja auch Teile wiederholen lassen, noch viel stärker. Die Musik kann die Worte vorbereiten, einkleiden und kommentieren. Überdies lassen sich verschiedene Texte übereinanderschichten, was sich als musikalische Variation eines lutherischen Prinzips verstehen lässt. „Die Heilige Schrift ist ihre eigene Auslegerin", so formuliert es der Reformator. Die Musik hilft ihr dabei, indem sie den Dialog verschiedener Bibelstellen mit dem Ziel des tieferen Verstehens in Gang setzt.

Genau das macht Schütz hier, indem er die Schlussworte „aber sie sind in Frieden" bereits simultan zur Rede vom „Unverständigen" erklingen lässt. Weil aber nicht nur *über* diesen Unverständigen gesprochen wird, sondern der Bass ihn regelrecht verkörpert, wird die Friedensverheißung zum Einspruch dagegen. Der Unverständige ist mit dem „Aber" immer stärker konfrontiert, bis seine Einsicht zunimmt, was man wunderbar an seiner aufsteigenden melodischen Geste beim Wort „Hinfahren" erkennt. Dieses „Hinfahren" meint kein „Verderben" mehr, sondern ist bereits von Hoffnung getragen. Das Hören der Botschaft hat etwas bewirkt. Und ganz deutlich wird die hier inszenierte Bekehrung des Unverständigen, wenn er schließlich gegen Ende in den Gesang „Aber sie sind in Frieden" einstimmt. So ergibt sich ein Friedens-Terzett aller drei Singstimmen und eine Art von Rollenwechsel. Denn jetzt werden die Hörerinnen und Hörer zu Empfängern der Botschaft. Auch für sie gilt: Der Glaube kommt vom Hören, nämlich gut lutherisch aus der Predigt und der musikalischen Predigt.

Der Verstorbene singt als „Beata anima cum seraphinis"

Wenn wir auf das Gesamtwerk der dreiteiligen Exequien von Heinrich Schütz blicken, fällt noch ein Letztes auf: Exakt die Besetzung dieses Abschnitts „Der Gerechten Seelen ..." – mit einer Bassstimme und zwei Sopranen – gibt es ein zweites Mal, und zwar im dritten Teil, in dem das Canticum Simeonis als erster Chor vertont ist, zu dem Schütz jedoch – als eigene, über den Auftrag hinausgehende „Invention", worauf der Komponist im Vorwort Wert legt – simultan den Bibelvers „Selig sind die Toten, die in dem Herren sterben" (Offb 14,13) aus dem Mund eines zweiten Chors mit einer Bass- und zwei Sopranstimmen erklingen lässt. Deren Worte aus der Offenbarung des Johannes sollen in der räumlichen Klangregie „in die Ferne geordnet" werden. Außerdem rät Schütz, dass man ihre Stimmen noch ein oder zwei Mal zusätzlich abschreibt, um mehrere solcher Terzette „nach Gelegenheit der Kirchen" etwa von verschiedenen Emporen erklingen zu lassen. Das wird, so der Komponist, den „Effekt des Werks nicht wenig vermehren", vor allem im Blick auf diese Himmelsmusik, mit der „der Autor die Freude der abgeleibten seligen Seelen im Himmel in Gesellschaft der himmlischen Geister und heiligen Engel in etwas einführen und andeuten" wollte (Vorrede).

Wenn wir die beiden Terzette mit ihren Zielworten „… aber sie sind in Frieden" (Teil I) und „Selig sind die Toten …" (Teil III) zueinander in Beziehung setzen, wird deutlich, dass es hier theologisch um Verheißung und Erfüllung geht, um irdisch und himmlisch. Schütz zeigt den Verstorbenen im dritten Teil explizit als „Beata anima", von Engeln zum Paradies geleitet, wie es dem Gesang In paradisum der Exequien entspricht. Nun hören die Hinterbliebenen, indem sie sich mit dem Gesang des Simeon identifizieren, zugleich aus der Ewigkeit die Botschaft „Selig sind die Toten". Der Tote singt sie ihnen als „Beata anima" tröstlich zu. Zudem ereignet sich damit in der Trauerzeremonie genau das, was Schütz im Widmungsgedicht in Verse gefasst hat, nämlich die feierliche Aufnahme des verstorbenen Sängers in die „Himmels-Kantorei", in der es nur noch die „viva vox" gibt:

> Nun aber seid Ihr hin von uns gerissen worden:
> Jedoch Ihr euch befindt dort in dem Meister Orden
> Des himmlischen Chors (...)
> Der Auserwählten Schar und Himmels~Cantorey.

Im ersten Terzett mit dem umlaufenden Bibelwort „Der Gerechten Seelen sind in Gottes Hand" war Heinrich Posthumus ein Beispiel christlich-lutherischer Existenz: ein Suchender, „simul justus et peccator", also zugleich gerechtfertigt und ein Sünder, um es lutherisch auszudrücken. Musikalisch-symbolisch zeigt Schütz, wie seine Ars moriendi sich vollzieht: als Ringen mit dem Abschied von dieser Welt, der als „Pein" und „Verderben" gefürchtet wird; aber auch als Hören auf die Verheißung „aber sie sind in Frieden", was die Voraussetzung der gelingenden Aneignung dieser biblischen Botschaft ist. Großartig an Schütz ist und bleibt, dass er jeweils nicht eine These formuliert, wie es ist oder sein sollte, sondern dass er ein Glaubensdrama musikalisch-psychologisch „inszeniert". Ebenso ist es im dritten Teil, wenn es um die Spannung von irdischem Canticum Simeonis und himmlischer Zusage „Selig sind die Toten" geht, wobei der schon Vollendete als „Beata anima" hier posthum zum Verkünder und Tröster werden darf. All dies erklingt in der musikalischen „Tonart" des Predigens.

Die Predigt (Homilie) als doppeltes Scharnier

Welche Funktion leistet somit eine gesungene (wie auch gesprochene) Predigt bzw. Homilie? Vielleicht die eines „doppelten Scharniers": zum einen der Brückenschlag zwischen dem Wort Gottes und dem Leben der Menschen, zum anderen die Verbindung von Wortliturgie und eucharistischer Liturgie (Gerhards 2003). Ihr Wert erwächst aus dem persönlichen Glaubenszeugnis des Predigers – ein Glaubenszeugnis, das nicht subjektivistisch missverstanden werden darf, sondern daran festhält, dass sich Gottes Handeln auch als menschliche Kunst erweist. So wie das Wort Gottes erst durch menschliches Reden und Hören zustande kommt, so ist auch die Antwort der Menschen „keine autonome religiöse Äußerung der Gemeinde, sondern Reaktion auf das von außen ergehende Wort – obwohl dieses Wort nur durch Prediger und Gemeinde funktioniert" (Meyer-Blanck 2001, 6). Für Martin Luthers Gottesdiensttheorie sind Glaube, Wort und Herz die entscheidenden Begriffe. „Herz" steht für seine Überzeugung, dass die Rettung allein durch Christus im Glauben erfolgt, aber nicht irgendwo und irgendwie, sondern am „Ort der Subjektivität (…) im Herzen als Personenzentrum" (ebd., 7). Heinrich Schütz spricht das Herz an, mit allen Mitteln seiner Musik. Sein Predigen führt die Hörerinnen und Hörer auf einen Weg, der Trauer und Klage kennt, aber auch hoffnungsvolle Perspektiven entwirft, um dann mit der Strophe „Hört auf mit Weinen und Klagen" zu schließen.

Die Aufgabe des Predigers wie auch einer musikalischen Predigt besteht also nicht allein in der Verkündigung und Auslegung der heiligen Schriften (schon gar nicht in der Vermittlung von Glaubenswissen oder in der Kommentierung der Tagespolitik), sondern in der anspruchsvollen Aufgabe der Anregung des Herzens der zuhörenden Menschen, in der Hinführung zu religiöser Selbsttätigkeit und religiöser Erfahrung durch ein persönliches, innerstes Glaubenszeugnis als Beispiel gebende, öffentliche, religiöse Rede – in Wort oder Musik. Es ist das je eigene, ganz persönliche Wort des Predigenden, mit dem eine Erfahrung an und mit dem Wort Gottes weitergetragen wird, damit auch die Hörenden von diesem Wort so genährt werden wie er oder sie selbst.

Für die Predigt in der Messe hat sich daher der Begriff „Homilie" eingebürgert. Er ist von dem griechischen Wort *homilein* abgeleitet, was so viel bedeutet wie „vertraut miteinander reden". Eine Predigt in Form einer Homilie geschieht auf Augenhöhe, hier wird niemand „abgekanzelt", hier muss niemand apologetisch von der Wahrheit überzeugt oder mit erhobenem Zeigefinger belehrt werden. Vielmehr will das frei vorgetragene Wort des Homileten mit den Lebenserfahrungen der Getauften in einen Dialog treten, damit gelingen kann, was sich im eucharistischen Teil der Messe sakramental verdichtet wird: *Wandlung* (Transformation) durch die Öffnung der Herzen für Gottes Wort sowie die froh und frei machende Begegnung mit Christus, dem fleischgewordenen Wort Gottes, das ihnen in der Kommunion als Gabe der Fülle des Lebens gereicht werden wird. „Die Homilie lässt den Hörer spüren, was sich jetzt und hier ereignet." (Berger 2009, 178)

Von daher braucht die (musikalische) Predigt nicht als vermeintlich subjektives Element in der Messfeier gefürchtet werden. Vielmehr ist sie als persönliches Glaubenszeugnis aus der Kraft des Heiligen Geistes Darstellung und Mitteilung göttlichen Handelns durch den Menschen und somit wesentlich für die je persönliche Kommunion des in der Predigt gedeuteten Wortes Gottes. Ihre besondere Chance liegt darin, dass sie bei aller *Auslegung* des Wortes zugleich zu dessen *Ausführung* fähig ist. In diesem Sinne hat Heinrich Schütz in seinen *Musikalischen Exequien* die Worte „Der Gerechten Seelen sind in Gottes Hand ..." nicht nur ausgelegt. Bei jeder Aufführung werden diese Worte zur „viva vox evangelii" (Martin Luther), weil Schütz in seiner Predigt unmittelbar ausführt, was dieser Satz bedeutet und wie seine persönliche Aneignung als Drama des Glaubens sich vollzieht.

Bekenntnis des Glaubens

Leonard Bernstein: I believe in one God aus Mass. A Theatre Piece for Singers, Players and Dancers

Die Messe als Musical auf der Theaterbühne

(K)eine Messe! Das ist die kürzeste Formel für dieses abendfüllende Werk, das am 8. September 1971 mit 200 Mitwirkenden erstmals über die Bühne ging. Der kulturelle Rahmen der umjubelten Uraufführung in Washington D.C. war ein Ereignis von nationaler Bedeutung, nämlich das Eröffnungskonzert für das nach dem ermordeten amerikanischen Präsidenten benannte „John F. Kennedy-Center for the Performing Arts". Die Präsidentenwitwe Jackie, inzwischen mit dem griechischen Reeder Onassis verheiratet, hatte dem Multitalent und Pultstar Bernstein einen ganz offenen Kompositionsauftrag erteilt. Es war also der Komponist selbst, der sich für die universale Gattung der Messe entschied, näherhin für eine abendfüllende konzertante „Missa sui generis". Doch nicht nur mit Rücksicht auf die katholische Familie Kennedy sollte das Werk katholisch sein. Bernstein hat – gewiss auch vom Zweiten Vatikanischen Konzil (1962–1965) beeinflusst – in Interviews betont, dass eine wesentliche Inspirationsquelle für ihn die „new vitality in catholic clergy" war! Zudem war er der hellsichtigen Meinung, dass die Krise des 20. Jahrhunderts auch eine „Krise des Glaubens" (Schreieck 2017, 78) sei.

Viele Adjektive passen zu dieser Messe, in der die „Krise des Glaubens" keineswegs gelöst, aber eindrücklich inszeniert wird: katholisch und kirchenkritisch, amerikanisch und polystilistisch, humanistisch und säkularisiert, eklektisch und synkretistisch, populär-musikalisch und letztlich unauslotbar. Nicht nur die Entstehungsgeschichte verlief komplex und keineswegs konfliktfrei. Auch die Rezeption zeigt sich bis heute vielstimmig: Neben Lobeshymnen auf das etwa zweistündige Werk steht Kritik, wobei sogar schon von „Blasphemie" die Rede war. Der Dirigent und Musikologe Clytus Gottwald schreibt von einer „gigantischen Show mit dem gähnenden Loch in der Mitte, das einst Canon missae hieß" (Gottwald 1976, 284).

Bernstein wusste freilich, dass er ein Risiko eingeht, wenn er für das Musiktheater eine „Messe" komponiert, die letztlich den Ritus der Messe sowohl inszenieren als auch abschaffen will. Er kommentiert sein Werk so: „Auf dem Höhepunkt der Kommunion bricht die Zeremonie zusammen und die Messe ist zerschmettert. Jedem Individuum auf der Bühne bleibt es überlassen, einen neuen Glaubenskeim in sich selbst zu finden ..." (Loos 1989, 107) Bernsteins Mass lässt sich kaum auf einen Nenner bringen. Der Komponist bekennt dazu in einem Interview: „You see, I have not written a Mass. I have written a theatre piece about a Mass. It cannot be performed in a church as a Mass. Yet it is still a deeply religious work." (Schreieck 2017, 83)

Der amerikanische Geheimdienst und die Messe

Beginnen wir mit der Entstehungsgeschichte zur Zeit des Vietnamkrieges und vieler Unruhen. In Bernsteins Vorbereitungen war am Rande sogar der Geheimdienst FBI verstrickt! Als der Komponist mit seinem Plan zu einer Messe textlich nicht vorankam und ihm die Zeit davonlief, erhoffte er sich Inspirationen von Pater Philip Berigan, einem katholischen Friedensaktivisten. Dieser war jedoch wegen unbewiesener Vorwürfe inhaftiert, so dass Bernstein ihn im Gefängnis aufsuchen musste, was immerhin gelang. Als das Gespräch jedoch interessant wurde, war die Besuchszeit von einer Stunde leider schon abgelaufen. Und der Geheimdienst, der alles mitgehört hatte, schlug Alarm, weil er subversive Tendenzen in einem Konzert befürchtete, bei dem womöglich der amerikanische Präsident im Publikum sitzen würde. Richard Nixon blieb der Uraufführung schließlich fern. Und manche Interpreten verweisen darauf, dass das scheinbar

Subversive nichts anderes war als die Bitte „Dona nobis pacem" des Ordinarium missae (Burton 1994, 531).

Das Multitalent Leonard Bernstein

Kaum ein Musiker des 20. Jahrhunderts war vielseitiger als der aus einer jüdischen Rabbinerfamilie stammende Leonard Bernstein (1918–1990). Nach einem spektakulären Erfolg als Ersatzdirigent für seinen Chef Bruno Walter wirkte er weltweit als Pultstar, Pianist und Komponist. Zudem lag dem Amerikaner mit jüdisch-russischen Wurzeln die Musikvermittlung am Herzen. Unvergessen sind seine Bücher für musikalische Laien und auch die Fernsehsendungen, in denen er berühmte Werke der Musik unterhaltsam, verständlich und ideenreich erläuterte. Sein größter Bühnenerfolg ist das Musical *West Side Story* (1957) in zwei Akten. Shakespeares Drama von Romeo und Julia spiegelt sich in der Rivalität zweier jugendlicher Banden in New York. Tony und Maria heißen nun die Hauptpersonen. Ihre Balkonszene ist eines der berührendsten Liebesduette des Musiktheaters.

Bernsteins Tonsprache orientiert sich an der Tradition von Dur und Moll, verschmäht aber auch nicht die Einflüsse von Jazz und Popularmusik. Zu seinen *Chichester Psalms* (1965), mit einer berührenden Vertonung von Psalm 23 *Der Herr ist mein Hirte* in hebräischer Sprache, schreibt er mit Seitenhieben auf die avantgardistische Zwölftonmusik, der er nichts abgewinnen konnte:

> „Diese Psalmen sind einfach, bescheiden, tonal,
> Melodisch und irgendwie grad und normal;
> Tonikas, Dreiklänge in allen Lagen,
> Ein kühner John Cage könnte sie kaum ertragen.
> Doch: als Resultat meines Meditierens
> Nach zwei Monaten in ‚Avantgarde'-Herumirrens
> Steht mein jüngstes Kind auf altmodisch süßen,
> Eigenen zwei tonalen Füßen." (Bernstein 1984, 140)

Weil er in vieler Hinsicht gegen den Mainstream zu schwimmen versuchte, konnte Bernstein „zwei Tode" einfach nicht akzeptieren. Die althergebrachte Tonalität mit Dur und Moll wollte er nicht zugunsten der Zwölftonmusik verabschieden, und den Gottesglauben ebenso wenig. Für ihn kommt es darauf an, wie man mit beidem umgeht:

> „Ich kann nicht umhin, zwischen dem häufig verkündeten Tod der Tonalität und dem gleichfalls ausposaunten Gottesuntergang eine Parallele zu ziehen. (…) Die Glaubenskrise, in der wir leben, ist der musikalischen Krise nicht unähnlich; wir werden, wenn wir Glück haben, aus den beiden Krisen mit neuen, freieren Ideen herauskommen, vielleicht mit persönlicheren – oder sogar weniger persönlichen Vorstellungen, wer kann das sagen? Aber auf jeden Fall mit einer neuen Auffassung von Gott und einem neuen Begriff von Tonalität. Und die Musik wird überleben." (Scheibler 2001, 238)

Mass – eine Messe zwischen Ritual und Musical

All das hören wir in Bernsteins religiösem Hauptwerk mit dem Titel *Mass. A Theatre Piece for Singers, Players and Dancers*. Es wurde ein schillerndes Werk, das viele Facetten der Religion präsentiert, einschließlich drängender Friedens- und Umweltfragen. Wenn im Credo die Menschwerdung Gottes gepriesen wird, unterbricht die Rockband den Gesang mit der kritischen Frage, wie es denn um die Menschwerdung der Menschen steht! Leonard Bernsteins Stärke sind solche

12 Das Cover der Notenausgabe von Leonard Bernsteins *Mass* (Boosey & Hawkes).

Fragen. Schließlich war er der Meinung, dass Kunstwerke keine Thesen aufstellen sollen. Vielmehr sollen sie helfen, die wichtigen religiösen, persönlichen und politischen Probleme schärfer zu sehen und zu formulieren.

In seinem geistlichen Hauptwerk komponiert Bernstein die Messe künstlerisch um und fügt ihr gemeinsam mit Stephan Schwartz neue Texte als „additional texts" hinzu. Wollte man den Maßstab des – alten! – *Missale Romanum* anlegen, dann geht bei Bernstein einiges durcheinander, wobei nicht immer zu entscheiden ist, mit welcher Absicht, oder vielleicht ganz ohne Absichten? Die Messe wird musical-ähnlich dramatisiert und aktualisiert. Zugleich wird sie auf einer Bühne inszeniert, was ja eher selten ist. Das hat den Dirigenten Antal Dorati veranlasst, *Mass* mit einem modernen „Mysterienspiel" zu vergleichen, wohingegen Bernsteins Freund und Nachlassverwalter Peter Gradenwitz vorgeschlagen hat, den Titel von vornherein als „*Mass*" in Anführungszeichen zu setzen (Gradenwitz 2015, 254). Diesem Vorschlag ist der Komponist jedoch nicht gefolgt.

Bernsteins Musik bleibt im Wesentlichen tonal, wie es oben in seinem Gedicht zu den *Chichester Psalms* deutlich wurde. Ihr Kennzeichen ist ein schier grenzenloser Synkretismus, den man entweder als heilloses Durcheinander, so Clytus Gottwald, oder als gelungenen Ausdruck von Synthese, Einheit und Aktualität verstehen kann. Bernstein selbst hat in Interviews den „Eklektizismus" des Werkes als dessen „Essenz" bezeichnet. Die Vielfalt der Stile, derer er sich bedient, bekommt er durch ein Netz von Beziehungen in den Griff, damit das Werk nicht völlig „ausfranst". Aber das ist ja auch bei vielen Gottesdiensten heute eine wichtige Frage: Welche (musikalische) Vielfalt braucht der Gottesdienst, und wieviel Vielfalt verträgt eine Feier?

Das Credo in der Messe: Ein Einschub in der Liturgie des Wortes

Verlassen wir kurz Bernsteins *Mass* und gehen wir der Funktion des Credos in der Messe nach. Seinen Ort hat das Glaubensbekenntnis in der katholischen Messfeier im letzten Abschnitt des Wortgottesdienstes: nach der Predigt (Homilie) und vor dem Allgemeinen Gebet (Fürbitten). Wie bereits zu Beginn des Kapitels „Klänge am Tisch des Wortes" mit Josef Andreas Jungmann erwähnt, liegt dem Wortgottesdienst die Dynamik von Gabe und Gegengabe, Ruf und Antwort zugrunde – wobei den „retadierenden Momenten" eine vermittelnde und verweilende Funktion zukommt.

Auf vielfache Weise geben die Menschen eine Antwort auf das ergangene, meditierte, ausgelegte Wort Gottes: im Psalm als Antwort auf die erste Lesung, im Ruf vor dem Evangelium als Begrüßung des Herrn, im Credo als Zustimmung zur Glaubensüberlieferung und schließlich in den Fürbitten als Vollzug des königlichen Priestertums aller Gläubigen. Von all dem ist das Glaubensbekenntnis in der Messfeier historisch und sachlich allerdings von nachgeordneter Bedeutung (und auch nur an Sonn- und Festtagen vorgesehen).

In Rom kommt das Credo erst nach der Milleniumswende vom 1. zum 2. Jahrtausend in die Messfeier (1014), während es bereits um 500 in die eucharistischen Liturgien des Ostens eindringt. Sein ursprünglicher und primärer Ort ist die Taufliturgie, in der der Täufling sein „Ich glaube" an den dreifaltigen Gott spricht und gleichsam in diesen dreifaltigen Gott hinein getauft wird. Vor allem das Apostolikum, das in der ersten Person Singular verfasst ist und aus der altrömischen Taufliturgie stammt, zeugt von diesem persönlichen Glaubensbekenntnis des einzelnen Täuflings. In der Messe verändert sich die Funktion zu einem gemeinschaftlichen Akt der Anerkennung und Ratifizierung des Evangeliums. Das „Große Glaubensbekenntnis" (das „Nizänisch-Konstantinopolitanische Glaubensbekenntnis"), das vermutlich aus dem Taufbekenntnis der frühen Jerusalemer Kirche erwachsen ist, lässt sich wie ein großes „Amen" – im Sinne von „Amen, wir glauben!" – verstehen.

Allerdings ist bis heute der „Einschubcharakter" des Credos spürbar geblieben. Rupert Berger charakterisiert ihn als „ein später unorganischer Zusatz zur römischen Messfeier, es fügt sich kaum in den vorgegebenen Rahmen und trennt das Allgemeine Gebet vom Wortgottesdienst ab." (Berger 2009, 181) Der eigentliche Ort, an dem sich die Gemeinde zu ihrem Gott in lob-

13 Leonard Bernstein bei einer Probe in der Royal Albert Hall, London 1973 (Foto: Allan Warren, CC BY-SA 3.0).

preisender Danksagung bekennt, ist das eucharistische Hochgebet mit der großen Schlussdoxologie und dem festlichen Amen am Schluss. Hauptmotiv des Credos bleibt dagegen die Taufe, der ursprüngliche „Sitz im Leben", und damit das Ja zu diesem Gott und die persönliche, unvertretbare Entscheidung für diesen Gott und sein Evangelium.

Das Credo: Glauben an Gott? Und an alles?

Wie aber komponiert Bernstein nun das Credo? Zunächst erfindet er eine neue Facette des alten Prinzips, das man „Tropus" nennt. Waren die „klassischen" Tropen textliche Erweiterungen, bei denen etwa die „Kyrie"-Anrufung als „Kyrie fons bonitatis" („Herr, Quelle alles Guten") erklingt, worauf das „eleison" folgt, sind Bernsteins Tropen zumeist kritische Gegenfragen. So folgt auf den Glaubenssatz „I believe in one God" („Ich glaube an Gott") sogleich der Einwand „But does God believe in me?" („Aber glaubt Gott an mich?"). Glauben deutet Bernstein als „pact" zwischen Mensch und Gott, was gewiss eine problematische Engführung ist. Er kennt aber auch die Ausweitung, wenn er Glauben auf vieles überträgt: „I'll believe in sugar and spice …" („Ich glaube an Zucker und Gewürze") – auch auf die Musik: „I believe my singing." („Ich glaube meinem Singen.") Schließlich heißt es – nach dem kurzen liturgisch-gregorianischen Zitatfragment „Crucifixus etiam pro nobis" und vielleicht sogar von Jesu Schrei am Kreuz inspiriert – fragend und im Ton höchster Erregung, ja Verzweiflung: „Do you believe in anything that has to do with me?" („Glaubst du an irgendetwas, was mit mir zu tun hat?") Daraus spricht zunächst die autoritätskritische und aufgewühlte Stimmung der sechziger Jahre des 20. Jahrhunderts. Vieles wird in Frage gestellt.

Zugleich aber sucht Bernstein nach einer anthropologischen Verankerung, ohne die ein erwachsener und reflektierter Glaube nicht möglich ist. Seine Musik lässt sich verstehen als „Variation" des Satzes „Wer an Gott glaubt, muss an alles glauben", dessen Geltung der Freiburger Religionsphilosoph Bernhard Welte (1906–1983) etwa zehn Jahre nach Bernsteins Komposition ausführlich dargelegt und begründet hat (Welte 2007, 77–86). Vielleicht wären Weltes Formulierungen sogar ein Brückenschlag zu Bernstein: „Man kann im Glauben Gott nicht von der Welt als seiner Schöpfung und seinem Zeugnis trennen, wenn man ihn freilich auch immer davon unterscheiden muss. Denn wie sollten Welt und Schöpfung bestehen, wenn nicht dadurch, dass Gott sie gewährt und erfüllt? Und also ist das Ja zu Gott auch das Ja zu allem." (Welte 2008, 164) Der jüdisch-christliche Glaube könnte mit Bernsteins „Credo", das „Ich glaube an den Menschen" heißt, in Dialoge treten. Beide Richtungen dürfen sich dabei in Frage stellen (lassen), wobei die zwischenmenschlichen Herausforderungen nicht an letzter Stelle stehen würden: „Der Glaube an alles, was von Gott kommt, ist nur dann ganz vollständig vollzogen, wenn er sich auch in einer praktischen Solidarität mit allen Menschen realisiert, in einem bejahenden und fördernden und befreienden Handeln." (Ebd.)

Um genau diese zwischenmenschliche Situation geht es im Agnus Dei, wenn Bernstein die Friedensbitte zur unerbittlichen Forderung aller an den Zelebranten steigert. Daran muss dieser „Priester" scheitern. Spektakulär und verzweifelt wirft er – unter der doppeldeutigen Überschrift „Fraction" – Kelch und Monstranz von sich, die am Boden zerschellen. Er befreit sich aus der Rolle, „in persona Christi" zu handeln, in die er eingangs „investiert" worden war. Und anstelle der rituellen Brechung des Brotes zerbricht in seinem „Pacem"-Schrei jetzt der gesamte Ritus: „How easily things get broken." („Wie leicht Dinge zu Bruch gehen.") Doch dann gelingen unerwartet neue religiöse Erfahrungen, weil der vergossene Wein in den Scherben plötzlich wie Blut scheint.

Ausblick auf das Ende der Messe?

Am Ende verlässt der Zelebrant – wie viele katholische Priester seit den 1970er Jahren – seine priesterliche Rolle und reiht sich in das gemeinsame Priestertum aller ein. Diesen Konflikt in der katholischen Kirche – das nicht immer geklärte Verhältnis zwischen dem gemeinsamen und dem besonderen, durch die Weihe vermittelten Priestertum – inszeniert Bernstein, ja er treibt ihn auf die nicht mehr katholische Spitze: Wer an den Menschen glaubt, braucht kein durch die Weihe legitimiertes Priesteramt mehr. Es genügt ein franziskanisch inspiriertes „Lauda, lauda, laude" als anti-institutionelles Gotteslob. All dies ist nicht nur eine musikalische, sondern zugleich eine choreographische Herausforderung. Auf DVD erhältlich ist der Mitschnitt einer szenischen Realisierung aus dem Vatikan unter Leitung von Enrico Castiglione: Im Rahmen der Feierlichkeiten zum Heiligen Jahr 2000 erklang Bernsteins *Mass* in der päpstlichen Audienzhalle (Bernstein 2000). Allerdings wird hier die kühnste Szene gegen den Strich gebürstet, wenn der Zelebrant die priesterlichen Gewänder einem Ministranten zur Fortsetzung des Priesteramtes übergibt! Das aber wollte Bernstein niemals sagen.

Bemerkenswert ist, dass in der Schlussszene der anfänglich vom Zelebranten angestimmte „simple song" zum „secret song" geworden ist. Wie ist diese „Wandlung" zu deuten? Darauf gibt Bernstein keine Antwort. Sein „Theatre Piece" ist eine musikalische Zeitdiagnose im Gewand der Messe, die auch nach etwa 50 Jahren ihre Aktualität nicht verloren hat. Zu denken gibt, dass der Entlassruf „Mass is ended, go in peace" („Die Messe ist zu Ende, gehet hin in Frieden") offen lässt, ob nur diese Messe oder die Epoche der Messen beendet ist. Inspirierend wirkt diese hochkomplexe Komposition, weil Bernstein bei aller Fülle von Glaubensinhalten den Akzent immer wieder auf den Akt des Glaubens legt. Wenn er nicht gelingt, bleiben die Inhalte schal. Und vor allem ist Bernsteins humanistische Haltung nach wie vor ein Angebot zum Dialog.

Eine wichtige Frage lautet: Was ist das „Surplus" des christlichen Entwurfs, wie er sich in vielen Messkompositionen gleichsam spiegelt, im Vergleich mit der singulären *Mass* von Bernstein? Ein Antwortversuch könnte – im Blick auf das, was er gewinnen will und was aufzugeben er bereit ist – so heißen: Bernsteins humanistischer Optimismus, bei dem Religion letztlich zur Kunstreligion wird, hat viel Resonanz gefunden. Weder in sozialer noch in politischer Hinsicht konnte er sich jedoch wirklich etablieren. Und die Vermutung, dass die institutionell verfasste Religion sich auflöst, hat sich als Irrtum erwiesen. Trotz Kritik und Krisen gilt der Satz „Mass is ended" nicht, auch dank Bernsteins Werk, das die Messe lebendig erhält, indem der Komponist sie kräftig gegen den Strich bürstet.

Beten und Bitten

Felix Mendelssohn Bartholdy: Komponierte Gebete im Oratorium Elias

Das Allgemeine Gebet

Das Bitten und Beten gehört zu den urmenschlichen Äußerungen, die vieles mitprägen und uns oft begegnen: im persönlichen Leben, im Alltag, im Gottesdienst, in der Kunst. Die Musik kennt Gebete nicht nur in kirchlichen und geistlichen Werken. Auch in Opern wird viel gebetet! Gleich wenden wir uns einem großen Oratorium zu. Davor aber vergewissern wir uns über den Sinn der Fürbitten, die in der Messfeier keineswegs immer ein so selbstverständlicher Teil waren, wie sie es heute sind. Wie bei vielen liturgisch-musikalischen „Weichenstellungen" spielt auch hier das Zweite Vatikanische Konzil (1962–1965) eine Rolle. Es hat nicht nur generell die Möglichkeiten der liturgischen Musik erneuert und geweitet, sondern auch die Fürbitten neu entdeckt. Mit ihnen kommt die Liturgie des Wortes an ihren Zielpunkt, denn dazu hat sich die Gemeinde versammelt: um gemeinsam vor Gott zu stehen, sein Wort zu hören und zu ihm zu beten.

Die Wiedereinführung des Allgemeinen Gebets als „Gebet der Gläubigen" kann im Sinne der Neuentdeckung des gemeinsamen Priestertums aller Getauften nicht hoch genug eingeschätzt werden. In der Praxis stößt diese Anerkennung der priesterlichen Aufgabe aller Getauften allerdings oft an ihre Grenzen. In das Lamento über moralisierende oder politisierende Fürbitten dürfte jeder Theologe und jede Theologin, vielleicht sogar auch jede Kirchenmusikerin und jeder Kirchenmusiker irgendwann einmal selbst eingestimmt haben. Und doch darf die mitunter defizitäre Praxis nicht dazu führen, den Ritus insgesamt schlechtzureden. Es gilt eher, die priesterliche Berufung aus der Taufe, die Befähigung und Verpflichtung zum Dienst am Nächsten in Liturgie, Diakonie und Glaubenszeugnis, unmissverständlich anzuerkennen und nach Wegen einer aktiven Feier- und Gebetskompetenz zu suchen, statt diese ausschließlich dem stellvertretenden Handeln zu überlassen: sei es dem Priester, der einem Gottesdienst vorsteht, oder einem hauptamtlichen Mitarbeiter, der bereits Monate vor der Feier deren Fürbitten für eine diözesanweit zu verschickende „Gottesdienstvorlage" formuliert. Auch wenn das Handeln des Priesters – selbst in der *missa solitaria* – nie von privater Natur ist, sondern immer kirchliches Handeln beinhaltet, so kann der darin einwohnende Gedanke der Stellvertretung auch überstrapaziert werden – mit der Folge, dass das Volk verlernt hat, angemessen öffentlich vor Gott für die Welt zu beten – und zwar als lebensgesättigte Antwort auf das ergangene Wort Gottes und daher in Form der Bitte, dass Gott seines Evangeliums treu bleibe, sein Heil angesichts des unerlösten Zustands der Welt erneuere und vollends verwirkliche.

Gestalt des Allgemeinen Gebets

Das fürbittende Eintreten für alle Menschen, für die Regierenden und in Politik, Kirche und Gesellschaft Verantwortlichen, für alle von Not, sozialer Ungerechtigkeit, Verfolgung und Krieg Bedrängten ist ureigene Aufgabe und ein Vorrecht der Getauften. Im Fürbittgebet für das Heil üben sie ihren unvertretbaren Dienst am Heil der ganzen Welt aus: hier und jetzt, konkret und im Blick auf die aktuellen Geschehnisse der Zeit. Die Formen des im wahrsten Sinne *allgemeinen* und das bedeutet *allumfassenden* Gebets sind vielfältig.

Als ein Vorbild für das Allgemeine Gebet im römischen Ritus gelten die Großen Fürbitten des Karfreitags mit der Dreierstruktur: Gebetseinladung – stilles Gebet – Kollektengebet. Demgegenüber kennen die östlichen Kirchen die sog. Litaneiform mit der Wiederholung von Gebetsaufforderung und Kyrieruf aller sowie der zusammenfassenden Kollekte. Hier wird das stille Gebet durch das wiederkehrende Kyrie eleison ersetzt. Für die „Performance" wesentlich ist eine gegliederte und von den diversen Rollenträgern (Diakon, Gemeinde, Priester) mitvollzogene Ausführung. Vorgefertigte Gebetssätze, die keinen Raum für das stille Gebet lassen und auf die allzu schnell im Ruf eingestimmt wird, lassen das Allgemeine Gebet zur Routine erstarren. Eine gemeinsame Akklamation der Gemeinde ist daher erst nach einem Augenblick epikletischen (geisterfüllten) Schweigens sinnvoll und kann in bestimmten Situationen auch entfallen. Sprachlich ist die offene Form (auch „prophonetische" Form genannt), bei der die Gebetsanliegen mit der Aufforderung zum Gebet der Gemeinde genannt werden, der anakletischen vorzuziehen. Bei letzterer werden konkrete Bitten an Gott gerichtet, etwa „Gott, stehe den Regierenden bei". Soweit die Theorie. Was aber können wir von Felix Mendelssohn Bartholdy über Beten und Bitten lernen?

Wer war Felix Mendelssohn Bartholdy?

Felix Mendelssohn Bartholdy (1809–1847) war nicht nur musikalisch ein Weltbürger, der viele Inspirationen aus Gegenwart und Geschichte aufgegriffen hat. Auch religiös war er eine geradezu „polyphone" Existenz. Viele Kirchen hat er besucht und gewiss auch viele Gottesdienste, etwa in der Sixtinischen Kapelle, im katholischen Schweizer Kloster Engelberg, in englisch-anglikanischen Kathedralen und auf seiner Hochzeitsreise sogar im Freiburger Münster. Sein Horizont war in jeder Hinsicht weit. Er dirigierte und komponierte, er organisierte und malte. Auch reiste er viel und schrieb unzählige geschliffene Briefe, die bis heute ein wahres Lesevergnügen sind – ebenso wie das mit seiner Gattin gemeinsam geführte Hochzeitstagebuch mit wunderbaren Beobachtungen von Menschen, Dingen und Landschaften. Ja, Mendelssohn ist ein großer Interpret der Welt.

In eine jüdische und zugleich assimilierte Familie hineingeboren, wird er im Kindesalter protestantisch-reformiert getauft. Aus seinem Konfirmationsaufsatz spricht eine gewisse Altklugheit und zugleich ein echtes religiöses Interesse. Das humanistische Erbe liegt ihm sozusagen im Blut, vermittelt durch

Großvater Moses Mendelssohn, der die Urgestalt zu Lessings Drama „Nathan der Weise" ist, und durch Vater Abraham, der frei bekennt, dass der Religionswechsel der Familie durch viele äußere Faktoren bedingt ist und dass es letztlich mehr auf die humane Gesinnung als auf die konkrete Religion oder Konfession ankommt. Leider gibt es aus Mendelssohns Feder keine vollständige Messvertonung, dafür aber

14 Felix Mendelssohn Bartholdy. Aquarell von James Warren, 1830.

Einzelsätze von Kyrie bis Verleih uns Frieden gnädiglich, viele kleine und große Psalmwerke, Orgelstücke, die Hymne Hör mein Bitten, die zweite Sinfonie Lobgesang sowie die beiden großen Oratorien Paulus und Elias. Dem letzteren wenden wir uns mit der Frage zu: Was zeigt sich darin im Blick auf das Beten und Bitten?

Beten in Felix Mendelssohns Oratorium Elias

Als einen „rechten durch und durch Propheten, wie wir ihn etwa heut zu Tage wieder brauchen könnten", so sah Felix Mendelssohn Bartholdy den biblischen Elias, der ihn zu seinem zweiten Oratorium inspiriert hat. Der Komponist charakterisiert den alttestamentlichen „Mann Gottes" recht treffend als „stark, eifrig, auch wohl bös und zornig und finster". Doch was und vor allem wie betet er? Und welche Einsichten über das Beten lassen sich aus solchen Szenen gewinnen? Mehrmals hören wir im Elias die himmlische Aufforderung zum Gebet, etwa im dreistimmigen Frauenchor „Hebe deine Augen auf zu den Bergen, von welchen dir Hilfe kommt" (Ps 121,1–3). Elias ist nach seiner verzweifelten Arie „Es ist genug" eingeschlafen. Im Traum erscheinen ihm Engel, die aber keine Gebetsworte formulieren. Vielmehr fordern sie zur Haltung des Betens auf, vielleicht sogar zu einem Gebet des Schweigens. Sie erinnern Elias an die göttliche Zusage „Er wird deinen Fuß nicht gleiten lassen und der dich behütet, schläft nicht".

Ähnlich erklingt der vierstimmige Chor „Wirf dein Anliegen auf den Herrn, der wird dich versorgen" (Ps 55,22), wiederum als Aufmunterung zum Beten par excellence. Mendelssohn hat für die englische Aufführung in Birmingham einen vierstimmigen Satz zur Choralmelodie O Gott, du frommer Gott komponiert. In der deutschen Überarbeitung entschied er sich jedoch für einen choralähnlichen Duktus, dem keine identifizierbare Liedmelodie zugrunde liegt. Und die Gestik? Sie ist den Instrumenten anvertraut. Nach jeder Zeile spielen sie eine Aufwärtsbewegung, die an Weihrauch erinnern mag: „Wie Weihrauch steige mein Gebet zu dir auf." (Ps 141,2)

Näher bei den Fürbitten sind wir in einem anderen Satz des Elias-Oratoriums. Hier erklingt als eine Art Fürbittruf immer wieder das chorische Motto „Herr, höre unser Gebet!" Von der „Not des Gebets" (Karl Rahner) singen die beiden Solistinnen mit den Worten „Zion streckt ihre Hände aus, und da ist niemand, der sie tröste". Das ist die Erfahrung, der die Beter unablässig den Kehrvers wie einen spirituellen Kontrapunkt entgegen singen: „Herr, höre unser Gebet!" Beten kennt diese Geste des Dennoch. In den Psalmen hören wir davon. Und Arnold Schönbergs letzte, Fragment gebliebene Psalmvertonung, ein Moderner Psalm auf einen eigenen Text, schließt in diesem Sinne mit den Worten „und trotzdem bete ich".

Berühmt wurde Elias durch sein bereits erwähntes Gebet der Verzweiflung. Sein lebensmüdes Es ist genug, so nimm, Herr, meine Seele kleidet Mendelssohn in resignative Klänge, wobei ihn Johann Sebastian Bachs Arie Es ist vollbracht aus dessen Johannes-Passion inspiriert hat. Dort ist der Mittelteil „Der Held aus Juda siegt mit Macht" jedoch sieghaft-österlich, hier im Elias nun aggressiv: „Ich habe geeifert um den Herrn." Auch das gehört zum Gebet. Elias schleudert seinem Volk Vorwürfe entgegen. Er macht ihm Vorhaltungen und er macht seiner Seele Luft im Dialog mit seinem Gott: „die Kinder Israels haben deinen Bund verlassen". Er ist hin und hergerissen zwischen aggressivem Fordern und resignativem Sich in den Willen Gottes hineinbegeben. Eine psychologisierende Deutung dieser Elias-Arie gibt der Theologe Anselm Grün: „Er hat gedacht, er würde den reinen Glauben vertreten und habe daher das Recht, gegen alle Andersgläubigen zu kämpfen. Der Baalskult ist der Kult der Fruchtbarkeit, des Erfolgs. Jetzt erkennt Elias, dass er mit seinem reinen Glauben ja auch Erfolg haben wollte. Er hat die gleichen Eigenschaften, die er an seinen Gegnern bekämpft hat. Elias drückt in dieser Arie seine Traurigkeit und seine Hoffnungslosigkeit aus." Am Ende gelingt ihm aber „das schmerzliche Abschiednehmen" von seinen „Illusionen" und ein „Ja" zu seiner Wirklichkeit. Denn: „Wenn ich bereit bin, meine Durchschnittlichkeit zu betrauern, dann werde ich auch den Trost verstehen, den die Engel dem deprimierten Elias zusingen: ‚Hebe deine Augen auf zu den Bergen, von welchen dir Hilfe kommt.'" (Grün 2021, 85)

Gelingen und Scheitern im Drama des Betens

Das komponierte Gebet „Es ist genug" ist der Höhepunkt im inneren Konflikt des Elias. Der äußere dramatische Höhepunkt ist der Konflikt zwischen dem jüdischen Propheten und den Baalspriestern. Holzschnittartig kontrastiert Mendelssohn das demütige Gebet „Herr, Gott Abrahams, Isaaks und Jakobs" aus dem Mund des Elias mit den in bloßen Wiederholungen sich erschöpfenden Rufen „Baal, erhöre uns!" seiner Gegner. Mendelssohn wollte ein dramatisches Oratorium und ein „symbolisches". Die zweite Qualität meint, dass das *Phänomen* des Betens ausgeleuchtet werden soll. Und dazu gehört auch das Scheitern in der „wesenlosen Multiplikation" (Welte 2008, 225–229), der es nur noch auf die Quantität ankommt, nicht auf die Qualität. Mendelssohn sieht diese Problematik und er komponiert, ja er inszeniert sie. Deutlich werden zunächst die nicht tragfähigen Fundamente des Betens: eine fordernde Haltung, die ganz Konkretes erbittet: „Send uns dein Feuer, und vertilge den Feind!" sowie die eigenmächtige Steigerung, zu der Elias immer wieder polemisch auffordert: „Rufet lauter, rufet lauter!" Das Gebet gerät in einen quantitativen Exzess, was Mendelssohn geradezu auskostet, indem er auf die Forderung das Schweigen Gottes als Generalpause „inszeniert". Kaum jemals ist göttliches Schweigen so eindringlich komponiert worden. Und hier ist das Oratorium wirklich mit der Oper verschwistert. Keineswegs will Mendelssohn sagen, dass nur die „Heiden" dem „wesenlosen Gebet" (Bernhard Welte) erliegen können. Jeder ist dafür anfällig, dass die versuchte Steigerung des Gebets letztlich das Scheitern des Betens besiegelt. Und wäre das Motto „Weniger ist mehr" nicht oft ein liturgischpraktischer Impuls für die Fürbitten in unseren Gottesdiensten?

Das Gegenbild der Baals-Chöre ist das komponierte Gebet des Elias „Herr, Gott Abrahms, Isaaks und Israels", der zunächst Gott im Ton der Ehrfurcht bei seinem Namen ruft. Der Prophet legt seinem Gott nicht konkrete Wünsche vor. Seine demütige Bitte heißt „lass heut kund werden, dass du Gott bist und ich dein Knecht!" Um diese Identität im Sinne einer Haltung geht es, aus der dann die Handlungen resultieren. Die Bitte wird zur Fürbitte, wenn Elias singt: „erhöre mich, dass dieses Volk wisse, dass du Herr Gott bist, dass du ihr Herz danach bekehrest." Bekehrung und Umkehr sind wesentliche Momente des Gebets, zusammengefasst auch in der Vaterunser-Bitte „dein Wille geschehe".

Vom Oratorium zur Messe ...

Ein kirchenmusikalischer Impuls noch: Messfeiern und chorische Arbeit, etwa an einem Oratorium wie dem *Elias*, stehen im gemeindlichen Leben oft nebeneinander: „Der Chor kann sich gerade weniger liturgisch engagieren, weil er mit dem großen Konzert beschäftigt ist." Dabei gibt es durchaus Möglichkeiten der besseren Integration. Im Rahmen eines Probenwochenendes könnte die Kantorei mit Klavier- und Orgelbegleitung doch einige Chorstücke aus dem *Elias* in der Messfeier singen, etwa das *Heilig, heilig, heilig* und Psalmvertonungen wie *Wirf dein Anliegen auf den Herrn* (vierstimmig) oder *Denn er hat seinen Engeln befohlen* (achtstimmig) oder auch das einstimmige Gebet *Sei stille dem Herrn*. Nicht fehlen sollte der Fürbittruf *Herr, höre unser Gebet*, und der Schlusschor über Psalm 8 Herr, unser Herrscher mitsamt dem Amen! könnte den Platz des Orgelnachspiels einnehmen.

... und von der Messe zur Wort-Gottes-Feier

Diese Möglichkeit ist ein Weg, wie konzertante Musik in die Messfeier finden kann. Eine abschließende Überlegung soll das noch in Richtung der Wort-Gottes-Feier ergänzen. Dazu bedenken wir, dass es zum eucharistischen Teil der Messe längst auch Formen mitsamt Musik gibt, die diesen Aspekt von der Messe „ablösen", wenngleich er davon nicht zu trennen ist: zum Beispiel die eucharistische Anbetung und der sakramentale Segen bei Andachten. Könnte etwas Analoges – mit viel Musik! – nicht auch am „Tisch des Wortes" versucht werden? Das Hören auf die biblischen Worte und deren Auslegung steht im Mittelpunkt der sogenannten „Wort-Gottes-Feier". Meistens gehen die Aktivitäten des liturgischen Vorbereitens hier vom Wort aus – mit Lesungen und Evangelium, Ansprache und Fürbitten –, so dass die nachträgliche Frage heißt: Und welche Musik soll noch hinzukommen? Wenn wir die Richtung versuchsweise umkehren, dann könnte auch ein Werk der Musik, das üblicherweise konzertant aufgeführt wird – eine Schütz-Motette oder Bach-Kantate, ein Teil aus einem Oratorium oder ein Orgel-Zyklus – am Beginn der Überlegungen stehen. Warum soll diese Musik denn nicht auch gottesdienstlich erklingen? Oft ist der Gottesdienst ohnehin ihre ursprüngliche Beheimatung und das Konzert eine Art von „Exil" (Kaspar 2002, 271–298). Versuche dieser Art gibt es bereits, etwa beim „Noon-Song" in Berlin mit Vokalmusik oder mit Orgelvespern oder mancherorts mit Reihen wie „Stunde der Kirchenmusik", bei denen musikalische und liturgische Elemente gleichermaßen präsent sind.

Bei der „musikalischen Wort-Gottes-Feier" kommt es darauf an, dass das Wort mitsamt auslegenden Antworten im Zentrum steht. Gemeindegesang sollte selbstverständlich integriert sein, ebenso das Allgemeine Gebet, von dem wir in diesem Kapitel ausgegangen sind, sowie Vaterunser und Segenswort. Eine Nähe zur Tagzeitenliturgie, etwa mit Psalmen und Magnificat, ist denkbar, aber nicht zwingend. Entscheidend sind Wort und Antwort. Das Wort kann – gegen Ende des Kirchenjahres – ein Gleichnis Jesu sein wie das von den klugen und törichten Jungfrauen, das sich im darauf antwortenden Choral *Wachet auf, ruft uns die Stimme!* (1599) von Philipp Nicolai (1556–1608) gleichsam spiegelt, der in einer solchen Feier gesungen wird und in vokalen und instrumentalen Fassungen zu hören ist.

Nehmen wir abschließend noch eine Zeit des Kirchenjahres musikalisch in den Blick: Passionsmusik, die oft nur noch im Konzert erklingt, könnte eine Wort-Gottes-Feier in der Fasten- und Passionszeit mitprägen. Orgelwerke gibt es hier in Hülle und Fülle: entweder choralbezogen, was die homiletische Erschließung eines Passionsliedes nahelegt, oder etwa im Blick auf die Passionsthematik mit Werken wie *Der Kreuzweg* für Orgel von Marcel Dupré. Als weitere Werke der Instrumentalmusik eignen sich zum Beispiel Joseph Haydns Streichquartett *Die Sieben Worte unseres Erlösers* oder Frank Martins *Polyptyque* als instrumentale Passion (vgl. S. 160–172). Mitten im klangvollen Thema der Leidensgeschichte Jesu sind wir aber auch bei Heinrich Ignaz Franz Bibers *Mysteriensonaten* für Violine und Generalbass zum schmerzhaften Rosenkranz oder mit Franz Liszts *Via Crucis* für Soli, Chor und Orgel. Allesamt sind dies Werke der „musikalischen Weltliteratur" und zugleich oftmals „komponierte Gebete", denen eine gottesdienstliche Integration zu wünschen ist – weniger „im Klangraum der Messe", dessen Integrationsfähigkeit hier an Grenzen stößt, sondern vielmehr in musikalischen Wort-Gottes-Feiern, deren Gestaltungsmöglichkeiten im Sinne musikalischer Spielräume noch wenig genutzt werden.

III Musik zur Feier des Mahles

Die Entwicklung der frühchristlichen Liturgie vollzog sich – in Wechselwirkung zum christlichen Glaubensbekenntnis – im Spannungsfeld zwischen jüdischer Lebensart und griechisch-römischer Stadtkultur. Bis heute ist an vielen Riten der Eucharistiefeier erkennbar, wie sehr sie in der jüdischen Gebets- und Mahlpraxis griechisch-römischer Ausprägung wurzelt. Das Mahl ist in diesen Kulturen eine herausgehobene, alltägliche Zeichenhandlung, die weit über das natürliche Essen und Trinken hinausreicht. Nirgends erlebt sich Familie (Hausgemeinschaft) so sehr als Familie, als wenn sie bei Tisch sitzt. Im Essen zeigt sich Vertrauen, Begegnung, Beziehung. Nicht ohne Grund gibt es im Deutschen das Wort „Genosse" für den, der mit dem anderen das Brot teil, der *cum panem* ist (Kumpane/Kumpanin). Im Lateinischen lautet das Wort für das gemeinsame Mahl *convivium*, das so viel wie *miteinander leben* bedeutet (vgl. Berger 2009, 14–27).

Auch das Neue Testament überliefert, wie oft Jesus nach seiner Verkündigung tagsüber und der Begegnung mit den vielen Menschen, die ihn dabei umlagerten, abends mit seinen Jüngern zusammensaß und aß. Jesus – quasi der „Hausvater" der Jünger – spricht dann das Dankgebet, reißt das Brot in Stücke und reicht jedem seinen Teil. Bei festlichen Anlässen wurde sicherlich auch Wein getrunken. In dieser abendlichen Stunde des gemeinsamen Mahles gehört Jesus seinen Jüngern voll und ganz, sie erleben Gemeinschaft mit ihrem Herrn und Meister – so auch beim „Letzten Abendmahl", kurz vor seinem Leiden und Tod.

In der jüdischen Kultur, der Jesus voller Überzeugung angehörte, ist das Mahl eine religiöse Handlung. Diese kulturelle Ursprungssituation gehört zur „Substanz" des christlichen Glaubens in seiner gefeierten Gestalt, wahrnehmbar bis heute in der typischen Speise, dem Weizenbrot, und in dem typischen Getränk, dem Traubenwein, worüber ein Segen gesprochen wird. Jedes Mahl beginnt hier mit einem eigenen Lobspruch, nach den Anfangswort *berakah* genannt: „Gepriesen bist du, Herr, unser Gott, du König des Alls, der du das Brot aus der Erde hervorgehen lässt." In diesem Segen deutet sich der Sinn des Tischgebets an: Der Essende preist den Herrn und Spender des Lebens, der zusammen mit den anderen am Tisch sitzt (aus diesen Lobsprüchen und Nachtischgebeten hat sich das Eucharistiegebet entwickelt). Genau dasselbe tut auch Jesus. Auch er spricht bei seinen Mahlgemeinschaften einen solchen Lobpreis an den Vater und macht damit die Gegenwart seines Vaters bewusst. Die Jünger erkennen im Sprechen des Lobpreises in Jesus die Gegenwart Gottes. Bei den Mählern Jesu mit den verschiedensten Gruppen der Gesellschaft erleben die Menschen Gottes nahende Welt so sehr, dass einer der Gäste ruft: „Selig, wer am Mahl teilnehmen darf im Reiche Gottes" (Lk 14,15). So ist mit der Alltagshandlung immer auch die zentrale Botschaft Jesu verbunden: „Die Zeit ist erfüllt, das Gottes Reich ist nahe. Kehrt um und glaubt an das Evangelium." (Mk 1,15)

Mit seiner Mahlpraxis überschreitet Jesus alle Grenzen, die zwischen Himmel und Erde, Mann und Frau, Sündern und Frommen, Armen und Reichen. Jesus hält mit allen Mahl, auch und besonders mit den Sündern (Mk 2,15–17; Lk 15,2). Das bekannteste Beispiel für sein grenzüberschreitendes Ethos ist das Gleichnis vom Festmahl, in dem die Gäste von den Straßen und Plätzen der Stadt, ja von den entlegensten Winkeln herbeigerufen werden (Lk 14,16–24). Universalität und Offenheit sind Kennzeichen der Mahlpraxis Jesu wie auch der frühchristlichen Gemeinden (vgl. 1 Kor 14,23–25) – eine Verpflichtung bis heute! Indem Jesus mit den Menschen am Rande der Gesellschaft isst und trinkt, ereignet sich die Wirklichkeit der ewigen Tischgemeinschaft im Hier und Jetzt (vgl. Mk 14,23–25). In seinem letzten Mahl verheißt Jesus den Jüngern nichts weniger als dessen himmlische Vollendung in der Gemeinschaft mit ihm, zusammen mit der symbolischen Antizipation seines Kreuzestodes.

Daraus folgt: Der Ort der Mahlgemeinschaften mit Jesus, mit denen er seine zentrale Botschaft und seinen Heilstod der Selbsthingabe für die Menschen als „Testament" dauerhaft hinterlässt, ist der Alltag der Menschen. Inmitten der Profanität des Lebens und in der alltäglichen Praxis des gemeinsamen Essens und Trinkens ereignet sich Gottes liebevolle Zuwendung zu den Menschen – eine heilbringende Zuwendung, zu der alle, die glauben, gleichberechtigt eingeladen sind. Auch wenn sich früh, spätestens in der Mitte des zweiten Jahrhunderts, das gemeinsame Mahl zu einem „Kultmahl" mit einer stilisierten Mahlhandlung verändert und vom „Sättigungsmahl" gelöst hat, bleibt das gemeinsame Essen und Trinken bis heute die sinngebende Handlungsgestalt der Eucharistie, die in der rituellen „Performance" der Messfeier erlebbar werden muss. Der geschichtlich bedingte Ausfall der Kommunion durch die Gläubigen, die „Überritualisierung" der Mahlgestalten in einer hauchdünnen Oblate, zusammen mit der Reservierung des Kelchs für den Priester, die Akzentverlagerung der Gabenbereitung zur „Opferung" und die Verkümmerung des Brotbrechens hat die rituelle Grundstruktur der Eucharistie jahrhundertelang massiv verdunkelt. Um ihre Wiederherstellung ringen bis heute die pastoralen Bemühungen um eine sinnenfällige eucharistische Feierkultur (vgl. Meßner 2013, 324–333).

Strukturell lässt sich die eucharistische Handlung – in Anlehnung an Jesus und in Fortführung antiker Mahlkultur – in vier Teile gliedern: nehmen – danken – brechen – essen (vgl. die „Einsetzungberichte" Mk 14,22–25; Mt 26,26–29; Lk 22,15–20; 1 Kor 11,23–26; für Paulus Apg 27,35). Dieser „Vierklang" lässt sich auch musikalisch einholen und neu entdecken. So wählen wir für die Musik zur Feier des Mahles sechs musikalische Akzente aus. Sie stammen aus dem Gemeindegesang (Weber/Webber), dem Bereich der spätbarocken (J. S. Bach) und klassisch-romantischen (Beethoven) Messvertonung, aus der opernhaften (Rossini) und der zeitgenössischen (Pärt) Musik sowie der klassischen Moderne (F. Martin).

Die Gabenbereitung

Raymund Weber / Andrew Lloyd Webber: Nimm, o Gott, die Gaben, die wir bringen

Popmusikalische Klänge in der Messe

Der Klangraum der Messe zeichnet sich durch eine große „Polyphonie" aus. Viele „Sounds" aller Epochen sind zu hören. Das gilt für Gottesdienste ebenso wie auch für Konzerte. In der Liturgie der Messfeier können die gregorianischen Melodien einer Schola neben avantgardistischen Orgel-Improvisationen stehen, und in Konzertreihen können uns Messvertonungen aus ganz verschiedenen Epochen begegnen. Es kommen freilich nicht alle Stilrichtungen gleich häufig vor, und Musik aus einer „Rockoper" zählt gewiss zu den seltenen Beiträgen. Doch ein inzwischen recht bekanntes Lied gibt es im Gebet- und Gesangbuch *Gotteslob* (2013), dessen Musik aus einer „Rockoper" stammt. *Nimm, o Gott, die Gaben, die wir bringen* von Andrew Lloyd Webber (Musik) und Raymund Weber (Worte) ist die Neutextierung eines Songs aus dem erfolgreichen Musical *Jesus Christ Superstar*, das seine Autoren gern als „Rockoper" bezeichnen. Wir können diese gottesdienstliche Miniatur sogar der abendfüllenden konzertanten Messe von Leonard Bernstein an die Seite stellen, weil die Uraufführungen beider Werke im Herbst 1971 – *Mass* in Washington und die szenische Fassung von *Jesus Christ Superstar* in New York – zeitlich nur etwa einen Monat auseinanderliegen.

Auch die Beatles „lassen grüßen" bei diesem Lied zur Gabenbereitung, nämlich mit einem Zitat aus dem Song *All you need is love*. In dieser von John Lennon (1940–1980) komponierten „Hymne" des *Summer of Love 1967* heißt die harmonische Klangfolge G-H^7-e-G. Wichtig ist der zweite Akkord H^7 als sogenannte Zwischendominante zu e-Moll mitsamt dem melodischen Halbtonschritt. In einem Internet-Songlexikon können wir lesen, dass „einzig" diese Wendung des Refrains „ein wenig Farbe ins harmonische Geschehen" von *All you need is love* bringt (Erwe 2013). Übrigens auch etwas Pathos, denn diese Eigenschaft wird solchen emphatischen Halbtonschritten bereits in der Barockzeit zugeschrieben. Ob der junge Andrew Lloyd Webber mit dem Aufgreifen dieser markanten musikalischen Wendung an die Beatles oder den *Summer of Love* erinnern wollte, wissen wir nicht. Die Beatles waren jedenfalls der Überzeugung: „Wir haben eine Botschaft für die Welt – Liebe. Wir brauchen mehr Liebe auf der Welt." (Ebd.) Und das ist von Jesu Botschaft ja nicht allzu weit entfernt. Vielleicht haben auch solche untergründigen religiös-popkulturellen Bezüge das Musical *Jesus Christ Superstar* so berühmt gemacht.

Die deutsche Liedfassung *Nimm, o Gott, die Gaben, die wir bringen* entstand im Jahr 2009 für das *Gotteslob*. Der Germanist und Liederdichter Raymund Weber (geb. 1939), der seit Jahrzehnten in der Kölner Gruppe „singles" aktiv ist, schrieb den perspektivenreichen vierstrophigen Text, nachdem es in den Jahrzehnten zuvor bereits eine relativ populäre Fassung mit zwei Strophen und dem Textbeginn *Nimm, o Herr, die Gaben, die wir bringen* gab, die erhebliche theologische Schwächen hatte und überdies als Begleitgesang zur Gabenbereitung meistens zu kurz war. Webers Text im *Gotteslob* (GL 188) heißt nun:

1
Nimm, o Gott, die Gaben, die wir bringen.
Nimm uns selber an mit Brot und Wein.
Alles Mühen, Scheitern und Gelingen,
wollen wir vertrauend dir, unserm Vater, weihn.

2
Jesus hat sich für uns hingegeben,
durch die Zeit bewahrt in Brot und Wein.
Nimm als Lob und Dank auch unser Leben,
schließ es in die Hingabe deines Sohnes ein.

3

Nimm uns an, sei du in unsrer Mitte,
wandle unser Herz wie Brot und Wein.
Sei uns nah und höre unsre Bitte,
neu und ganz geheiligt von deinem Geist zu sein.

4

Wie die vielen Körner und die Trauben,
eins geworden nun als Brot und Wein,
lass uns alle, die wir an dich glauben,
eine Opfergabe als deine Kirche sein.

Von der Rockoper zum Kirchenlied

Blicken wir noch genauer auf die originale Fassung in der Szene „The last supper" aus *Jesus Christ Superstar*. Der Komponist ist der 1948 in London geborene Andrew Lloyd Webber, der heute als weltweit erfolgreichster Musicalkomponist gilt. Am Anfang seines Jesus-Musicals stand die Single-Schallplatte eines 21-jährigen Newcomers unter dem Titel *Superstar*. Daraus wurde dann Schritt für Schritt auf Texte von Tim Rice (geb. 1944) die erfolgreiche Rockoper *Jesus Christ Superstar*. Sie erzählt die letzten sieben Tage von Jesus Christus in Jerusalem aus dem Blickwinkel des Judas. Traditionelle und „innovative" Themen vermischen sich: die Liebe der Maria Magdalena zu Jesus, das Letzte Abendmahl, der Verrat des Judas und das Todesurteil über Jesus. Von 1972 bis 1981 ging das Werk in London insgesamt 3.358 Mal über die Bühne.

Viele Hits daraus sind weltberühmt geworden: der Huldigungsruf *Jesus Christ Superstar*, das *Hosanna, hey sanna* des Palmsonntags oder Maria Magdalenas inniges Liebeslied *I don't know how to love him*. Der Song, der mittels Umtextierung zum deutschsprachigen Kirchenlied *Nimm, o Gott, die Gaben, die wir bringen* wurde, gehört zur Szene „The last supper". Bei diesem Abendmahl singen die Jünger eine choralartige ruhige Melodie, deren Worte für einen Gottesdienst jedoch kaum tauglich wären. Die Apostel wollen nämlich alle Schwierigkeiten im Kelch des Weines „versenken" und dann, wenn sie in Rente gehen, auch noch die Evangelien verfassen, damit man auch nach ihrem Tod noch lange von ihnen spricht …

> Look at all my trials and tribulations
> Sinking in a gentle pool of wine.
> Don't disturb me now, I can see the answers
> 'Till this evening is this morning, life is fine.
>
> Always hoped that I'd be an apostle.
> Knew that I would make it if I tried.
> Then when we retire, we can write the Gospels,
> So they'll still talk about us when we've died.

Vom ursprünglichen biblischen Sinn jenes „Abendmahls", das Jesus am Vorabend seines Leidens und Sterbens gefeiert hat, bleibt hier wenig übrig. Ähnlich wie in Bernsteins *Mass* bürstet auch der Text von Tim Rice die ursprünglichen biblisch-liturgischen Motive kräftig gegen den Strich: „Die Zwölf werden, mit Ausnahme des Judas, als eine verständnislose Runde illustriert, die tatsächlich überhaupt nicht checkt, welches heilsgeschichtliche Drama sich vor ihren Augen zusammenbraut." (Reuber 2007, 42)

Vielleicht aber lässt sich die ignorante Haltung der Jünger mit dem vergleichen, was die Bibelwissenschaft das „Jüngerunverständnis" nennt und das im Neuen Testament immer wieder eine Rolle spielt. Jesus wirft ihnen vor, dass sie zwar Augen haben und doch nichts sehen. Sie haben Ohren und hören nichts (vgl. Mk 8,17f.). Wir werden auf die Frage des Nicht-Verstehens und Verstehens nochmals zurückkommen. Poetisch-Musikalisch fällt sogleich ein Kunstgriff auf. Bei den ersten beiden Zeilen entsprechen sich Wort und Klang insofern, dass jede Zeile auch eine musikalische Einheit ist und dazwischen eine Pause steht. Die dritte Zeile hingegen bildet mit der vierten eine musikalische Einheit, was eine Weiträumigkeit erzeugt, die als Steigerung wirkt. In der deutschen Fassung sind Wort und Klang auch in den letzten beiden Zeilen kongruent.

Ein kurzer Blick in die Geschichte der Gabenbereitung

Verlassen wir kurz den Song, um auf die Geschichte und Funktion der Gabenbereitung zu blicken. In früheren Zeiten wurde dieser Abschnitt der Messe als „Opferung" bezeichnet. Damit wollte man den lateinischen Ausdruck „Offertorium" wiedergeben. Allerdings birgt diese Übersetzung ein mögliches Missverständnis: Um das Opfer Christi und das darin enthaltene Opfer der Kirche geht es nicht, wenn Brot und Wein in festlicher Prozession *herbeigetragen* und nach einigen Riten und einem Lobpreis auf dem Altar *niedergelegt* werden. „Offertorium" bedeutet wörtlich „Herbeibringung". Und darum geht es auch hier: Um den Auftrag Christi „Tut dies zu meinem Gedächtnis" (1 Kor 11,24f.; Lk 22,19) erfüllen zu können, müssen die materiellen Gaben von Brot und Wein (mit Wasser) als Gaben der Gläubigen zum Altar gebracht werden. Dies geschah in den Anfängen der römischen Liturgie entweder in Form einer Gabenprozession, mit der die Altardiener die in einen Nebenraum gebrachten Gaben der Gläubigen zum Altar trugen, oder in Form eines sogenannten Opfergangs der Gläubigen selbst, die ihre mitgebrachten Gaben gemeinsam in Prozessionsreihen dem Klerus überreichten. Die nicht für die Eucharistie benötigte Menge an Brot und Wein sowie weitere herbeigebrachte Gaben wurden ausgesondert und dienten dem Lebensunterhalt der Armen und des Klerus.

Dieser Brauch blieb auch noch beim Übergang vom gesäuerten (= alltäglichen) zum ungesäuerten Brot im 9. Jahrhundert erhalten. Selbst als im Mittelalter die Gläubigen nur noch ganz selten zur Kommunion gingen, blieb es zunächst beim Brauch der Gabenspende. Erst mit dem Aufkommen der Geldwirtschaft ersetzte die Kollekte die Gabenspende der Gläubigen. Auch die seit dem Hochmittelalter geübte Praxis der Einzelhostien machte eine Gabenspende überflüssig.

Begleitet wurde und wird die Gabenprozession des Altardienstes bzw. der Opfergang der Gläubigen durch Gesang, heute auch durch Orgelspiel oder Stille. Dabei klingt oft ein Prozessionsmotiv an, wodurch das fröhliche Hintreten zum Altar schwungvoll zum Ausdruck kommt. So empfiehlt das Messbuch, „dass die Gläubigen ihre Teilnahme durch eine Gabe bekunden. Sie können durch Vertreter Brot und Wein für die Eucharistie oder selber andere Gaben herbeibringen, die für die Bedürfnisse der Kirche und der Armen bestimmt sind." (Messbuch 1988, 343) Ein festlicher Zug durch die Kirche macht deutlich, dass die ganze Gemeinde mit ihrem alltäglichen Leben die Eucharistiefeier „trägt" und mit verantwortet. Als Element der Bewegung versinnbildlicht die Prozession auf leiblich-geistige Weise jenen Aufbruch zu Christus, der das je eigene Leben zu verwandeln vermag.

Zur Gabenprozession wird der Altar „zugerüstet", das heißt, er wird als Mahltisch mit einem weißen Tischtuch festlich geschmückt und somit „bereitet". Da der Altar heute meist schon gedeckt ist, wird er mit dem Korporale, einem quadratischen Leinenstück, ausgelegt. Ministranten bringen den Kelch herbei. Der Priester nimmt die Brotschale aus den Händen der Gläubigen und den mit Wein und Wasser gemischten Kelch vom Diakon entgegen und spricht darüber jeweils leise ein Segensgebet im Stil einer jüdischen *beraka* (Lobpreisung):

> „Gepriesen bist du Herr, unser Gott,
> Schöpfer der Welt.
> Du schenkst uns das Brot (den Wein),
> die Frucht der Erde (des Weinstocks) und der menschlichen Arbeit.
> Wir bringen dieses Brot (diesen Kelch) vor dein Angesicht,
> damit es uns das Brot des Lebens (der Kelch des Heiles) werde.
> Gepriesen bist du in Ewigkeit, Herr, unser Gott."
> (Messbuch 1988, 344f.)

Mit diesem Gebet wird nochmals das leiblich-geistliche Geschehen der Gabenbereitung als *Herbeibringung* der Gaben *vor Gott* deutlich, damit er sie zum Heil der Menschen werden lässt.

Dass mit „offerimus" – „wir bringen vor dich" – auch die „menschliche Arbeit" und damit jeder einzelne Mensch mit gemeint ist, ist ebenfalls ein zentraler Gedanke unseres Liedes. Mit der Gabenbereitung verbindet sich die Bereitschaft, sich in die Hingabe Christi an Gott, den Vater, hineinnehmen zu las-

15 Gabenbereitung in der Gemeinde Maria Geburt, Aschaffenburg.

sen. Nicht die äußeren Gaben sind Opfer vor Gott, sondern die Bereitschaft, sich mit Christus in Liebe zu Gott und im Dienst am Nächsten hinzugeben – eine Haltung „aktiver Passivität" (Simone Weil), die im Herbeitragen der Gaben ihren sichtbaren Ausdruck findet. Die üblich gewordene Praxis, nach der nur noch die Ministranten die vom Küster oder der Küsterin bereitgestellten Gaben auf kurzem Weg zum Altar bringen, verdunkelt die sinnenfällige Dimension der Gabenbereitung, an der alle Menschen mit ihrem je konkreten Leben, mit all den Freuden und Nöten, aktiv beteiligt sein wollen. Das Gabengebet des Priesters schließt den gemeinschaftlichen Vorgang von Herbeibringung, Segnung und Niederlegung der Gaben ab.

Gesungene Theologie der Gabenbereitung

Kommen wir auf unser Lied zurück. Was wir hier singen, ist nichts anderes als eine kleine Theologie der Gabenbereitung. Die Worte „Brot und Wein" stehen in jeder Strophe genau in der Mitte, weil dies ja das zentrale Grundsymbol ist. Die Präposition wechselt davor jedoch von „mit Brot und Wein" über „in" und „wie" bis zum intensiven „als Brot und Wein". Somit besingen wir unsere eigene Annäherung an das „Geheimnis des Glaubens": Wir kommen „mit" Brot und Wein und erkennen dann Christus „in" Brot und Wein. Wir hoffen auf unsere Wandlung „wie" die von Brot und Wein, um dann von der Einheit in der Vielfalt zu singen, nämlich von den vielen Körner und Trauben, eins geworden nun „als" Brot und Wein. Die erste Strophe richtet sich an Gottvater (Lobpreis), die zweite erinnert an Jesu Hingabe (Anamnese) und die dritte bittet um den Heiligen Geist (Epiklese). Die vierte Strophe leitet mit den Worten „eine Opfergabe als deine Kirche sein" über zur Gebetseinladung des Priesters: „(...) dass er [Gott] die Gaben der Kirche annehme zu seinem Lob und zum Heil der ganzen Welt." (Messbuch 1988, 346)

Die erste Strophe befreit die „Opfergabe" sogleich aus einer thematischen Verengung: Der Sinn der „Gaben, die wir bringen", darf sich nicht darin erschöpfen, dass wir etwas auf den Altar legen. Von den „Gaben" singen, heißt, im selben Atemzug von sich selbst zu singen: „nimm uns selber an mit Brot und Wein". Der poetische Weg führt somit von den „Gaben" zum „Geber"-Ich und, mit den Symbolworten „Brot und Wein", direkt zum Geber aller Gaben, der sich in Brot und Wein selber gibt. Die zweite Hälfte der ersten Strophe weitet den Horizont. Wenn wir von „Gaben" singen, dann schließt das vieles mit ein, letztlich unsere ganze Geschichte mit diesen Gaben: die „Mühen", etwa des Erntens, im Spannungsfeld von „Gelingen" und „Scheitern". Alles bringen wir vor Gott und „weihen" es ihm.

Und wer denkt da nicht auch an Jesu Scheitern am Karfreitag und an sein österliches „Gelingen"? Die Anrede „unser Vater" verbindet uns ja mit Jesus, der uns gelehrt hat, so zu beten, nämlich im Vertrauen. Wenn diese Strophe zum Ende kommt, war sie nichts anderes als eine gute Umschreibung der Gabenbereitung mitsamt den schwierigen Worten wie „Opfer" und „weihen". Wir kehren um vom bisherigen Weg und gehen, ja schreiten in einer freudig gestimmten Prozession zum Altar, wenden uns vertrauend an Gott, den Vater. Und dies geschieht körperlich und geistig im Akt der Gabenbereitung sowie, daraus hervorgehend, im alltäglichen Akt der Nachfolge Jesu.

Was meint „Opfer" und „Wandlung"? (Strophen 2 bis 4)

Die zweite Strophe wendet sich Jesus zu und seiner „Hingabe für uns", womit das „crucifixus etiam pro nobis" des Glaubensbekenntnisses anklingt. „Brot und Wein" erhalten nun eine erweiterte Deutung. Diese Gaben waren in Strophe 1 noch „unsere" Gaben, die wir bringen. Nun stehen sie für Jesu Hingabe, die in einem bleibenden Zusammenhang mit der Messfeier hier und heute steht, wobei gerade um die Formulierung dieses Bezugs schon viel gerungen wurde. In älteren katholischen Sprechweisen war von der „unblutigen Wiederholung des Kreuzesopfers Jesu" die Rede. Auch Erinnern, Gedenken und Vergegenwärtigen sind passende Worte. Raymund Weber wählt das treffende Wort vom „Bewahren" durch die Zeit. Wenn wir Jesu Auftrag erfüllen, bleibt er über die zeitliche Distanz hinweg „bewahrt". Darin steckt auch Bewähren, denn der Glaube „bewährt" sich im Feiern. Wiederum weitet die zweite Hälfte der Strophe den Horizont. Weil Jesus sein Leben für uns gegeben hat, geht es um alles: In unserem „Lob und Dank" steckt nichts weniger als „unser Leben"! Die Hingabe ist gegenseitig. In fast schon mystischer Sprache heißt die Bitte, nun wiederum an Gott gerichtet: „Schließ es in die Hingabe deines Sohnes ein". Hier wird deutlich: Die Gläubigen können nicht von sich aus aktiv ein Opfer darbringen. Vielmehr besteht ihr persönlicher Einsatz in der Bereitschaft, sich in das einmalige Opfer Christi, in seine Selbsthingabe, hineinnehmen zu lassen. Nur das darf mit „Opfer" gemeint sein, wenn der Priester zum Gebet aller auffordert, „dass mein und euer Opfer Gott, dem allmächtigen Vater, gefalle" (Messbuch 1988, 347).

Was wir gemeinsam als Menschen vor Gott bringen, haben wir immer schon von Gott empfangen. Mit den Gaben des Schöpfers und den Werken menschlicher Arbeit, mit Brot und Wein, verbindet sich die Gabe des Schöpfers schlechthin: sein Sohn, der sein Leben für die Menschen gegeben hat, der ganz in der Liebe zu Gott die Liebe zum Nächsten gelebt hat. Und so bittet die Gemeinde in der dritten Strophe um Wandlung – nicht nur um Wandlung von Brot und Wein in Leib und Blut Christi, sondern auch um Wandlung des eigenen Lebens, des eigenen Ichs, des eigenen Herzens. Diese Strophe nennt die Mitte des eucharistischen Geschehens. So wie er Jesu Lebenshingabe angenommen hat, nimmt Gott nicht nur unsere Gaben, sondern auch uns selber an. Raymund Weber nähert sich den schwierigen Worten von der „Wandlung" und der „Heiligung" behutsam. Die Wandlung verwandelt auch die Gläubigen: „Wandle unser Herz wie Brot und Wein." Und das Bitten um Jesu Nähe ist ein Bitten im Geist, weil, mit Paulus gesprochen, keiner sagen kann, dass Christus der Herr ist, wenn nicht im Heiligen Geist. Hier klingen bereits die Motive der Präfation an. „Der Herr sei mit euch – Und mit deinem Geiste" hören wir bei den Zeilen „… neu und ganz geheiligt von deinem Geist zu sein". „Erhebet die Herzen – Wir haben sie beim Herrn" klingt an in der Formulierung „wandle unser Herz wie Brot und Wein". Wer derart körperlich aktiv und geistig bewusst am gemeinsamen Akt der Gabenbereitung beteiligt ist, kann den Akt der Kommunion nicht mehr als privatisiertes Geschenk Gottes missverstehen.

Die letzte Strophe bedenkt und besingt das Motiv der „Einheit und Vielfalt" aus den Abschiedsreden Jesu im Johannesevangelium. Er verheißt nichts Geringeres, als dass die Einheit zwischen ihm und dem Vater Vorbild der Einheit der Jüngerinnen und Jünger sein soll. Symbolhaft spiegelt sich das in den Körnern und Trauben, die zu Brot und Wein geworden sind. Ebenso sollen „alle, die wir an dich glauben", zu der „einen Opfergabe" gehören, die Kirche heißt. Somit wird die anfänglich noch eher blasse Wir-Perspektive der Worte „nimm uns selber an" jetzt deutlicher. Auch fügt sich das Lied stimmig in die Liturgie ein.

Bei der Eucharistie geht es folglich nicht allein um die Wandlung der Gaben, sondern auch und vor allem um die Wandlung der gesamten Gemeinde. So läuterte bereits Paulus die Gemeinde in Rom mit den Worten: „Angesichts des Erbarmens Gottes ermahne ich euch, meine Brüder, euch selbst als lebendiges und heiliges Opfer darzubringen, das Gott gefällt; das ist für euch der wahre und angemessene Gottesdienst." (Röm 12,1) Das Erste Hochgebet, der Canon Romanus, greift diese berühmte Stelle auf. Im „Gedächtnis der Lebenden" bittet der Priester, im Namen der ganzen Gemeinde, Gott:

„Herr, du kennst ihren Glauben und ihre Hingabe; für sie bringen wir dieses Opfer des Lobes dar, und sie selber weihen es dir für sich und für alle, die ihnen verbunden sind, für ihre Erlösung und für ihre Hoffnung auf das unverlierbare Heil. Vor dich, den ewigen, lebendigen und wahren Gott, bringen sie ihre Gebete und Gaben." (Messbuch 1988, 463)

Eucharistie wird auf diesem Hintergrund zum doppelten Geschenk: die Konsekration der Gaben und der Gemeinde. In der Eucharistie wird nicht nur der am Kreuz gebrochene Leib Christi repräsentiert, „sondern zugleich die Fragmentarität menschlicher Existenz insgesamt dargestellt und ihr von Gott her das Heil zugesagt." (Odenthal 2013, 289)

Wort, Klang und Raum als Einheit

Dieses Lied ist ein gelungener Beitrag im „Klangraum der Messe", weil es einen Dialog mit den liturgischen Worten führt. Und nicht nur mit den Worten. Man könnte sogar jede Strophe mit einem liturgischen Ort in Verbindung bringen: der Gabentisch mit Brot und Wein (1), das Kreuz als Ort der Hingabe Jesu mitsamt Seitenblick auf den Tabernakel (2), der Altar als Ort der Wandlung (3) sowie Kelch und Hostienschale (4). Entscheidend ist ein Grundgedanke, der sich durch das ganze Lied zieht, wie ein Cantus firmus: Wir bringen mit den Gaben von Brot und Wein uns selbst zum Altar. Gott bitten wir, dass er uns in das Geheimnis von Tod und Auferstehung seines Sohnes mit hineinnimmt: „Schenke uns Anteil an Christi Leib und Blut" (Messbuch 1988, 486). Dies geschieht im Geist, der uns heiligt und eins werden lässt: „lass uns eins werden durch den Heiligen Geist" (ebd.). Das Lied ist somit eine facettenreiche Einstimmung in das Geheimnis der Eucharistie.

Doch nun zur Musik: Dass eine Melodie mit fünf gleichen Tönen beginnt, würde man kaum für ein kompositorisches Erfolgsrezept halten. Und die zweite Hälfte mit zwei Mal vier gleichen Noten im Abstand eines Halbtons gewiss auch nicht. Aber so ist es in der Musik! Die Verbindung von Melodie, Harmonie und choralartigem Rhythmus ist wohl das Geheimnis dieses Welterfolgs. Fast ist man an die „Deutsche Messe" von Franz Schubert erinnert, deren Eröffnungsgesang auch vier Mal auf dem gleichen Ton verweilt und deren „Heilig, heilig, heilig" ebenso schlicht wie genial ist.

Andrew Lloyd Webbers Musik

Die Harmonien dieses Songs sind ebenso eingängig wie raffiniert. Der Weg geht zunächst von D-Dur in die Dominante A mit Ausweichung in die Parallele h statt der Rückkehr zum Beginn. Nach der Pause holen wir die zur Kadenz noch fehlende Subdominante G nach, mitsamt dem parallelen Moll-Klang auf e, um staunend und erwartungsvoll mit dem Subdominantakkord des zweiten Taktes zu schließen. Nun könnte das Spiel erneut beginnen. Aber jetzt erreichen wir h-Moll über die Zwischendominante Fis auf dem Wort „Scheitern". Die letzten fünf Takte sind eine sogenannte „Quintfallsequenz" mit D-G und A-D, wobei die Schlusswendung sich beim ersten Mal dominantisch öffnet, um beim zweiten Mal „schließend" den beliebten „plagalen" Schluss mit der Subdominante als vorletzter Harmonie aus dem Kirchenliedrepertoire zu zitieren.

Mit „Rockoper" hat das kaum etwas zu tun! Aber Andrew Lloyd Webber liebt den Stilmix ähnlich wie Leonard Bernstein. Es ist einfach eine einschmeichelnde und raffinierte Melodie. Vieles spricht ja dafür, dass die Inspiration zu einer guten Melodie zu den größten Geheimnissen der Musik und der ganzen Welt gehört. Zur Melodie mit fünf gleichen Tönen am Anfang kommen schlichte, aber zugleich unverkennbare und charakteristische Harmonien. Es braucht nicht mehr als ein- oder mehrstimmigen Gesang und dazu eine akkordische Begleitung durch ein Tasteninstrument, mit Gitarre oder wie auch immer.

Vom Verstehen und Nicht-Verstehen

Im Original der Rockoper *Jesus Christ Superstar* hören wir diesen Song mehrmals. Die nicht mehr ganz nüchternen Jünger scheint die Wiederholung kaum zu stören. Die Dramatik der letzten Tage Jesu schreitet voran, aber seine Freunde bemerken das zunächst noch nicht, weil sie mit sich selbst beschäftigt sind. Die Musikwissenschaftlerin Siglind Bruhn charakterisiert diese Jünger so:

> „In der Abendmahlsszene gratulieren sie einander dazu, dass all ihre Trübsal sich nun selig in Wein auflösen wird, und nehmen sich vor, eines Tages im Ruhestand die Evangelien zu schreiben, damit ihre Namen auch nach ihrem Tod noch in aller Munde bleiben. Wenn sie sowohl in der ersten Gemeinschaftsszene als auch beim Abendmahl ihre etwas dümmlichen Refrains jeweils mindestens einmal zu oft wiederholen, ohne auf die entscheidenden Herausforderungen durch Jesu Verteidigung der Maria Magdalena einerseits, seine Auseinandersetzung mit Judas andererseits überhaupt einzugehen, so wird dies selbst einem toleranten Publikum einen leicht gereizten Seufzer entlocken – und genau das scheint hier die Absicht zu sein." (Bruhn 2005, 24)

So viel zum originalen Gestus dieses Songs, den man dramaturgisch auch als Kunstgriff der Identifikation deuten könnte: In der Identifikation mit dem „schönen" Lied der Jünger fühlt sich das Publikum so wohl, dass der Fortgang der Handlung es umso mehr aus dieser Stimmung reißen wird. Die theologische Deutung des Unverständnisses der Jünger klang bereits an. Aber die liturgische Fassung besteht ja gerade darin, diese Geste des Unverständnisses vom Kopf auf die Füße zu stellen. Raymund Weber will in seinen vier Strophen ein Verständnis für die Gabenbereitung bahnen. Wer ihm einen Vorwurf machen wollte, könnte höchstens ins Feld führen, dass sein Text allzu viel Theologie enthält.

Aber das ist wiederum das Schöne an Liedern: Sie müssen nicht auf einmal verstanden werden. Wer diese Strophen mit Studierenden der Theologie oder der Kirchenmusik behandelt, hat ein „aide mémoire" zur Hand für die Gabenbereitung. Wer mit Firmlingen oder gar mit Erstkommunionkindern singt und über diese Worte spricht, findet einen katechetischen Zugang. Worte und Töne „gehen ins Ohr" und auch ins Herz. Das detaillierte Verstehen wird sich dann nach und nach einstellen. Die Musik Andrew Lloyd Webbers ist heute aus dem „Gotteslob" der

Gemeinden nicht mehr wegzudenken. Der ursprüngliche Wortlaut von Tim Rice spielt dabei so gut wie keine Rolle, weil Raymund Weber ein ebenso ansprechender wie anspruchsvoller Text gelungen ist. Er hat dabei auf genau jene Aspekte geachtet, die er selbst als die entscheidenden Qualitätskriterien für Liedtexte ansieht, nämlich „auf das Wort-Ton-Verhältnis, auf liturgische Erfordernisse, auf die Realisierbarkeit mit der Gemeinde, auf die besonderen Ansprüche und Ausdruckswünsche von jungen Menschen im Gottesdienst". (Weber 2021, 63)

Nicht zuletzt sollte dieses Lied auch dazu anzuregen, eine gedankenlose Praxis der Gabenbereitung zu überdenken, bei der das Kramen im Geldbeutel fast die einzige Form der tätigen Teilnahme ist. Eine sinnenfällige Ausführung der Gabenbereitung wäre dann erreicht, wenn ganz selbstverständlich einige Gläubige passend zu den einzelnen Strophen des Gemeindeliedes die Gaben als Gaben der Gemeinde in einer feierlichen Prozession zum Altar bringen: das selbst gebackene, ungesäuerte Brot, Wein und Wasser aus der Region und schließlich die eingesammelte Kollekte – Zeichen der Verbundenheit untereinander und mit dem Nächsten.

Heilig, heilig, heilig

Johann Sebastian Bach: Sanctus aus der Messe h-Moll

Das Kerngeschehen: Gebet und Mahl

Die vielen Riten, die sich im Laufe der Jahrhunderte und im Austausch mit Kulturen, Mentalitäten und Frömmigkeitsformen entwickelt haben, können leicht über das Kerngeschehen der Eucharistiefeier hinwegtäuschen. So aussagekräftig und sinnenfällig eine festliche Gestaltung der Gabenbereitung oder ein herzlicher Austausch des Friedensgrußes auch sind, im Zentrum der Eucharistie stehen zwei Handlungen: Gebet und Mahl. Oder genauer gesagt, das eucharistische Hochgebet und das ritualisierte Mahl. Viele Riten können in einfachen Verhältnissen oder besonderen Situationen wegfallen, nur der enge Zusammenhang von Hochgebet und Kommunion muss erfahrbar bleiben. Mit dem großen Lob- und Dankgebet verbindet sich jener Tischsegen über die eucharistischen Speisen, „damit sie uns werden Leib und Blut deines Sohnes, unseres Herrn Jesus Christus" (Zweites Hochgebet: Messbuch 1988, 484).

Pars pro toto für das gesamte Hochgebet wenden wir uns seinen musikalisch besonders ausgestalteten Teilen *Sanctus* und *Benedictus* zu. Als Beispiele wählen wir das *Sanctus* aus der *Messe h-Moll* von Johann Sebastian Bach und von Ludwig van Beethoven das *Benedictus* seiner *Missa solemnis* mitsamt dem ihm vorausgehenden Präludium, das zu Beethovens Zeiten zu dem vom Priester still gesprochenen Canon erklungen ist. Somit füllen diese drei Musikstücke jenen göttlich-menschlichen Klangraum aus, in den die Gemeinde mit der Verkündigung des Wortes Gottes bereits eingetreten ist und der sie nun durch Anbetung und Lobpreis zur Kommunion, dem rituellen Mahl Gottes, führen wird.

J. S. Bach und die Bibel

Dass man große Komponisten vergangener Jahrhunderte wie Bach oder Beethoven nicht mehr – über die Epochen hinweg – zu ihren Werken befragen kann, ist bedauerlich. Johann Sebastian Bach könnte doch aus erster Hand Auskunft über seine vielen „komponierten Gebete" in Chorälen, Arien und Chören geben. Oder er könnte uns von seiner berühmten „Calov-Bibel" erzählen und von den musikalisch-theologischen Randbemerkungen, die er gegen Ende seines Lebens handschriftlich in diese drei kostbaren Bände eingetragen hat.

Darunter ist die inzwischen berühmte Sentenz „Bey einer andächtigen Musik ist allezeit Gott mit seiner Gnadengegenwart" (Walter 2014, 9–21). Bach meint damit wohl zunächst, dass es bei allen Versuchen, Musik und Religion in eine Beziehung zu setzen, vor allem auf die „Andacht" ankommt, die mit vielen einzelnen Aspekten zu tun hat: Werk und Wirkung, Interpreten und Hörerschaft, Raum und Zeit, Atmosphäre und weitere Worte im Gesamtgeschehen. Als Gottes „Gnadengegenwart" ist und bleibt die Andacht ein Geschenk. Beim Sanctus und Benedictus werden wir insbesondere darauf achten, ob sich in diesem Zusammenhang auch ein „musikalisches Transzendieren" sinnvoll beschreiben lässt. Schließlich kann „Gottes Gnadengegenwart" ja kaum anders gedeutet werden, als ein Übersteigen aller menschlichen Möglichkeiten.

16 Eigenhändige Randbemerkung Bachs in seiner Calov-Bibel (hier vergrößert).

Doch blicken wir nochmals in Bachs Calov-Bibel. Was hat der alternde Thomaskantor Bach wohl gemeint, als er beim Lied der Miriam (Ex 5,20f.) an den Rand schrieb: „NB [Nota bene, Merke wohl]. Erstes Vorspiel, auf 2 Chören zur Ehre Gottes zu musiciren"? Vielleicht dachte er daran, dass es in der Bibel ja nicht nur Gebetstexte gibt, sondern auch Gesten des Betens und Bekennens wie etwa das Vorsingen und Einstimmen (responsoriales Prinzip) oder das gegenseitige Einander-Zusingen zweier Gruppen (antiphonales Prinzip). Mit einer solch differenzierten Aufführungspraxis kommt das Wort Gottes liturgisch wie konzertant noch mehr „in Schwang", um es mit Martin Luther zu sagen. Und unsere Antworten werden festlich, sogar räumlich-doppelchörig, wenn sie „auf 2 Chören zur Ehre Gottes" erklingen.

Das Sanctus in Jesaja 6

Beim Siegeslied der Miriam geht es um das responsoriale Vor- und Nachsingen. Das antiphonale Prinzip begegnet uns hingegen im 6. Kapitel des Prophetenbuches Jesaja, aus dem die ersten Worte des liturgischen Sanctus stammen. Die Serafim singen sich wechselchörig zu, „alter ad alterum", der eine zum anderen, wie es in der lateinischen Bibel heißt. Dies hat Komponisten überaus inspiriert. Hören wir deshalb zunächst die biblische Thronvision aus Jesaja 6. Der Prophet beschreibt, wie die Serafim mit je sechs Flügeln am himmlischen Thron das Lob des Höchsten intonieren:

> „Im Todesjahr des Königs Usija, da sah ich den Herrn auf einem hohen und erhabenen Thron sitzen und die Säume seines Gewandes füllten den Tempel aus. Serafim standen über ihm. Sechs Flügel hatte jeder: Mit zwei Flügeln bedeckte er sein Gesicht, mit zwei bedeckte er seine Füße und mit zwei flog er. Und einer rief dem anderen zu und sagte: Heilig, heilig, heilig ist der HERR der Heerscharen. Erfüllt ist die ganze Erde von seiner Herrlichkeit. Und es erbebten die Türzapfen in den Schwellen vor der Stimme des Rufenden und das Haus füllte sich mit Rauch." (Jes 6,1–4)

Das Jahr dieser überwältigenden Erfahrung kennen wir. 740 vor Christus starb der in Jerusalem residierende König Usija. Was der Prophet Jesaja damals in seiner himmlischen Vision schaute, das können wir uns irgendwie vorstellen. Bisweilen wurde es gemalt. Auch die irdische „Resonanz" ist imposant: wie die ganze Erde erbebt, die Türschwellen erzittern und der Tempel sich mit Rauch füllt. Aber wer würde nicht auf all diese sinnlichen Eindrücke verzichten, wenn er dafür nur ein paar Klänge jener Musik hören dürfte, die der Prophet zu hören bekam? Doch es bleibt dabei: Wie dieses Dreimalheilig, der Himmelsgesang „Kadosch, kadosch, kadosch ..." („Heilig, heilig, heilig ..."), in Jesajas Ohren geklungen hat, das wissen wir nicht.

Das Trishagion ist aber nicht verstummt. Wie ein Echo klingt das Dreimalheilig weiter, von 740 v. Chr. bis heute: „Der Gesang der Seraphim ist ältestes liturgisches Gut, aus dem Tempelkult in den jüdischen Gottesdienst übernommen und von den Christen gesungen seit ihren ersten Zusammenkünften. Kaum irgendein Wortgebilde in der Menschheitsgeschichte wird schon so lange kontinuierlich im Kult gesungen." (Lehnert 2017, 164)

Rezeption durch die christlichen Gemeinden

In der christlichen Eucharistiefeier begegnet uns das Sanctus zunächst in den ostkirchlichen Anaphoren (Hochgebete) vor der Mitte des vierten Jahrhunderts; von dort aus kommt es im fünften Jahrhundert in die Hochgebete des Westens. Noch ursprünglicher ist die Rezeption des Heilig-Rufs im Morgengebet der Kathedralgemeinden, vergleichbar mit der Rezeption im Synagogengottesdienst am Sabbatmorgen. Im Vergleich zu Jesaja ändert sich allerdings an zwei Stellen markant die Textgestalt, wobei Bach jedoch – nach lutherischer Tradition – bei „Herrlichkeit" (gloria) die Änderung vom biblisch-beschreibenden „seiner" (ejus) zum liturgisch-gebethaften „deiner" (tua) gerade nicht mitvollzieht. Schauen wir auf die authentische Fassung für die christliche Liturgie:

Sanctus, Sanctus, Sanctus	Heilig, heilig, heilig,
Dominus Deus Sabaoth.	Gott, Herr aller Mächte und Gewalten.
Pleni sunt *caeli* et terra	Erfüllt sind *Himmel* und Erde
gloria *tua*. (Bach: gloria *ejus*)	Von *deiner* Herrlichkeit.
Hosanna in excelsis.	Hosanna in der Höhe.

Mit Christi Tod und Auferstehung ist nicht nur die Erde, sondern auch der Himmel von der Herrlichkeit jenes Gottes erfüllt, zu dem sich die Gemeinde im Gebet hinwendet und dem sie, gemeinsam mit den „Mächten und Gewalten", den allumfassenden Lobpreis darbringt. Der christliche Text spiegelt jene himmlische Szene wider, die das vierte und fünfte Kapitel der Offenbarung des Johannes schildert: die Vision von der himmlischen Liturgie am Thron Gottes mit der Übergabe des versiegelten Buches an das Lamm: Symbol für Jesus Christus, das fleischgewordene Wort Gottes, der Gekreuzigte, Auferstandene und zum Vater erhöhte Sohn Gottes. Zu dem himmlischen Chor der Thronengel wissen sich die Gläubigen zugelassen, wenn auch sie im Hochgebet nun vor Gott stehen und mit, durch und in Christus seine „Heiligkeit" ausrufen (vgl. Offb 4,8).

Das Sanctus ist weder ein beliebiges Loblied, noch darf es allein vom Priester gesprochen werden. Zusammen mit dem Priester singt vielmehr die Gemeinde, ursprünglich in demselben, einfachen Rezitationston wie das gesamte Hochgebet (so wie das Sanctus der *Missa mundi*, GL 403). Erst in einem zweiten Schritt übernahm der Chor die Rolle des Volkes, bis schließlich ab 1400 der Priester leise das Hochgebet weiter betete, während der Chor noch das Sanctus sang. Damit löste sich das Sanctus aus seiner integralen Stellung im Hochgebet. Erst die liturgischen Erneuerungen im 20. Jahrhundert erkannten im Gesang von Chor und Gemeinde ein wahrhaft liturgisches Element.

Vielfältige Klanggestalt

Vielleicht ist es sogar gut, dass es nicht *die* einzig gültige Fassung des Sanctus gibt! Es gibt tausende, in allen musikalischen Stilrichtungen: gregorianisch, liedhaft, solistisch, chorisch, mit Orchester, verjazzt ... Berühmt sind Monteverdis ekstatische Sanctus-Klänge in seiner *Marienvesper* (1610), das *Schubert-Heilig* und die Version, die Felix Mendelssohn Bartholdy für sein *Elias*-Oratorium komponiert hat. Hier soll es gleich um Johann Sebastian Bachs *Sanctus* in D-Dur gehen, dessen erste Fassung für den Weihnachtsgottesdienst am 25. Dezember 1724 in der Leipziger Nikolaikirche entstanden ist und das Bach in seinen letzten Lebensjahren nochmals leicht überarbeitet und dann in seine „große catholische Messe" (Walter 2020, 216f.) integriert hat. Davor aber wenden wir uns noch einem Bild zu.

Sieger Köders Bild „Musica Sacra"

Das Sanctus-Bild des schwäbischen Malers und Priesters Sieger Köder (1925–2015) versammelt vier musizierende Menschen in einem ebenso illustren wie anachronistischen Ensemble. Von links nach rechts erkennen wir zunächst Cäcilia, die Schutzpatronin der Kirchenmusik, mit einer kleinen tragbaren Orgel auf den Knien. Mit der linken Hand schöpft sie die Luft, mit der rechten spielt sie. Neben ihr psalmodiert König David, hingebungsvoll nach oben blickend, zu seiner eigenen Begleitung auf einem harfenartigen Saiteninstrument. Auf der rechten Seite sehen wir Johann Sebastian Bach sitzend, an einem Tasteninstrument, dahinter stehend Giovanni Pierluigi da Palestrina mit einem Notenheft in der Hand.

Das ist die untere Bildhälfte mit der irdischen Musik. Die obere, ganz in Rot, zeigt die Himmelsmusik nach Jesaja 6. Flügel der Serafim sind erkennbar und vor allem Saiteninstrumente, auf denen Engelshände die Bögen führen. Besonders wichtig ist die Verbindung zwischen unten und oben: das Sanctus! In der Mitte des menschlichen Ensembles wird in verschiedenen Notationsweisen der Beginn dreier Sanctus-Versionen erkennbar: unten eine gregorianische aus der *Missa de angelis* (GL 110), in der Mitte das Sanctus aus Palestrinas berühmter, jedoch heute eher selten aufgeführten *Missa Papae Marcelli* (um 1562) und oben Johann Sebastian Bachs Sanctus der *h-Moll-Messe*, um das es hier gehen soll. Die Noten des Sanctus verbinden auf Sieger Köders

17 „Musica Sacra"
von Sieger Köder,
1988.

Bild die Erdentöne mit den Himmelsklängen. Somit ist dieses
Bild nichts anderes als ein visueller Kommentar zu den liturgischen Worten „Darum preisen wir dich mit allen Engeln und
Heiligen und singen vereint mit ihnen das Lob deiner Herrlichkeit: Heilig, heilig, heilig, …" (Messbuch 1988, 355 u. ö.).

Wie Bach das Sanctus komponiert

Bachs Sanctus erklang erstmals am Ersten Weihnachtstag 1724,
später auch noch 1727 und in den 1740er Jahren, und zwar jeweils
im Abendmahlsteil des lutherischen Gottesdienstes. Sozusagen
„anmoderiert" wurde es mit den Worten, dass „wir mit den Engeln und Erzengeln, mit den Thronen und Herrschaften, und mit
der ganzen Menge der himmlischen Heerscharen, dir zu Preis,
einen Lobgesang singen; und sagen ohn Unterlass: Heilig, heilig, heilig …" (Blankenburg 1996, 91). Diese biblisch-liturgische
Mehrchörigkeit greift Bach in seinem festlich-fulminanten Sanctus, das in der h-Moll-Messe als einziger Satz die chorische Vier-

und Fünfstimmigkeit sechsstimmig überhöht, mit zahlhafter Konsequenz auf, um „eine möglichst getreue musikalische Übertragung der Vision des Propheten" (Wolff 2009, 108) zu erzielen. Er baut die Klangwelt deshalb mit sechs jeweils dreistimmigen Gruppen auf: drei Trompeten, drei Oboen (der einzige Satz der h-Moll-Messe, der eine dritte Oboe braucht!), drei hohe Streicher (zwei Violinen und Viola), drei hohe Vokalstimmen (zwei Soprane und 1. Alt), drei tiefe Vokalstimmen (2. Alt, Tenor, Bass) und eine dreiteilige Generalbassgruppe aus Tasteninstrumenten, Saiteninstrumenten und Fagott. Entscheidend ist freilich nicht nur wie, sondern was gespielt und gesungen wird. Und selbst hier wird die konstitutive Sechszahl vielfach deutlich: chorische Terz-Sext-Parallelen hören wir gleich zu Beginn mit sechs Triolen und zudem bisweilen ohne Bassfundament, also gleichsam „schwebend". Im Aufbau des Satzes gibt es oft Abschnitte mit sechs oder zwölf Takten, und „am phantastischsten mutet uns wohl an, dass die Pauken in den ersten zweimal sechs, also zwölf Takten je sechs mal sechs Schläge und bis zum Takt 24 dreimal sechs mal sechs Schläge ausführen." (Blankenburg 1996, 93)

Eine besondere Rolle spielt der Generalbass. Von Anfang an markiert er in weiträumig majestätischer Gestik das Intervall der Oktave, das zur Bachzeit auch „diapason" (durch das Ganze) heißt und die Vollkommenheit zur Geltung bringt. Was aber bedeutet es, dass der Basso continuo gegen Ende von der triolischen Bewegung gleichsam ergriffen wird und sie mitvollzieht? Hier sind wir im Bereich der Nicht-mehr-Beweisbarkeit, wobei Assoziationen dennoch erlaubt sind wie die des Dirigenten Günter Jena, der diese exponierte Passage als „klares Zeichen" deutet „für das Wunder, dass der Himmel zur Erde herabsteigt" (Jena 2017, 110). Das nicht zu bezweifelnde generelle Fazit von Christoph Wolff lautet, dass Bach schon in diesem frühen Teil (1724) seiner Missa h-Moll, immerhin etwa 25 Jahre vor der Vollendung des Gesamtwerkes, jene Ziele in den Blick nimmt, die gegen Ende seines Lebens für seine „musikalische Wissenschaft" immer wichtiger werden sollten, nämlich „die optimale Synthese von intellektueller Durchdringung des Stoffes, unmittelbar packendem musikalischem Ausdruck, klang-sinnbildlicher Wiedergabe und klarer inhaltlicher Vermittlung in nie dagewesener Beschaffenheit und anspruchsvollster kompositorischer Ausarbeitung." (Wolff 2009, 109)

Himmlisch und irdisch als „Zusammenklang"

Aus den vielen noch wichtigen Aspekten wählen wir einen aus, der theologisch ergiebig ist und zudem in der heutigen Aufführungspraxis durchaus kontrovers diskutiert wird. Beim Sanctus der Bach'schen Missa spielt die exakt notierte Differenzierung zwischen triolischen und punktierten Achteln eine Rolle. Was meint das? Bach unterteilt die Viertelnoten verschieden, nämlich triolisch mit je drei Triolenachtel pro Viertelnote, oder in Sechzehntel, was vier Sechzehntel pro Viertelnote ergibt. Aufführungspraktisch kann man diese beiden notierten Rhythmen „angleichen" in dem Sinne, dass die punktierte Achtel ihre Schärfe verliert und das Sechzehntel somit zu einem triolischen Achtel wird. Im sehr raschen Tempo ist das ohnehin die einzige Möglichkeit.

Die Verschiedenheit der beiden simultan erklingenden zeitlichen „Ordnungen" lässt sich aber auch als musikalisch-theologische Herausforderung begreifen, nämlich im Sinne eines „doppelten" Engelsgesangs, wobei sich das triolisch-pastorale Klangbild biblisch sowohl auf die weihnachtliche (Lk 2) als auch auf die eschatologische Szenerie (Offb 7,17) beziehen lässt, wohingegen die zweite, ouvertürenartige Klangwelt mit scharfen Punktierungen, majestätischen Bassgängen und dem Tremendum-Motiv der Pauken deutlich von Jesaja 6 inspiriert ist. Wer nicht „angleicht", gewinnt die Chance, beide musikalisch-theologischen „Charaktere" herauszuarbeiten, was der Dirigent und Musikwissenschaftler Hans Michael Beuerle vorschlägt. Er berichtet, dass er bei seiner „ersten Einstudierung der h-Moll-Messe doch mit besonderer Nervosität in die erste Sanctus-Probe" ging, weil, wie erwartet, „hier zunächst auch einige Skepsis zu überwinden" war: „Je mehr aber die Musiker sich auf meine Vorschläge einließen, je deutlicher nicht einfach nur gegensätzliche Rhythmen, sondern kontrastierende Charaktere – schwingendschwebende Triolenketten über dem majestätischen, scharf punktierten Ouvertürenrhythmus und dazwischen das Tremendum-Motiv der Pauken – erklangen, desto mehr wuchs die Innenspannung dieses Satzes, eine Spannung, die sich, gibt man nicht nach im Widerspiel der Kräfte, von selbst immer weiter akkumuliert bis zu dem Punkt, wo sie im Jubel des ‚pleni sunt coeli' sich entlädt." (Beuerle 2006, 256)

Bachs Missa liturgisch im katholischen Einsiedeln

An welche Aufführungsmöglichkeiten Bach bei seiner kompletten *Missa tota et concertata* in h-Moll während der letzten Wochen seines Lebens noch gedacht hat, bleibt sein Geheimnis. Durchgesetzt hat sich die konzertante Darbietung, wenngleich es auch interessante Choreographien gibt und, sehr selten jedoch, liturgische Aufführungen. So wurde im Bachjahr 1950 im Schweizer Kloster Maria Einsiedeln in der Oktav des Herz-Jesu-Hochfestes ein Festhochamt gefeiert, von dem der junge Theologe Hans Urs von Balthasar seinem Mentor Karl Barth in Basel per Postkarte berichtet. Auch weitere Zeugnisse zu dieser Messfeier haben sich im Klosterarchiv erhalten (Walter 2020, 230–246). Erklungen ist liturgisch die komplette *Messe* h-Moll von Johann Sebastian Bach. Bis heute lesenswert sind die Beschreibung des *Sanctus*, die der Dirigent Walther Reinhart gibt, sowie die programmatischen Überlegungen des Abtes Benno Gut OSB zu diesem ökumenischen Gesamtprojekt.

Walther Reinhart (1886–1975), der rückseitig zur Gnadenkapelle der Klosterkirche Einsiedeln damals mit vorwiegend reformierten Christen aus Winterthur und Zürich die „große catholische Messe" von Bach zur Aufführung brachte, hat deren Teile für die Mitfeiernden einfühlsam in einem Heft des Benziger Verlags Einsiedeln kommentiert. Zum *Sanctus* bemerkt er im Ausgang von der biblischen Jesaja-Vision und Audition:

„Die majestätisch schwebenden Gänge, mit welchen höhere und tiefere Stimmen einander zu antworten scheinen, sind gewiss aus den letzten Sätzen jener Worte [vom wechselchörigen ‚alter ad alterum'] geschöpft. An jenen Stellen, wo die fünf oberen Stimmen in schallenden Harmonien unter dem mächtigen Flügelschlag der Geigen und Holzbläser, dem Schmettern der Trompeten und dem Donner der Pauken sich strecken und der Bass in gewaltigen Oktavschritten stufenweise abwärts steigt, empfinden wir wie der Prophet, dass ‚die Schwellen bebten von der Stimme ihres Rufens, und das Haus ward voll Rauch'. Nach dem breiten Sanctus folgt ein bewegtes ‚Pleni sunt coeli', das an ekstatischem Jubelschwung alle ähnlichen Sätze hinter sich lässt, ...“ (Walter 2020, Anm. 78)

Zum Abschluss dieses Kapitels hören wir noch Abt Benno Gut (1897–1970), den späteren Abtprimas der Benediktiner und Kurienkardinal. Über den Versuch, Bachs Messe in die Liturgie zu integrieren, schreibt er im Programmheft, das auch die Ausführungen des Dirigenten enthält, eine Art „Einstimmung“ mit tiefen Einsichten, die für die Musik im „Klangraum der Messe“ richtungweisend werden könnten. Im Hintergrund steht die „Konsonanz“ zwischen dem benediktinischen „Omnia ad majorem Dei gloriam“ und Bachs „Soli Deo gloria“, das am Ende der handschriftlichen Partitur zur Missa h-Moll besonders deutlich zu sehen ist. Der Abt schreibt:

„Wir glaubten, das Andenken dieses großen Musikers und frommen Christen nicht besser ehren zu können, als indem wir sein Werk im liturgischen Gottesdienst erklingen lassen und es damit in jenen geistigen Raum stellen, der ihm wohl allein ganz gemäß ist. Wir fürchten nicht, uns damit gegen die Absicht des Schöpfers dieser Messe zu versündigen, da wir aus zahlreichen Zeugnissen wissen, dass er in der Ehre Gottes den letzten Zweck seines Schaffens sah. Auch das Werk selber, so glauben wir, gewinnt erst da seine letzte Schönheit und Würde, wo es als Teil einer heiligen Handlung in unmittelbare Beziehung zu Gott tritt. Damit ändert sich natürlich auch von Grund aus die Stellung des Hörers. Er wohnt nicht einem Konzerte bei, sondern nimmt an einer heiligen Handlung teil. Die Musik, die er hört, gilt nicht in erster Linie ihm, sondern strömt als Klang gewordenes Gebet hinauf zum Throne des Allerhöchsten. Sie will allerdings auch, vielleicht eindrücklicher, als es sonst

> je geschieht, zu seiner Seele reden, will sie im Tiefsten erschüttern und einbeziehen in den heiligen Kreis demütiger Anbetung und ehrfürchtigen Schauers vor dem göttlichen Geheimnis." (Walter 2020, 238f.)

Das ist nicht die Sprache Bachs, aber doch eine „Variation" des Bach'schen Themas von der „andächtigen Musik", bei der „Gottes Gnadengegenwart" mit dabei ist. Solchen Gedanken, wie sie der benediktinische Abt hier formuliert, hätte gewiss auch Ludwig van Beethoven nicht widersprochen, am wenigsten wohl im Blick auf sein Präludium und Benedictus der Missa solemnis, über deren Kyrie bereits die Vortragsanweisung „Mit Andacht" steht.

Das große Lob- und Dankgebet

Ludwig van Beethoven: Präludium und Benedictus aus der Missa solemnis

Von Bach zu Beethoven – und zurück

Dass Johann Sebastian Bachs *Missa h-Moll*, für die es leider keinen autorisierten Gesamttitel gibt, um die Mitte des 19. Jahrhunderts unter dem nicht vom Komponisten stammenden Namen „Hohe Messe" neu entdeckt wurde, hängt indirekt mit Beethoven zusammen. Die durchaus adäquate Überschrift „Missa solemnis in h-Moll" kam nämlich deshalb nicht in Frage, weil sie bereits seit etwa zwei Jahrzehnten unlösbar und exklusiv mit Beethovens Messe in D-Dur op. 123 verknüpft war. Während von Bach leider keinerlei Aussagen über seine persönliche Motivation zum Komponieren einer „Missa tota et concertata" überliefert sind, sprudeln die Quellen bei Beethoven nun reichlich. Sätze wie „Mein größtes Werk ist eine große Messe" liest man nicht selten in seiner Korrespondenz, wenn es um dieses Opus geht, dessen Singularität der Musikwissenschaftler Hans-Joachim Hinrichsen so zusammenfasst: „An Umfang sprengt das Werk jede damals geläufige Norm, an Vielfalt und Reichtum der in ihm versammelten Musikstile und Ausdruckscharaktere hat es nicht seinesgleichen, und an keinem anderen seiner Werke hat Beethoven so lange gearbeitet wie an der *Missa solemnis*." (Hinrichsen 2019, 11).

Der Komponist mit der Partitur seiner Messe

Ein Gemälde von Joseph Karl Stieler zeigt Beethoven mit dem Manuskript seiner „Missa solemnis ex D#". Das „ex" ist die Abkürzung für „ex clave" und benennt, aus welcher Taste oder aus welchem „Ton" die Musik geht, wohingegen das Vorzeichen „#" das Tongeschlecht Dur bezeichnet. Der exakten Benennung auf dem Bild, die in heutiger Terminologie *Missa solemnis* in D-Dur heißt, ging ein Gespräch voraus. Weil der gehörlose Beethoven, nachdem die akustischen Hilfsmittel wie „Hörrohre" allesamt ihren Dienst versagt hatten, in seiner Kommunikation auf sogenannte Konversationshefte angewiesen war, kennen wir diesen Dialog zwischen Maler und Komponist über den Werktitel.

Zu den Konversationsheften kommen Beethovens berühmte „Skizzenbücher", in denen sich viele meistens schwer zu entziffernde musikalische Eintragungen finden: Ideen, Themen und Motive, Überlegungen zur textlichen Deklamation. Auch Gedankensplitter zum Gehalt der Messsätze und einzelner Worte hat Beethoven notiert. Da ist etwa zu lesen: „Das Resultat des Frie-

18 Beethoven mit dem Manuskript der *Missa solemnis*, 1820. Ölgemälde von Joseph Karl Stieler (Beethoven-Haus, Bonn).

dens ist Ruhe und Lustigkeit" – und darunter die Melodie des „pacem" aus dem *Agnus Dei* mitsamt Begleitstimmen. Das Wort „Resultat" kann kaum hoch genug eingeschätzt werden. Beethoven geht es – stärker noch als Bach – um die Dramatik des Glaubens mit Gesten und Affekten, aber eben auch mit Voraussetzungen und „Resultaten". Beim *Dona nobis pacem* in D-Dur rückt mehrmals eine Militärmusik in der Tonart B-Dur an, was den Schrei nach Frieden erst glaubhaft wirken lässt. Bis zum „Resultat" ist es ein weiter Weg. Am Ende aber hören wir, wie die Friedensverheißung sich gegen alle „Gegenstimmen" durchsetzt.

„Benedictus kann auch fröhlich sein"

In den Mittelpunkt stellen wir hier das *Benedictus*. Dieser Satz der Messe wurde oft als Begrüßung Christi in Gestalt der Hostie verstanden und komponiert. Dies erklärt die von vielen Komponisten hier bevorzugte meditativ-ekstatische Stimmung. In Orchestermessen der Wiener Klassik, etwa von Mozart oder Haydn, ist das Benedictus oft ein verinnerlichter Satz, gelegentlich beim Typus der „Orgelsolo-Messe" auch ein virtuoses Dialogisieren zwischen Sopran und Orgel. Im Rahmen einer Missa brevis kann das Benedictus leicht länger sein als die gesamte übrige Messe.

Auch Mozart, den wir bereits im Kapitel zum „Halleluja" zitiert haben (vgl. S. 53), weist in einem mit dem Musikschriftsteller Friedrich Rochlitz geführten Gespräch darauf hin, dass „beim Empfang [des Abendmahls] die Musik in sanfter Freude aus dem Herzen der Knienden sprach: Benedictus qui venit etc." (Koch 2002, 323f.) Diese „sanfte Freude" spricht aus vielen Benedictus-Kompositionen, geht es doch um die Einkehr Jesu bei den Menschen. Jetzt, hier und heute, kommt er zu mir in der Kommunion oder – zu Mozarts und Beethovens Zeit – öfters in der „geistlichen Kommunion". So heißt es auch in einem damals bekannten Kirchenlied, das in der Erzählung *Der Seelenbräu* (1945) von Carl Zuckmayer (1896–1977) eine Rolle spielt: „O stille mein Verlangen, du Seelenbräutigam, dich geistlich zu empfangen, du wahres Osterlamm." Heute wird diese Strophe mit dem Wortlaut

„… dich würdig zu empfangen" gesungen, was die veränderte Kommunionpraxis widerspiegelt.

Aber ist die biblische Szene des Benedictus denn nicht von einer ganz anderen Klangwelt geprägt? Wie bald werden die „Hosanna"-Rufe des Palmsonntags ins „Kreuzige" des Karfreitags umschlagen! Diese Dramatik hören wir in Messvertonungen seltener. Um ihr Gehör zu verschaffen, hat im 20. Jahrhundert der experimentelle Komponist Dieter Schnebel (1930–2018) in seiner großbesetzten *Dahlemer Messe* (1984–1987) – gewidmet Martin Niemöller, Dietrich Bonhoeffer und Karl Barth – ein Benedictus komponiert, das die aufgewühlte Stimmung des Palmsonntags zum Thema hat. Schnebel erlaubt es sich sogar, an den Esel zu erinnern, auf dem Jesus in Jerusalem eingezogen ist. Zwischen Live-Elektronik, großem Orchester und Vokalstimmen ist in der Partitur ein „Eselsschrei" vermerkt und gut zu hören.

Andacht und Transzendieren

Doch zurück zu Beethoven. Was er bereits beim Schwesterwerk, der *Messe* C-Dur op. 86, für sich reklamiert hat, dass er nämlich „den Text behandelt habe, wie er noch wenig behandelt worden" ist (Walter 2020, 156), das gilt für sein religiöses Opus summum in D-Dur gewiss in gesteigertem Maße. Beethoven mutet sich die Gattung Messe zu, indem er sich, seine ganze Existenz mitsamt ihrer Religiosität und persönlichen Dramatik, dieser geschichtsträchtigsten Gattung im Bereich der kirchlichen Musik zumutet. Zwischen Andacht und Drama scheint Beethovens „paraliturgische Chorsinfonie" (von Fischer 1994, 248) geradezu eingespannt. Selbst der Wille zum Transzendieren fügt sich in diese Spannung, die sich immer wieder ekstatisch entlädt. „Mit Andacht", so heißt die Vortragsbezeichnung über dem Kyrie und unter der berühmten Widmung „Von Herzen – Möge es wieder – zu Herzen gehn!", die jedoch nur in Beethovens Handschrift steht und weder in das Widmungsexemplar an Erzherzog Rudolph – für dessen Inthronisation als Erzbischof von Olmütz das Werk ursprünglich bestimmt war, bevor es „außer Kontrolle" (Hiemke 2003, 45) geriet und dem Widmungsträger erst drei Jahre nach dessen Bischofsweihe überreicht werden konnte – noch in den Erstdruck übernommen wurde. „Andacht" ist ein Wort, das bei vielen kirchenmusikalischen Diskursen aller Epochen mit im Spiel ist. Auch in Johann Sebastian Bachs Bibel-Marginalie von der „andächtigen Musik" ist es uns begegnet.

„Transzendendieren" ist eines der Hauptthemen Beethovens und übrigens auch seiner Kritiker, wenn sie ihm Übersteigerungen in jeder Hinsicht vorwerfen. Er selbst denkt oft im Komparativ: „Höheres gibt es nicht, als der Gottheit sich mehr als andere Menschen nähern und von hier aus die Strahlen der Gottheit unter das Menschengeschlecht verbreiten." (Walter 2020, 156) Dies lässt sich so verstehen, dass Beethoven Aspekte und Erlebnisse des Transzendierens sucht, um sie musikalisch mitzuteilen und so mit allen zu teilen. Als seine Hauptabsicht nennt er, mit diesem Werk „sowohl bei den Singenden als bei den Zuhörenden religiöse Gefühle zu erwecken und dauernd zu machen" (Hinrichsen 2019, 25).

Präludium – das Orchester als Orgel

Dies gilt insbesondere für jenen Moment der Messfeier, in dem gar nicht gesungen wird. Zwischen Sanctus und Benedictus stellt Beethoven unter der Überschrift Präludium ein kurzes Instrumentalstück. Warum ein solch textloser Satz mitten in der Messe? Beethoven gelingt hier ein „Brückenschlag" zwischen Konzert und Liturgie. Dieses Präludium soll – auch im Konzert – die liturgische Aura ins Spiel bringen. Inspiriert ist der eigentümliche Satz nämlich vom improvisierten Orgelspiel zu dem vom Priester am Altar leise gemurmelten Canon missae. Mit solchen Stücken, für deren komponierte Versionen es in der Orgelmusik die Gattungsbezeichnung „Elevationstoccata" gibt, war Beethoven überaus vertraut, hat er doch bereits mit neun Jahren um sechs Uhr morgens die Frühmessen der Bonner Minoritenkirche begleitet, um dann mit 11 Jahren als stellvertretender Hoforganist an der Bonner Hofliturgie mitzuwirken und „kurz vor seinem vierzehnten Geburtstag festangestellter zweiter Organist und somit besoldetes Mitglied der Hofkapelle" zu werden (Koch

2019, 67). Dass er die liturgisch-musikalischen Anforderungen so genau kennt, kommt ihm nun bei der Missa solemnis zugute. Wir hören im Präludium changierende Klänge, die sich vertrauten Schemata wie dem von „Thema mit Begleitung" ebenso entziehen wie einer leicht fasslichen periodischen Gliederung. Der Charakter bleibt verhalten und schwebend. Die Dissonanzen erinnern an Passionsmusik.

Vermutlich haben die ersten Konzert-Hörer Beethovens Absichten hier auf Anhieb verstanden, weil ihnen der Duktus Sanctus – Wandlungsmusik – Benedictus noch vertraut war: „Auch im nichtkirchlichen Rahmen mochte das Hören eines solch suggestiven ‚Präludiums' jenes Gefühl der Andacht auslösen, das sich sonst, in der liturgischen Messfeier, bei der niederknienden Gemeinde angesichts des Wandlungswunders einstellte." (Hiemke 2003, 111) Jan Assmann schreibt hier treffend von einer „improvisierten vergrübelten Phantasie, die auf nichts hinführen, sondern die Zeit andächtig füllen will" (Assmann 2020, 203).

Wenn diese vom improvisierten Orgelspiel inspirierte Musik wie eine Erinnerung an den Ritus wirkt, dann unterläuft Beethoven geschickt zwei konträre Positionen, die zu seiner Zeit diskutiert wurden: Die traditionsverpflichtete Fraktion hat im Lauf der Kirchen- und Musikgeschichte letztlich ohne Erfolg immer wieder Einwände gegen Instrumentalmusik in der Messe vorgebracht; die modern-kunstreligiöse Position hingegen erhob die Instrumentalmusik sozusagen zur „Ehre der Altäre" als die eigentlich religiöse Musik, die ohnehin keines Textes und keines kirchlichen Ritus' mehr bedarf. Obwohl Beethoven wie ein Prophet dieser kunstreligiösen Richtung gefeiert wurde (Loos 2017), sucht er selbst die Integration: die Neunte mit Schillers „Ode an die Freude" als Krönung seiner Sinfonik, eine Messe mit kurzem Orchestersatz als weitere Variation zum Thema des Transzendierens. Indem er dieses Präludium in die Messe integriert, übersteigt er den Gattungsrahmen in Richtung der wortlosen Instrumentalmusik. Auch sie will andächtig sein!

Benedictus mit Violinkonzert!

Eine weitere Integration, die Beethoven leistet, hören wir im *Benedictus*, das unmittelbar aus dem *Präludium* „herauswächst". Noch im Schlussakkord der Elevationsmusik setzen über einem Orgelpunkt – als ob der Organist einfach den Pedalton länger aushält – eine Solovioline und zwei Flöten ein. Jan Assmann bemerkt dazu: „Noch zeichnet sich kein Thema ab, aber klar genug symbolisiert die einsame Solovioline das ‚Kommen' des Gesegneten aus Himmelshöhen, der hinabsteigt, um in Brot und Wein der Wandlung gegenwärtig zu werden." (Assmann 2020, 203) Die „Gemeinde" begrüßt ihn psalmodierend, wobei zugleich, mittels zitathafter Anklänge, die ebenso im 12/8-Takt stehende Weihnachtsmusik *Pifa* aus Händels *Messias* grüßen lässt. Die Vokalsolisten setzen mit „Benedictus qui venit in nomine Domine" im Kanon ein. Beethoven schreibt hier eine überaus verinnerlichte Musik. Oben und unten – die hohen Klänge der Instrumente und das tiefe Psalmodieren des Chores – sind zunächst Gegensätze. Dann aber nähern sie sich an, indem die hohen Klänge gleichsam herniederschweben.

Eine solche musikalische Sinnbildlichkeit ist tief in den barocken Möglichkeiten der Textdeutung verwurzelt. Beethoven greift dieses Erbe innovativ auf und komponiert einen instrumentalen Kommentar zur Textzeile „Benedictus qui venit in nomine Domine", die am Anfang ein einziges Mal quasi als Überschrift oder einstimmig deklamierte „Devise" erklingt. Dann leisten die Instrumente den „beredten" Kommentar, der sich mittels der musikalisch-rhetorischen Figurenlehre entschlüsseln lässt, die in ihrem Vokabular etwa die Katabasis als Abstiegsbewegung bereithält: „Wer der Rhetorik bis hierher gefolgt ist, wird die lange, langsame *Katabasis* in den Flöten und der Solovioline unschwer als Christi Niedersteigen auf den Altar verstehen. Ist es dann die Analogie zur Nativitas, die hier so natürlich in den Stil der Pastoralmesse führt, mit trochäischen, sanft wiegenden Melodien im 12/8-Takt? Die jüngeren Repräsentanten dieser großen musikalischen Nachkommenschaft des heiligen Lukas hat Beethoven doch wohl gekannt." (Kirkendale 1983, 81f.)

Bild und Affekt – und hin- und hergerissene Hörer

Zur Bildlichkeit gehört als die andere „Seite der Medaille" der Affekt. Welchen Affekt aber will Beethoven hier komponieren? Das verrät uns eine Notiz in seinen Skizzenbüchern. Als Vorbereitung seiner Auseinandersetzung mit der Messe hat er deren Wortlaut mit Hilfe eines Wörterbuchs eigens übersetzt (vgl. Lodes 2020). In diesem Zusammenhang notiert er den schönen Satz „Benedictus kann auch fröhlich seyn". Diese Freude ist jedoch kein „Jubeltaumel" wie im *Gloria*. Es ist auch nicht die ekstatische Stimmung wie in Johann Sebastian Bachs *Sanctus*. Vielmehr „übersetzt" Beethoven die innere und tiefe, fast mystische Freude über das liturgische Kommen des Gottessohnes in seine Musik des *Benedictus*, die aus dem Staunen kommt.

Musikalisches Sinnbild hierfür ist der ekstatische „Gesang" der Solovioline in höchsten Höhen. „Diese Verbindung von Violinkonzert, polyphonem Sologesang und homophon psalmodie-

19 Canonbild des Kölner Missale von 1520, in: Missale Diocesis Coloniensis, de novo recognitum, adauctum quo[que] et in alium ordinem redactum. Colonie: Bryckman, 1520. Erzbischöfliche Diözesan- und Dombibliothek Köln (Signatur: Ae 584).

rendem Chorgesang verbreitet eine geradezu mystische Stimmung und ist in einer Messe vermutlich einzigartig" (Assmann 2020, 205). Sie folgt einem Konzept Beethovens, das in einer seiner „Konversationen" als klare Devise formuliert ist: „Wir Musiker sollen mehr Ausrufspoesie haben, – weit weniger Beschreibungspoesie." (Hiemke 2003, 63) Zunächst steht dieser Satz im Zusammenhang mit den im *Gloria* bei den Worten „miserere nobis" eingefügten Ausrufen „ah!" und „o". Aber kann nicht auch dieses *Benedictus* den Hörern solche „ah!" oder „o" entlocken? Insgesamt hat Beethovens Messe die Hörerschaft von Anfang an polarisiert in Begeisterte und solche, die keinen Zugang zum Werk finden konnten (Hinrichsen 2019). Eine vermittelnde Position versucht, sich Beethoven mit kritischem Respekt zu nähern und ihn von seinen eigenen Voraussetzungen her zu verstehen. So lesen wir beim Komponisten und Musikschriftsteller Adolf Bernhard Marx (1795–1866) diese schönen Sätze über Beethovens *Missa solemnis*: „Er waltete des Hochamts, wie *Ihm* gegeben war, ihm, dem Herrscher und Schöpfer im Reiche der phantastischen Instrumentenwelt." (Ebd., 111)

Lobpreis – Tischsegen – Opfergedächtnis

Das Motiv der „mystischen Freude" gibt uns Gelegenheit, kurz über die liturgischen Funktionen des eucharistischen Hochgebets nachzudenken, für das Beethovens *Präludium* in unserem „Klangraum der Messe" stehen soll – zusammen mit dem *Benedictus* und dem vorausgehenden *Sanctus* aus Bachs *Messe h-Moll*.

Lange Zeit – und vielleicht auch noch heute – wurde das Hochgebet vor allem als „Konsekrationsgebet" wahrgenommen. Dabei erfolgte eine Fokussierung auf den „Wandlungsmoment". Nach katholischer Lehre gelten die *verba testamenti*, die Einsetzungsworte Jesu, als Konsekrationsworte (vgl. Allgemeine Einführung in das Messbuch 55d). Die rituellen Gesten wie das Emporheben der Hostie und des Kelches (Elevation), die Kniebeuge des Priesters, das Schellen der Ministranten und das Glockenläuten des Mesners setzen eindrücklich diesen Moment in Szene – vor allem wenn ansonsten der Canontext leise und in lateinischer Sprache für die Gläubigen kaum vernehmbar gesprochen wird. Dazu passt eine Elevationsmusik, die versucht, das sprachlich schwer verständliche Geheimnis der Wesensverwandlung (Transsubstantiation) von Brot und Wein in den Leib und das Blut Christi in die Klänge des Himmels zu übersetzen. Dabei wird allerdings übersehen, dass das Hochgebet als eine Einheit zu begreifen ist – ein Gebet also,

– das mit einem Lobpreis Gottes des Schöpfers einsetzt,
– das mehr oder weniger umfassend die Heilsgeschichte erinnernd vergegenwärtigt, einschließlich des Stiftungsauftrages Jesu „Tut dies zu meinem Gedächtnis" und der Darbringung von Brot und Wein,
– das aus dieser anamnetischen Proklamation die Bitte um die Wandlung der Gläubigen durch Teilhabe an den gewandelten Gaben zu Gott trägt und
– das schließlich nach einigen weiteren Fürbitten (Interzessionen) in die Schlussdoxologie und das gemeinsame „Amen" mündet.

So ist das ganze Hochgebet ein durchgehendes Lobgebet auf den einen Gott, den Vater unseres Herrn Jesus Christus.

Aus dem Lobpreis entwickelt sich als aktuelle Fortführung und Konkretisierung der Segen über die Gaben und für die zum Mahl Versammelten. Im lobpreisenden Gedenken folgt die versammelte Gemeinde dem Auftrag Jesu und verkündet seinen Tod und seine Auferstehung. Im preisenden Eingedenksein an seine Lebenshingabe werden die Gläubigen schließlich selbst in das Opfer Christi, in sein Lebenswerk, hineingenommen. So wird durch die Anrufung und Preisung das irdische Mahl zum himmlischen Mahl, so werden die Gaben geheiligt und die Gläubigen durch den Empfang der geheiligten Speisen vom Heiligen Geist erfüllt. In diesem Sinne bittet die Gemeinde in der Epiklese des Ersten Hochgebets: „... und wenn wir durch die Teilnahme am Altar den heiligen Leib und das Blut deines Sohnes empfangen, erfülle uns mit aller Gnade und allem Segen des Himmels." (Messbuch 1988, 475)

Aufgrund der vielen Bitten, Gedenk- und Opfermotive – vor allem im Ersten Hochgebet – ist diese Grunddimension nicht immer leicht zu erkennen. Schon allein deshalb verlangt das Hochgebet in der Messfeier eine musikalische Gestalt, wenn hier Gottes Großtaten ausgerufen werden. In gewisser Hinsicht erfüllt Beethovens Präludium diese Grunddimension, die in der heutigen Messfeier durch Kantillation des Priesters und Akklamationen der Gemeinde zum Ausdruck kommen soll. Dieser lobpreisende Grundzug bezieht sich auch und besonders auf die Einsetzungsworte. Dazu bemerkt Rupert Berger: „Es geht nicht darum, Gott und der Gemeinde das Geschehen des letzten Mahles Jesu zu berichten und zu erzählen; es geht in erster Linie darum, den Vater im Himmel für dieses Geschehnis zu loben und zu preisen und ihm zu danken. Nicht der Gemeinde wird ein Stück Evangelium verkündet, sondern Gottes Volk preist – angeführt durch den Dienst des Priesters – den Vater dafür, dass er seinen Sohn als unseren Retter gesandt hat." (Berger 2009, 54f.) In diesem Sinne akklamiert die Gemeinde auf den Ruf „Geheimnis des Glaubens":

> „Deinen Tod, o Herr, verkünden wir,
> und deine Auferstehung preisen wir,
> bis zu kommst in Herrlichkeit."
> (Messbuch 1988, 473 u. ö.)

Musik und Transzendenz

Kommen wir zurück zu Beethoven. Geht man zu weit, wenn man Beethovens Komponieren als ein „Transzendieren" zu verstehen versucht? Die musikalische Antwort mag lauten: Beethoven gelingt im *Benedictus* eine einzigartige Integration verschiedener Gesten, ja Gattungen. Und zwar über die Zeiten und Konventionen hinweg. Musikalische Möglichkeiten, die wir getrennt voneinander zu hören gewohnt sind, reichen sich gleichsam die Hand: chorisches Psalmodieren, ähnlich wie das „Et incarnatus est" der *Missa solemnis* von der Gregorianik inspiriert, sodann polyphon-solistischer Gesang, der an die Epoche der klassischen Vokalpolyphonie erinnert, und schließlich das moderne Violinkonzert aus Beethovens Gegenwart – und überdies noch Anklänge an die Barockmusik des *Messias* von Händel sowie das *Osanna*-Fugato.

Eine theologische Antwort könnte heißen: Alles menschliche Mühen und Kämpfen, das die Richtung nach oben einschlägt oder gar „Schweißperlen auf der Stirn hat", was der Theologe Hans Urs von Balthasar (1905–1988) der Musik Beethovens generell und insofern fälschlich attestiert, kommt nicht aus eigener Kraft ins Ziel, sondern gelingt erst dann, wenn das göttliche Ziel sich „sola gratia" herabneigt, wie ein Geschenk. Dank ist die menschliche Antwort im gelösten Spiel des pastoralen 12/8-Taktes, der überaus oft für das Himmlische steht. Nun wird auch deutlich, dass unsere beiden Beispiele – Sanctus und Benedictus – je verschieden als transzendierende Musik komponiert sind: ekstatisch-visionär das Sanctus von Bach, verinnerlicht-himmlisch das Benedictus von Beethoven.

Messe als Bekenntnis

Vielleicht bereits bei Bach, spätestens jedoch mit Beethoven setzt eine Entwicklung der musikalischen Messe ein, die mit Worten wie „Bekenntniswerk" bezeichnet wird. Komponisten vertonen nicht nur den Messtext, sie setzen sich vielmehr mit den Worten, Gesten und Riten der Messe auseinander. Auch Rossini und Bernstein gehören in diese innovative Tradition, von der die Theologie sich inspirieren lassen kann. Steht bei Bach das Predigen über die Messe im Mittelpunkt, geht es Beethoven stärker um die „Dramatisierung" der Situationen, die im Messtext impliziert sind: Er komponiert, so der Dirigent und Musikwissenschaftler Peter Gülke, „nicht einfach den Textinhalt, er definiert Situationen oder Haltungen, in denen der Text entstehen und gesagt werden muss" (Gülke 2000, 277).

Nochmals auf das Benedictus bezogen: Zunächst führt das orchestrale Präludium in die Sphäre des Heiligen, worauf die Abstiegsbewegung der Flöten und Solovioline das Ereignis in der Sprache der Musik benennt. Es ist das Kommen Gottes zur Welt, was Aspekte des Kirchenjahres und der Messliturgie mitsamt der persönlichen Frömmigkeit evoziert. Zu diesen „non-verbalen" Gesten treten dann die Worte „Benedictus, qui venit" als feierliche Dankesworte in mehreren „Sprachen" der Vokalmusik, mit der Gregorianik beginnend. Entscheidend ist das unerhört Innovative dieses Satzes, nämlich der virtuos-ekstatische Part der solistischen Violine. Ihr ist es vorbehalten, die Sprache der Worte beständig ins rein Musikalische zu transzendieren. Im Kontext dieses *Benedictus* kann das folgende zweite *Osanna* kaum zu einem weiteren Höhepunkt werden. Ein Dacapo des ersten *Osanna*-Fugatos aus dem Schlussteil des *Sanctus* wäre, zumal im Tempo Presto, hier kaum integrierbar! Beethoven entscheidet sich für ein neues Fugato, das sich organisch an das *Benedictus* anschmiegt. Entgegen der liturgisch-textlichen Ordnung behält die Musik-Sprache des *Benedictus* auch noch beim *Osanna* sozusagen das letzte Wort. Ein großes Klang-Bild im Sinne des „alles in allem" kommt an sein Ziel, wenn das Thema gegen Ende zwischen Violine, Chor und Klarinette hin und her wechselt und in den Schlusstakten die Posaunen mit dabei sind. Womöglich deutet dieser harmonisch offene Schluss sogar darauf hin, dass Beethoven hier als „eigentlichen" Schluss das „Per ipsum, et cum ipso, et in ipso …" (Durch ihn und mit ihm und in ihm …) des Zelebranten annimmt, also wiederum von der Liturgie her denkt: „Eine kongenialere, intelligentere Verzahnung von Musik und Liturgie hat es in der gesamten Gattungsgeschichte vor und nach Beethoven nicht gegeben." (Koch 2019, 88) Ein Fazit mag lauten: Beethovens Musik ist höchst persönlich, sie will konzertant „zu Herzen gehn" und steht doch immer noch wenn nicht im Dienst, dann doch in der Perspektive der Liturgie. Auch jede konzertante Aufführung und jedes Hören einer CD vermitteln etwas von der Liturgie der Messe. Selbst wenn keine Messe gefeiert wird, strahlt Beethovens Musik „Liturgizität" (Koch 2019, 88) aus, indem er zu einem „Gottesdienst im Kopf" (Assmann 2020, 219–238) inspiriert. Und wenn es einen Satz der *Missa solemnis* gibt, in dem Beethovens Exzerpt aus fernöstlicher Religiosität – er notierte sich die Sentenz „Zeit findet durchaus bey Gott nicht statt" – sich im gott-menschlichen Dialog ereignen soll, dann mag es wohl dieses einzigartige *Benedictus* sein.

Das Gebet des Herrn

Arvo Pärt: Vaterunser im Himmel

Kurzfassung des Evangeliums und Tischgebet der Gläubigen

In allen christlichen Riten wird vor Austeilung und Empfang der Kommunion das Vaterunser gebetet, auch wenn die genaue Stellung unterschiedlich ist. Im römischen Ritus folgt das Herrengebet direkt dem eucharistischen Hochgebet und steht somit vor dem Akt der Brotbrechung. In gewisser Hinsicht nimmt das Gebet dadurch eine Scharnier- bzw. Brückenfunktion ein: Es verlängert quasi das Hochgebet, fasst es zusammen und bereitet zugleich auf den Empfang der Kommunion vor. Damit ist der römische Ritus jedoch ein Sonderfall. Ursprünglich wurde das Vaterunser erst nach der Brotbrechung gebetet, so wie es bis heute in den orthodoxen und orientalischen Riten der Fall ist.

Es war Papst Gregor der Große (590–604), der die Verlegung vor die Brotbrechung vornahm. Er begründete seinen Eingriff in den Ablauf der Kommunionriten mit der jesuanischen Herkunft des Vaterunsers. Nachdem der Priester das von einem „Gelehrten" (scholasticus) verfasste Eucharistiegebet gesprochen habe, solle – so der Papst – mit Jesu Worten über den noch auf dem Altar liegenden konsekrierten Gaben gebetet werden, also als eine Art „Tischgebet" des Volkes Gottes. Seitdem gilt das Vaterunser irgendwie noch zum Kanon, gleichwohl dieser durch die Schlussdoxologie bereits abgeschlossen ist. Tertullian nennt das Herrengebet daher auch „breviarium totius evangelii" (De oratione 1), Kurzfassung des Evangeliums. Auf dramaturgischer Ebene besteht eine Korrespondenz zwischen den beiden zentralen Aufträgen Jesu: „Tut dies zu meinem Gedächtnis" (Lk 22,19; 1 Kor 11, 24f.) und „So sollt ihr beten" (Mt 6,9a).

Jesus singt – und wird besungen

Wie vielstimmig von Jesus Christus in allen Epochen gesungen und gespielt wird, zeigt dieses Buch an verschiedenen Beispielen: vom österlich-sonntäglichen „Lumen Christi" über den Jubelruf „Halleluja" bis zum Lobpreis seines eucharistischen Kommens im „Benedictus qui venit in nomine Domine". Gehört aber zum „besungenen Christus" vielleicht quasi kontrapunktisch, um es musikalisch zu sagen, auch der „singende Jesus"? In der Rockoper *Jesus Christ Superstar* tritt er singend auf und in einem Instrumentalstück aus dem Passionswerk *Polyptyque* von Frank Martin „verkörpert" sogar die Solovioline die Vox Christi.

Wie aber war das in biblischer Zeit beim „historischen Jesus"? In der Passionsgeschichte des Matthäusevangeliums erfahren wir etwas zum Thema „Musik aus dem Mund Jesu". Leider bleibt ausgerechnet hier Martin Luthers überaus sprachkräftige und musikalische Bibelübersetzung mit den Worten „Und da sie den Lobgesang *gesprochen* hatten, gingen sie hinaus an den Ölberg" hinter dem griechischen Original zurück. Weil das entscheidende Wort bei Mt 26,30 „hymnésantes" heißt, sprachlich also mit „Hymnos" verwandt ist, liest man in der neuesten *Luther-Bibel* (2017) nun „Und als sie den Lobgesang *gesungen* hatten". Dieser „Lobgesang" am Vorabend der Passion war wohl das „Hallel" aus dem Psalter. Auch Instrumentalmusik und Tanz nennt Jesus in einer schwer zu deutenden kurzen Gleichnisrede, bei der es um Kinder geht, die „auf dem Marktplatz sitzen und einander zurufen: Wir haben für euch auf der Flöte gespielt und ihr habt nicht getanzt; wir haben die Totenklage angestimmt und ihr habt nicht geweint" (Lk 7,31). Resonanz ist wichtig, in der Musik wie bei der Verkündigung und in der Liturgie.

Vertonungen des Vaterunsers

Dass Jesus die Seinen gelehrt haben könnte, das Vaterunser auch singend zu beten, ist freilich wenig wahrscheinlich, zumal die Verfasserschaft dieses „christlichen Identitätstextes" in der Bibelwissenschaft kontrovers diskutiert wird. Umso klangvoller

20 Arvo Pärt, 2017 (Foto: Priit Grepp, Arvo Pärt Centre).

aber ist die spätere komponierte Resonanz auf dieses Gebet. Sie reicht von der lateinischen Gregorianik (GL 589,3) bis zum Neuen geistlichen Lied mit Beiträgen etwa von Peter Janssens oder Oskar Gottlieb Blarr. Im heutigen liturgischen Gebrauch sind vor allem zwei deutschsprachige Versionen: die bekanntere für die Messfeier (GL 589,2) und zwei Fassungen für die Tagzeitenliturgie: einstimmig in „deutscher Gregorianik" (GL 632,2) und ostkirchlich-mehrstimmig nach einem Chorsatz von Nikolaj Rimskij-Korsakov (GL 661,8).

Chorisch vertont wurde das Vaterunser unter anderem in der Romantik von Franz Liszt (siebenstimmiger Chor mit Orgelbegleitung) und Peter Cornelius (Bariton und Klavier). Felix Mendelssohn Bartholdy widmet Jesu Gebet seine sechste und oft gespielte Orgelsonate als *Vaterunser-Sonate* d-Moll über Martin Luthers Liedfassung *Vater unser im Himmelreich*. Bereits im 17. Jahrhundert hat der Stuttgarter Hoforganist Johann Ulrich Steigleder nicht weniger als 40 Variationen über Luthers Vaterunser-Lied komponiert, die ihr „Thema" musikalisch wie geistig-geistlich erschöpfen wollen. Auch Johann Sebastian Bach hat Luthers Lied mehrfach vertont: als großen und kleinen Orgelchoral im *Dritten Teil der Clavier-Übung* sowie als vierstimmigen Chorsatz zur Strophe „Dein Will gescheh, Herr Gott, zugleich auf Erden wie im Himmelreich" im ersten Teil der *Johannes-Passion*. Ein vierstimmiges *Notre Père* a cappella stammt von Maurice Duruflé. Ein einstimmiges mit Begleitung hören wir in Frank Martins Oratorium *In terra pax*. Hier knüpft Arvo Pärt, dem wir uns besonders zuwenden, im Blick auf die Besetzung an.

Wer ist Arvo Pärt?

Person und Werk dieses Komponisten sind unverwechselbar! Dass der christliche Glaube im Zentrum steht, braucht kaum betont zu werden. Wenn über Pärt geredet und geschrieben wird, fallen immer wieder Begriffe wie „spirituell", „sakral" oder „archaisch", obwohl es niemals möglich sein wird, ein so perspektivenreiches Werk – noch dazu aus etlichen Schaffensphasen und komponiert für verschiedenste kleine und große Besetzungen – auf einen Nenner zu bringen. Wichtiger als Etikettierungen aber ist die Einsicht, dass der estnische Komponist zu seiner eigenen Klangsprache gefunden hat, die heute weltweit viele fasziniert und bei der nicht zuletzt immer wieder mathematische und collagenhafte Prinzipien mit im Spiel sind.

1935 im estnischen Paide geboren, wächst Arvo Pärt in der Kleinstadt Rakvere östlich von Tallinn auf. Er erinnert sich an frühe Versuche am Klavier. Sein Komponieren orientiert sich zunächst an den Prinzipien der Zwölftonmusik und deren Weiterentwicklung im sogenannten Serialismus, der jeden einzelnen Ton extrem differenziert nach verschiedenen Eigenschaften bestimmt. Auch religiös ist Pärt ein Suchender: Mitten im staatlich verordneten Atheismus bekennt er sich zum Christentum und löst 1968 mit dem Werk Credo sogar einen Skandal aus. Er ist lutherisch getauft, wendet sich aber dem östlichen Christentum zu und konvertiert schließlich zur russisch-orthodoxen Kirche.

Um die Mitte der 1970er Jahre findet Pärt nach langen Phasen des Experimentierens und des Schweigens zu seinem charakteristischen „Tintinnabuli-Stil" als „Musik des glockenähnlichen Dreiklangs" (Hoping 2007, 668). Beeindruckend ist die Vielfalt seines Œuvres. Vokal-instrumentale Werke wie die lateinische Johannes-Passion (1983) oder der anderthalbstündige kirchenslawische Kanon Pokajanen a cappella zur 750-Jahr-Feier des Kölner Doms (1998) stehen neben Orchesterwerken, Psalmkompositionen und Miniaturen. Oft wirken biblische und liturgische Texte inspirierend, wobei wohl immer gilt: Pärts „sakrale Musik ist Theologie in der Gestalt musikalischer Poesie. Den Hörer führt sie in die Stille des Schweigens, wo er eine andere Stimme als die des Menschen vernehmen kann." (Ebd.)

Musico-theologische Aphorismen

Wir nähern uns dem *Vaterunser* am besten mit einigen aphoristischen Bemerkungen, wie sie für Pärt typisch sind. Wichtig ist ihm die Verwurzelung seiner Musik in der Geschichte des Komponierens, was bis tief in die einstimmige Gregorianik reicht. Hier huldigt Pärt dem philosophischen Prinzip, dass jeder noch so kleine Moment und jeder Ton etwas mit dem „großen Ganzen" zu tun hat: „Der gregorianische Gesang hat mir gezeigt, dass hinter der Kunst, zwei, drei Noten zu kombinieren, ein kosmisches Geheimnis verborgen liegt." (Walter 2009, 67)

Die Spannung zwischen Einheit und Vielfalt beschäftigt Pärt immer wieder. Das bringt ihn in eine gewisse Nähe zur Mystik. Der neuplatonische Imperativ „Lass alles weg", was zweitrangig ist, klingt an und das philosophische „Denken des Einen" (Werner Beierwaltes) spiegelt sich gleichsam in einem „Komponieren des Einen". So schreibt Pärt:

> „In schweren Zeiten spüre ich ganz genau, dass alles, was eine Sache umgibt, keine Bedeutung hat. Vieles und Vielseitiges verwirrt mich nur, und ich muss nach dem Einen suchen. Was ist das, dieses Eine, und wie finde ich den Zugang zu ihm? Es gibt viele Erscheinungen von Vollkommenheit: Alles Unwichtige fällt weg." (Ebd., 68)

Doch nicht nur Vielfalt und Einheit, sondern auch Klänge und Stille gehören aufs Engste zusammen. Dem Ethos seines Komponierens entspricht eine Ehrfurcht vor der Stille. Pärt scheint sich zu fragen, ob er die Stille wirklich mit seiner Musik stören darf. Bisweilen hat man den Eindruck, dass er sich die Klänge gegen die Stille abringen muss. Etwa wenn er fragt: „Wie kann man die folgende Stille (das Schweigen) mit Tönen füllen, die des vorangegangenen Schweigens (der Stille) würdig wären?" (Ebd., 67) In einer überzeugenden Einheit stehen überdies, wie schon in den Psalmen, die Aktivitäten des Singens und Spielens. Besonders über das Singen hat Pärt sich geäußert, wobei uns eine weitere Einheit begegnet, nämlich die von unmittelbarer und metaphorischer Bedeutung. Nicht nur der Mund, auch die Seele kann singen:

„Lehre deine Seele singen.
Jede Seinslage hat ihre Lieder.
Mag das Singen dich, bei allem, was du tust, begleiten.
Habe dieses Singen lieb und hüte es." (Ebd., 67)

Wort und Klang als Einheit

Pärt hat das gesungene „Gebet des Herrn" im Jahr 2005 in deutscher Sprache für Knabensopran und Klavier komponiert. Die Uraufführung war im österreichischen Ossiach am 11. Juli 2005 im Zusammenhang einer Ehrung des Malers Andreas Felger. Zwei Jahre später erklang das Werk an der Universität Freiburg im Rahmen der Verleihung der Ehrendoktorwürde der Theologischen Fakultät an Pärt. 2011 widmete Pärt das kurze Stück Papst Benedikt XVI. zum 60. Jahrestag seiner Priesterweihe. In Gegenwart von Papst Franziskus erklang das Vaterunser mit dem Knabensopran Heldur Harry Põlda, begleitet vom Komponisten auf dem Flügel des emeritierten Papstes. 2013 folgte noch eine Bearbeitung für Countertenor und Streicher.

Was zeichnet Pärts Vaterunser aus? Vieles klingt zunächst ganz typisch für Sologesang mit Begleitung: Die Singstimme wird von den Klängen des Klaviers nicht nur dezent begleitet, ihr Part wirkt zudem wie eingerahmt durch ein jeweils viertaktiges Vorspiel und Nachspiel. Sängerische Atempausen sind mit „einkomponiert", was einen klaren Duktus ergibt, der einem Rezitieren einerseits ähnelt, andererseits aber auch ungewöhnliche Zäsuren setzt: „Vater unser – im Himmel, – geheiligt werde – dein Name." So gewinnt die Musik etwas Rituelles, wie es ganz typisch ist für Pärt. Unterstützt wird das durch die Melodik mit bisweilen gespreizten Intervallen. Diese bruchlos „auf einer Linie" zu singen, zählt von Anfang an zu den besonderen vokalen Herausforderungen der Musik Pärts. Auch wirken die nicht durch Pausen gegliederten längeren Phrasen wie etwa „Unser tägliches Brot gib uns heute" besonders eindrucksvoll, weil sie einen weiten „Klangraum" schaffen.

Phrasen mit Sprüngen wechseln mit linearer Melodik ab. Ein Höhepunkt im Tonumfang ist bei den Worten „Und vergib uns

NACH SORGFÄLTIGEM BETEN IST DIE SEELE WIE EIN FRISCH GESTIMMTES INSTRUMENT.

Nach sorgfältigem Beten ist die Seele

21 Aus der Graphic Novel *Zwischen zwei Tönen. Aus dem Leben des Arvo Pärt* von Joonas Sildre, übersetzt von Maximilian Murmann (Voland & Quist 2021).

unsere Schuld, wie auch wir vergeben unseren Schuldigern" erreicht. Hier erklingt *e''* als höchster Ton der Singstimme. Zudem hören wir das einzige viertaktige „Zwischenspiel". Dann beruhigt sich die Melodie, um sich auf den beiden Tönen *fis* und *g* „einzupendeln". Auch die Begleitung wird zum Kontinuum, in der linken Hand nur Dreiklangstöne aus G-Dur. In D-Dur endet die Minitatur, die mit h-Moll begonnen hat und deren einziger nicht in diesen Skalen enthaltener Ton das siebenmalige Erklingen von *ais* ist, was eine leittönige Wirkung zu h-Moll ergibt. Aber auch auf diese Spannung verzichtet Pärt im letzten Drittel seines Vaterunsers.

Ein Gebet für Zeit und Ewigkeit

Arvo Pärts *Vaterunser* beschreibt, ja inszeniert einen geistlich-musikalischen Weg der Sammlung. Die vier Vorspieltakte bereiten das regelmäßige Ein- und Ausatmen vor. Ab Takt 9 eine neue Idee: linke Hand des Klaviers und Singstimme im Kanon, was sich mit Takt 17 wiederholt. Musik ist eine Zeitkunst. Sie spielt in und mit der Zeit. Aber sie hat auch einen schwer zu beschreibenden Bezug zur Ewigkeit. Arvo Pärt spielt auch damit! Am Schluss dieses *Vaterunsers* könnte die Musik immer weiterklingen. Sie will eine Sprache sein, „wo Sprachen enden" (Rainer Maria Rilke). Die zeitliche Ausdehnung ist gleichsam „kontrapunktiert" durch eine augenblickliche Tiefe, die „senkrecht auf der Zeit" steht, wie Rilke es poetisch andeutet. Das lässt sich nicht erzwingen. Aber es kann sich ereignen, in jedem Moment: „Gerade dann wird Musik geboren, wenn du es überhaupt nicht erwartest." (Walter 2009, 67)

Diese Erfahrung verbindet Arvo Pärt mit der Mystik. Worauf es ankommt, beschreibt er mit einem Bild aus der Natur als Geschenk:

> „So, wie eine Blumenknospe sich nicht mit Gewalt öffnen lässt, fällt es auch uns schwer, dem Fortgang der Zeit in uns selbst zu widerstehen. Und dennoch empfinde ich oft ein nicht zu verwirklichendes Verlangen, mich wenigstens in der Musik in die Sekunde zu versenken, sie anzuhalten und in ihr wie in der Ewigkeit zu leben." (Ebd., 67f.)

Das ist der Weg von der Vielfalt in die Einheit, wie ihn etwa Mystikerinnen und Mystiker beschreiben. Die nächste Etappe ist dann jeweils das Zurückfinden in die Alltagswelt, was sich auch auf das Beten übertragen lässt: Wie wird durch das explizite Gebet, etwa des Vaterunsers, letztlich das ganze Leben zu einem Gebet? Dafür hat Pärt ein besonders schönes musikalisches Bild gefunden, das sein Gedicht über das Singen ergänzt und inzwischen sogar in einen Comic gefasst wurde: „Nach sorgfältigem Beten ist die Seele wie ein frisch gestimmtes Instrument."

Im Zentrum: Brotbitte und Vergebungsbitte

Vertiefen wir zum Abschluss nochmals den theologischen Gehalt des Herrengebets. In der Theologiegeschichte ist seine Rezeption in die Messfeier – ursprünglich stammt es aus dem Katechumenat und der Tagzeitenliturgie – mit der Brot- und

Vergebungsbitte begründet worden. So wird die Brotbitte auf das eucharistische Brot bezogen und die Vergebungsbitte auf die Vergebung von den lässlichen (alltäglichen) Sünden im Kommunionempfang (vgl. Hoping 2021). Den zentralen Aspekt der Sündenvergebung greift der nachfolgende Embolismus (Einschub) ausführlich auf, wodurch das Vaterunser zu einem kleinen Bußritus vor dem Kommunionempfang wird.

Einschließlich einer geistlich-eucharistischen Deutung ist für die Interpretation der Brotbitte entscheidend, sie als ein „Scharnier zwischen der ersten Hälfte des Gebets, die um das Kommen des Gottesreiches bittet, und der zweiten, in der die Nöte der Menschen zur Sprache kommen" (Berger 2009, 96), wahrzunehmen. Tut man dies, so fügen sich die ersten drei Bitten des Vaterunsers inhaltlich dem epikletischen Teil des eucharistischen Hochgebets an, während die letzten drei Bitten in einem sinngemäßen Zusammenhang zur Vorbereitung auf den Kommunionempfang stehen. Für Josef Andreas Jungmann ist der erste Teil des Herrengebets „gewissermaßen eine Zusammenfassung des vorausgehenden Eucharistiegebets." (Jungmann 1962, 346)

An seinem ursprünglichen Ort, also nachdem das Brot zur Brechung bereits vom Altar weggenommen war, stand das Vaterunser mit dem Versöhnungsgestus des Friedensgrußes in einem noch engeren Zusammenhang. In Einheit mit dem Friedensritus verdeutlicht das Vaterunser, dass nur diejenigen Menschen gemeinsam zum Tisch des Herrn herantreten dürfen, die sich gegenseitig die Bitte um Vergebung im Angesicht Gottes zugesprochen haben. Gemeinschaft mit Christus setzt eine Gemeinschaft untereinander voraus, die versöhnt und respektvoll sich zu einer anschließenden Prozession zum Tisch des Herrn formieren soll.

So kann mit Jo Hermans festgehalten werden: „Das Gebet des Herrn in der Eucharistie ist darum gleichsam ein Glaubensbekenntnis in der eucharistischen Gegenwart des Herrn; es bedeutet, daß man sich die Haltung des Lobens, Dankens und Bittens aneignet, die das Hochgebet auszeichnet; es ist gleichzeitig die Bitte um einen würdigen, von Sünden gereinigten Empfang des eucharistischen Leibes Christi." (Hermans 1984, 282)

Liturgische Feiergestalt und ritueller Vollzug

Nach einem relativ langen Teil in der Messfeier, in dem die Gemeinde zum Zuhören auf die Worte des Priesters verpflichtet ist, eröffnet das Vaterunser eine herausragende Möglichkeit zur tätigen Teilnahme aller Gläubigen. Denn das Vaterunser ist kein Präsidialgebet, das der Vorsteher der Messfeier im Namen des versammelten Volkes Gottes spricht, wie dies beim Tages-, Gaben- und Schlussgebet sowie beim eucharistischen Hochgebet und Segensgebet über das Volk der Fall ist. Das Vaterunser ist in seiner erneuerten Gestalt ein gemeinsames Gebet der ganzen Gemeinde, zu dem der Vorsteher feierlich einlädt und in das alle sogleich – ohne Gebetsstille – gemeinsam einstimmen.

Der Charakter des Vaterunsers als Gemeindegebet zeigt sich auch an den Haltungen und Gebärden. Sofern während des eucharistischen Hochgebets bis zur Schlussdoxologie gekniet wird, stehen zum Herrengebet alle auf. Der stehende, aufrechte, selbstbewusste Vollzug ist bekanntlich die ursprüngliche Gebetshaltung der Christen (wie generell eine Grundform des Betens in paganen, jüdischen und christlichen Riten). Bis ins Mittelalter war es üblich, dass alle Christen mit erhobenen Händen gebetet haben, während die Orante dann als Gestus priesterlicher Vollmacht umgedeutet wurde. In vielen Gemeinden hat sich daher bei einigen Glaubenden die Gebärde eingebürgert, die Hände beim Vaterunser ebenfalls leicht nach oben auszubreiten oder diese zu einer Art Schale zu formen statt ineinanderzufalten. Vor allem wenn das Vaterunser in der Messfeier ausnahmsweise solistisch vorgetragen wird, etwa in der Vertonung von Arvo Pärt, dann ist die gemeinsame Gebetshaltung leiblicher Ausdruck des innerlichen Mitbetens. So betont die *Allgemeine Einführung in das Messbuch* ganz grundsätzlich: „Eine einheitliche Körperhaltung aller Versammelten ist ein Zeichen ihrer Gemeinschaft und Einheit; sie drückt die geistige Haltung und Einstellung der Teilnehmer aus und fördert sie." (AEM 20)

Am Rande sei erwähnt, dass in Fortführung der jüdischen wie jesuanischen Gebetspraxis zur antiken Gebetsgebärde nicht nur das Erheben der Hände (vgl. 1 Tim 2,8 u.ö.), sondern auch der Augen zum Himmel (vgl. z.B. Ps 123,1f.; Ps 34,5f.; Joh 17,1;

22 Vaterunsergebet in der Messfeier der Gemeinde Maria Geburt, Aschaffenburg.

Mt 14,19) gehörte. In den frühchristlichen Kirchenräumen richtete sich diese Hinwendung von Händen und Augen der Glaubenden in der Regel zu dem in der Apsiswölbung dargestellten Christus. In diesem komplexen Gesprächsgestus, der in besonderer Weise die Gebetsanrede des „Vater unser im Himmel" rituell aufgreift, kommen ein körperliches Gottesbekenntnis sowie ein ganzheitliches Hinwenden der ganzen menschlichen Person im Gespräch mit dem transzendenten Gott zum Ausdruck. Problematisch dagegen sind Gebetshaltungen und Gebärden, die in sich geschlossen sind und eine Orientierung zum transzendenten „Vater unser im Himmel" als exzentrische Mitte der liturgischen Feier vermissen lassen.

Lamm Gottes, du nimmst hinweg die Sünde der Welt

Gioachino Rossini: Agnus Dei aus der Petite Messe solennelle

Eine Karikatur spricht Bände!

Am 14. März 1869 erschien in der satirischen Pariser Zeitung „Le Charivari" eine Karikatur mit zwei Bildern. Der unter dem Künstlernamen „Cham" bekannte Zeichner Amédée de Noé (1819–1879) führt die Leser in den „Klangraum der Messe", indem er anhand eines komponierten Meisterwerks zwei Missverständnisse aufs Korn nimmt. Zu sehen ist das Théâtre-Italien in Paris. Ein Plakat an der Fassade kündigt die abendliche Aufführung einer „Messe de Rossini" an. In einigem Abstand zu den nobel gekleideten Menschen, die bei Mondschein zum Eingang strömen, um sich dieses Konzert nicht entgehen zu lassen, führt ein altes Mütterchen mit Kopftuch eine Art Selbstgespräch. Ihr drängt sich die Frage auf: „Wenn sie die Messe um diese Zeit lesen, wann singen sie dann die Vesper?"

Die gebückte Frau, vermutlich vertraut mit der damals ausschließlich frühmorgendlichen Eucharistiefeier als schlichter Werktagsmesse oder feierlichem sonntäglichem Hochamt, versteht die Messe liturgisch und nicht konzertant! Ihre Zeit-Rechnung ist durchaus richtig: Wenn die Messe statt um 7 oder 8 Uhr morgens erst abends um 7 Uhr beginnt, dann müsste, um im liturgischen „Rhythmus" zu bleiben, die eigentlich abendliche Vesper ja mitten in der Nacht oder gar frühmorgens gesungen werden. Eine verkehrte Welt! Auf dem rechten Bild hat die alte

—S'ils disent la messe à c'te heure-ci, à quelle heure chanteront-ils vêpres ?

— Vous voulez une loge ?
— Non, monsieur ; je voudrais faire dire des messes.

23 Karikaturen aus *Le Charivari*, 14. März 1869.

Dame sich doch noch ins Theater gewagt. Bis zur Abendkasse ist sie jedenfalls gekommen. „Möchten Sie einen Logenplatz?", fragt der Herr hinter dem Schalter, der die Finanzen solcher „concerts spirituels" verwaltet. Und ihre Antwort, wiederum im anderen, dem liturgischen „Sprachspiel" der Messe, lautet: „Nein, mein Herr, ich will Messen lesen lassen". Der Ausdruck „faire dire des messes" ist bis heute in Frankreich für sogenannte Messstipendien gebräuchlich. Gegen eine Gebühr wird dann in der Messe etwa eines bestimmten Verstorbenen aus der Familie des „Stifters" dieser Messe besonders gedacht.

Die auf der Karikatur plakatierte Messe gibt es tatsächlich! Das anderthalbstündige Werk besteht aus dem kompletten Ordinarium Missae mitsamt einem „Prélude" in der französischen Tradition des „Offertoire", das auf dem Klavier oder dem Harmonium zu spielen ist. Anstelle des Benedictus ist, wie oft im Frankreich des 19. Jahrhunderts, die Strophe „O salutaris hostia" (O heilbringende Opfergabe) aus dem Fronleichnamshymnus *Verbum supernum prodiens* (Das ewige Wort geht hervor) des Thomas von Aquin (1225–1274) vertont. Der Komponist ist, wie auf den Karikaturen zu lesen, der vier Monate zuvor verstorbene Gioachino Rossini (1792–1868). Er konnte diese Karikaturen also nicht mehr mit eigenen Augen sehen, was mit einer persönlichen Entscheidung zusammenhängt: Aufführungen der Orchesterfassung seiner *Petite Messe solennelle* hat er erst für die Zeit nach seinem Tod gestattet.

Kann denn Messe Sünde sein?

Dennoch gab es Aufführungen zu Rossinis Lebzeiten, allerdings nur im privaten und halböffentlichen Rahmen. Bereits fünf Jahre vor diesen Karikaturen erklang die *Petite Messe solennelle* zum ersten Mal, und zwar in einem Pariser Salon in der Fassung für vier Vokalsolisten, Chor, Klavier und einem Tasteninstrument namens „Harmonicord", dessen Part Rossini später einem „normalen" Harmonium zugewiesen hat. Was hat sich damals in Paris zugetragen? Auf den Sonntagnachmittag, den 13. März 1864 haben Comte Alexis Petit-Will und seine Gattin Louise zur Einweihung der Privatkapelle in ihr Stadthaus im vornehmen 9. Arrondissement geladen. Unter anderem waren die Komponisten Giaccomo Meyerbeer und François Auber zugegen, natürlich auch der 72jährige Rossini, der ganz in der Nähe wohnte, in der Chaussee d'Antin, wenn er sich nicht in der „Villa Rossini" im nahegelegenen mondänen Vorort Passy aufhielt. 35 Jahre nach seiner 34. und letzten Oper *Guillaume Tell* widmet der gesundheitlich Angeschlagene sich bevorzugt kulinarischen und bisweilen auch noch musikalischen „Themen" – jeweils mit schmackhaften „Variationen".

Rossini ist finanziell unabhängig, weil seine Opern ihm Tantiemen einbringen. Er besitzt Häuser, sogar in Florenz. Nach mehreren frühen Messvertonungen und kleineren kirchenmusikalischen Werken war sein geistliches Hauptwerk, das *Stabat Mater* (Christi Mutter stand mit Schmerzen) für Soli, Chor und Orchester, vor gut 30 Jahren entstanden. Nun also „privatisiert" er. Wenn gelegentlich mit der Post ein neuer Band der Bach-Gesamtausgabe eintrifft, studiert er eifrig die kontrapunktische Kunst des Thomaskantors, was sich in den Fugen der *Petite Messe* am Ende des Gloria und des Credo durchaus bemerkbar macht. Vor der Öffentlichkeit hält er geheim, was er in seiner Wahlheimat Paris komponiert. Er nennt diese Stücke die „Sünden des Alters". Etwa 150 Werke für verschiedene Besetzungen sind aus dieser Zeit bekannt, darunter die *Petite Messe* als seine „letzte Todsünde", wie er selbst bekennt.

24 Gioachino Rossini, porträtiert von Étienne Carjat, 1865.

Blick in die Partitur

Wir schlagen die Partitur auf und lesen die dem Werk vorangestellte persönliche Bemerkung des Komponisten, die an ironischen Zwischentönen kaum zu übertreffen ist, aber zugleich in ein Gebet mündet. Rossini schreibt:

> „12 Sänger von drei Geschlechtern – Männer, Frauen und Kastraten – werden genug sein für ihre Aufführung, d. h. acht für den Chor, vier für die Soli, insgesamt also 12 Cherubim. Lieber Gott, verzeih mir die folgende Gedankenverbindung. 12 an der Zahl sind auch die Apostel in der berühmten Fressszene [coup de mâchoire] im Fresco von Leonardo, welches man *Das letzte Abendmahl* nennt; wer würde es glauben! Es gibt unter deinen Jüngern solche, die falsche Töne anschlagen!! Lieber Gott, beruhige dich, ich behaupte, dass kein Judas bei meinem Mahle sein wird, und dass die Meinigen richtig und *mit Liebe* dein Lob singen werden mit dieser kleinen Komposition, die leider die letzte Todsünde meines Alters ist. G. Rossini. – Passy 1863." (Döge 1991, III).

Ähnlich wie Johann Sebastian Bach konnte wohl auch Rossini nicht sterben, ohne eine Messe komponiert zu haben! Nachdem er die Idee schon länger mit sich herumgetragen hatte, kommt der Impuls zur Vollendung – wie so oft – von außen, in Gestalt einer konkreten Anfrage. Das bereits erwähnte Ehepaar Petit-

Will fragt nach einer Musik zur Einweihung ihrer Privatkapelle. Da vollendet Rossini die Messvertonung und widmet sie überdies der Comtesse Louise Petit-Will. Rossini nennt das Werk *Petite Messe*, obwohl es keineswegs „klein" ist, sondern in seiner Ausdehnung zum Typus der *Missa solemnis* gehört. Aber von den ironischen Unter- und Obertönen, die sich sogar des Werktitels bemächtigen, war ja schon die Rede. Die Uraufführung im Salon erklärt die kleine vokale Besetzung sowie die beiden Instrumente Klavier und Harmonium. Während das Klavier für die virtuosen Passagen und die „Attacke" zuständig ist, liefert das Harmonium weiche Klänge, ja es ersetzt das Orchester. Im Salon erklang jedoch, wie bereits angedeutet, kein Harmonium, sondern ein „Harmonicord" des Pariser Instrumentenbauers Alexandre Dubain.

Das Pendant zur bereits zitierten Vorbemerkung ist Rossinis kurzes Nachwort am Ende der Partitur. Hier lesen wir, wiederum im Gebetston:

> „Lieber Gott – voilà, nun ist die arme kleine Messe beendet. Ist es wirklich heilige Musik [musique sacrée], die ich gemacht habe oder am Ende gar vermaledeite Musik [sacrée musique]? Ich bin für die komische Oper geboren, du weißt es wohl! Wenig Kenntnisse, ein wenig Herz, das ist alles. Sei also gepriesen und gewähre mir das Paradies. G. Rossini – Passy 1863."

Rossini übt sich in Bescheidenheit, wenn er sein geistliches Opus ultimum als „arme kleine Messe" tituliert. Aber wird nicht vor der Schöpfung des „Deus artifex" alles klein, was Menschen hervorbringen? Tiefer geht das Wortspiel mit „musique sacrée" und „sacrée musique". In der Tat ist es schwierig, das „Heilige" der Musik in den Noten zu finden! Rossini distanziert sich hier von allen, die eine solche Frage kasuistisch lösen wollen, indem sie verschiedenste „Fälle" (casus) genau katalogisieren, um dann etwa das eine Instrument für die Kirchenmusik zu erlauben und das andere zu verbieten. Beim *Credo* treibt Rossini seinen Witz sogar noch auf die Spitze, wenn er als Tempovorschrift ein „Allegro cristiano" angibt! Dabei weiß er doch genau, dass weder die Noten noch das Tempo der Musik „an sich" religiös oder gar christlich sein können. Vielmehr kommt es auf das gesamte

Geschehen an, auf das Spiel von Werk, Interpreten, Hörerinnen und Hörern, Ambiente, Raum und Zeit. Wenn es gelingt, wird das Spiel dank göttlicher Gnade zum Heiligen Spiel.

Erlaubte und verbotene Musik

Einige Jahrzehnte später, im Jahr 1903, wird Papst Pius X. (1835–1914) im Motuproprio *Tra le sollicitudini* zur Kirchenmusik einen letzten vergeblichen Versuch der kasuistischen Klärung unternehmen und die von Rossini hier praktizierte „Nummernmesse", deren Textabschnitte musikalisch als jeweils neue „Nummern" erklingen, mitsamt dem hier eingesetzten „Pianoforte" für die Liturgie strikt verbieten. Wäre dieses Verbot jemals konsequent durchgesetzt worden, dann dürften viele der in diesem Buch besprochenen Werke nicht liturgisch erklingen, allen voran Johann Sebastian Bachs „große catholische Messe" in h-Moll. Denn auch sie ist eine „Kantatenmesse", die sich wie eine barocke Kantate in „Nummern" mit je verschiedener Besetzung gliedert.

Und noch ein weiteres Problem sah Rossini bei der katholischen Kirchenmusik: Er wollte den Papst dazu bewegen, neben dem Gesang von Knaben und Männern auch den von Frauen in der katholischen Liturgie zu gestatten. In Briefen an Freunde erwähnt er dabei auch seinen persönlichen Wunsch, die orchestrierte *Petite Messe solennelle* in Kirchen zu hören. Etliche Briefe mit vatikanischen Stellen wurden gewechselt. Am Ende aber stand ein ernüchterndes Ergebnis, das Rossini an seinen Mitstreiter Luigi Crisostomo Ferrucci, Bibliothekar in Florenz, so bilanziert: „Unser Heiliger Vater antwortete mir auf unseren wunderbaren Brief: er bot mir Segnungen und Mitgefühl an, aber die Bulle, die ich mir so sehr wünschte, bleibt (glaube ich) in seinem Herzen. Die arme Kirchenmusik!!!" (Weinstock 1981, 375)

Das Verbot von Sängerinnen wurde 1903 ein letztes Mal feierlich wiederholt. Dass es durch konsequente Nichtbeachtung außer Kraft trat und dann 1955 und letztlich bald darauf durch die offeneren Bestimmungen des Zweiten Vatikanischen Konzils obsolet wurde, hätte Rossini vielleicht ein Lächeln abgerungen. Auch bei einem anderen Punkt war er in Opposition zur liturgisch-musikalischen Gesetzgebung: Die Festlegung der Kirchenmusik auf das doppelte Stilideal von Gregorianik und klassischer Vokalpolyphonie teilte er nicht, obwohl er der Wertschätzung für Palestrinas Musik keineswegs widersprochen hätte. Einzig der Verabsolutierung eines Stilideals kann er nichts abgewinnen. Ihn reizt vielmehr die Integration verschiedener Stile. Wie retrospektiv à la Palestrina das *Christe eleison* seiner *Messe solennelle*, noch dazu a cappella gesungen, daherkommt, fiel schon immer auf. Erst vor wenigen Jahren wurde jedoch entdeckt, dass diese Passage gar nicht von Rossini stammt. Er hat hier das *Et incarnatus est* aus einer Messe des mit ihm befreundeten Komponisten Louis Niedermeyer (1802–1861) notengetreu kopiert und neu die Worte „Christe eleison" unterlegt.

Doch kehren wir zum Nachwort der Partitur zurück. Rossini beruft sich auf sein Talent, das er von Gott empfangen hat. Dass er „für die komische Oper geboren" ist, muss der göttliche Schöpfer doch am besten wissen! Das „Herz" ist ihm wichtiger als der Intellekt, wobei auch das mit Ironie einhergeht. Denn allein mit Herz lässt sich eine solche Messe niemals komponieren. Vernunft und Raffinesse gehören ebenso dazu. Am Ende klingen, fast wie bei einem Dreiklang, die Gesten des Dankens, des Preisens und des hoffnungsvollen Bittens zusammen. Diese Messe ist eine Art Dankopfer, mit dem Rossini das zur Geltung bringt, was der Schöpfer ihm verliehen hat. Er preist ihn in all seinen Klängen, um die Bitte anzuschließen: „gewähre mir das Paradies". So spricht Rossini mit Gott. Und den Kritikern, die das ungehörig finden könnten, hätte er vielleicht geantwortet, dass er mit seinen Schlussworten doch nur den letzten Vers eines liturgischen Gesangs zitiert. „Quando corpus morietur, fac ut animae donetur paradisi gloria" (Wenn der Leib stirbt, dann gewähre der Seele die Glorie des Paradieses) heißt es im *Stabat Mater*, der Sequenz zum Fest der Sieben Schmerzen Mariens. So schlägt Rossini die Brücke zu seinem früheren großen geistlichen Werk, dem *Stabat Mater* für Soli, Chor und Orchester.

Die Dramatik des Agnus Dei …

Der abschließende Satz des Messordinariums gibt Rossini Gelegenheit zu imposanten Gesten. Denn was könnte es Innigeres geben als die Anrufung Christi im Bild des Lammes, verbunden mit der Bitte um Erbarmen, in der alle Erbärmlichkeit der ganzen Welt mitschwingen darf? Als liturgische Resonanz hören wir das responsoriale Prinzip, das übrigens auch in einer Oper Rossinis eine große Rolle spielt. In *Mose in Egitto* singt Mose ein psalmartiges Gebet und das Volk stimmt nach allen Regeln der Liturgie ein. „Dal tuo stellato soglio" heißt diese Szene „Preghiera e Finale" mit dem Gebet des Mose als einem Höhepunkt der gesamten Oper. Daraufhin teilt sich das Rote Meer!

Das *Agnus Dei* beginnt mit einsamen Klängen des Klaviers. So leise, dass sie aufhorchen lassen. Man hört vor allem, was man nicht hört: keine Melodie, nur getupfte Akkorde im piano-pianissimo; auch keine harmonische Entwicklung, sondern ein Pendeln zwischen zwei Klängen. Zugleich aber bahnt sich ein Wechselbad der Gefühle an: Wer sich auf die leisen Klänge in hoher Lage eingestellt hat, wird von wuchtigen Akkordschlägen im fortissimo überrascht. Unwillkürlich fragt man sich, was das wohl werden soll. Und der eine oder die andere erinnert sich vielleicht halbbewusst daran, dass das Bild vom „Gotteslamm" zwei Seiten hat, wie eine Medaille: die dunkle mit dem Opfertod „propter me" und die helle mit der siegreichen Auferstehung „pro nobis", weshalb das Lamm oft mit einer Siegesfahne als Osterlamm dargestellt wird – auch in gebackener Form, was den Gourmet Rossini vielleicht entzückt hätte.

Nach den ersten Takten, deren Klänge sozusagen das Sich-Öffnen eines imaginären Vorhangs begleiten, findet sich die Musik in einem neuen Motiv des Klaviers, das, vom Harmonium begleitet, nun das ganze weitere Stück beherrschen wird. Wie bei einer Litanei gibt es Wiederholungen, die immer weiterklingen könnten – schließlich entstammt das Agnus Dei der Textgattung der Litanei. Das Motiv bereitet aber vor allem den Boden für den ergreifenden Gesang der Altistin, der zugleich Adoratio und Lamento ist. Am Ende verliert sie sich auf „miserere" fast in ihrer freien Melodik. Die zweite und dritte „Strophe" enden jeweils so, im Bild des Schmerzes, als Musik von Leid und Leidenschaft. „Nach Belieben" darf die Solistin ihr Tempo jeweils wählen. Die einzig verbliebene Stütze ist ein Akkord des Klaviers, bei dem Rossini den Pianisten zum aufmerksamen Begleiten auffordert: „Mit dem Gesang" soll er spielen, also sich anpassen. Ausdruck ist hier alles!

… und seine Funktion im Kommunionteil der Messe

Halten wir kurz inne und schauen wir auf die Bedeutung und Funktion des Agnus Dei in der Messe. Das passiologische Motiv, das Rossini so stark hervorhebt, ist nicht die einzige Deutung jenes liturgischen Akts, zu dem in der Messe als Begleitgesang das Agnus Dei erklingt: das Brotbrechen. Bei den vielen Riten von der Gabenbereitung bis zum Kommunionempfang geht dieser kleine Gestus in der Praxis meist unter, vor allem dann, wenn nur die eine „Priesterhostie" in zwei Teile gebrochen und davon ein kleines Fragment in den Wein gemischt wird. Nicht nur zu Rossinis Zeiten, als nur sehr wenige in der Messe an der Kommunion teilnahmen, auch heute ist die Symbolik des Brotbrechens kaum ausgeprägt; vielmehr sind die „Bruchstücke" des einen Brotes in Form von Einzelhostien längst vorbereitet (seit dem 11./12. Jahrhundert). Warum aber ist das Brotbrechen keine Marginalie, auf die man – der Einfachheit halber und um der Praktikabilität willen – leicht verzichten darf?

Zunächst ist es wichtig, dass wir uns nochmals die Grundgestalt der Eucharistie in Erinnerung rufen. Eucharistie ist zunächst gar nichts anderes als ein stilisiertes, ritualisiertes Mahl mit Brot und Wein. Im Hochgebet wird über diese Gaben der Tischsegen gesprochen, damit sie – nach dem Auftrag Jesu und unter Anrufung des Heiligen Geistes – zu Leib und Blut Christi werden. Ziel ist die Kommunion, das heißt die gemeinsame Teilhabe an Leib und Blut Christi in Form einer egalitären Tischgemeinschaft. Deshalb muss zuvor, wie bei jeder jüdischen Mahlzeit und wie bei Jesu letztem (Abend-)Mahl (vgl. 1 Kor 11,24 u. ö.), das Brot gebrochen werden. Im Brotbrechen weiß sich die christliche Gemeinde also mit der jüdischen Herkunft Jesu verbunden. Und zugleich verbinden sich damit zwei gleichermaßen wichtige Bedeutungen: neben dem bekannten Motiv der Passion Christi auch und vor allem das ekklesiologische Motiv der Einheit. Maßgeblich dafür ist ein Gedanke bei Paulus: „Ist das Brot, das wir brechen, nicht Teilhabe am Leib Christi? Ein Brot ist es. Darum sind wir viele ein Leib; denn wir alle haben teil an dem einen Brot." (1 Kor 10,16f.)

So kann es nicht verwundern, dass lange vor dem Aufkommen des Begriffs „missa" (Messe) der Ausdruck „fractio panis" (Brotbrechung) sinnstiftend für die Feier des Herrenmahls war. Denn grundlegend für die frühe Kirche war die Mahnung zur Einheit untereinander und mit Christus. Aus dieser doppelten Bedeutung von communio erwächst jener Frieden, „den die Welt nicht geben kann" (Joh 14,27). So kann die eine Kirche Christi entstehen, sinnenfällig dargestellt in der Versammlung der Vielen an dem einen Tisch des Herrn und der Teilhabe an dem einen Brot – und auch dem einen Wein!

Dass es sich bei der Brotbrechung zugleich auch um einen uralten Opfergestus handelt und daher eine Nähe zur Opfersymbolik des Kreuzestodes Christi gesehen wurde, liegt fast zwangsläufig auf der Hand. Der „Leib für euch" (1 Kor 11,24) ist der am Kreuz gebrochene Leib Christi. Diese zuerst im syrischen Raum aufgekommene Traditionslinie hat sich in der römischen Messe durchgesetzt, nicht zuletzt gefördert durch die mittelalterliche Passionsfrömmigkeit, die bis in jüngere Zeit die beherrschende Frömmigkeitsform der Nachfolge Christi war. Syrien ist übrigens auch der Ort, wo das Agnus Dei entstanden ist, das im siebten Jahrhundert von den Päpsten für die römische Messe übernommen wurde.

Wie so oft bei der Deutung der Messe geht es nicht um ein „Entweder-oder" sondern um ein „Sowohl-als-auch". Der Akt des Brotbrechens verdeutlicht sowohl die Mahlgestalt als auch den Opfercharakter der Eucharistie. So bleibt es für die Praxis mehr als wünschenswert, dass man sich für das Brechen des Brotes die Zeit nimmt, die dazu benötigt wird. Und wenn es einmal länger dauern sollte, dann wiederholen die Gemeinde oder der Chor das Agnus Dei einige weitere Male.

Seit dem 11. Jahrhundert schließt der Gesang mit einem dritten Motiv, der Bitte um Frieden – wie bereits zuvor im Friedensgruß als Abschluss des Gebets und als Mahnung vor dem Kommunionempfang. Für Rossini war wohl dieser Aspekt besonders wichtig.

„Dona nobis pacem!"

Vor lauter musikalischem Wohlklang könnte man fast übersehen und überhören, wie sehr Rossini in die Ordnung der liturgischen Worte eingreift. Aber darauf kommt es letztlich an. Zwei Mal folgt auf das solistische „Miserere nobis" unmittelbar schon die Bitte „Dona nobis pacem" des Chores. Zur Bitte um Erbarmen, in die sich die Sängerin geradezu leidenschaftlich und hochexpressiv gleichsam verstrickt, kommt wie ein „Kontrapunkt" in purer a-cappella-Schönheit und Schlichtheit der Ruf nach Frieden. Oder ist das die Friedensverheißung der himmlischen Engelsstimmen, wie wir sie in Georg Friedrich Händels „and peace on earth" kennen gelernt haben und vor allem bei Heinrich Schütz mit den Worten „aber sie sind in Frieden"? Dafür spricht manches, vor allem der entrückte Gesang a cappella und die schlicht-unschuldige Klangwelt. Rossini will nichts weniger inszenieren als die Spannung zwischen irdischer Unerlöstheit auf der einen und himmlischer Friedensbotschaft auf der anderen Seite. In der Mitte thront Christus im Symbol des Lammes.

Beim dritten Agnus Dei setzt der Chor überraschend die Friedensbitte der Altistin fort. Und hier könnte das Stück eigentlich enden. Rossini sucht aber noch einen Höhepunkt. Er erreicht ihn, indem er – um der überzeugenden Einheit willen – die Rollen vertauscht! Jetzt übernimmt der Chor die Worte der Anrufung, die zuvor der Solistin vorbehalten waren. Sie wiederum wetteifert in den leidenschaftlichen „Qui tollis"- und „Miserere"-Rufen geradezu mit den chorischen „Cherubim". Der Ruf wird zum Schrei. „Ich" und „Wir" verschmelzen. „Tutta forza" heißt die Vortragsanweisung mehrfach. Selten wurde das Agnus Dei so eindringlich und atemberaubend vertont wie in dieser angeblich „kleinen Messe". Das ist große Oper! Rossini weiß es genau. Der

Schluss ist ein großer Schrei nach Frieden, wie aus einem Mund. „Ich" und „Wir", Solistin und Chor, ja vielleicht sogar Ensemble und Publikum sind sich einig in diesem Bitten. Ein Nachspiel des Klaviers beruhigt die Gemüter. Das omnipräsente litaneiartige Begleitmotiv wird nun zum Hauptthema in hoher Lage. Dann rückt es immer tiefer bis zu einem möglichen Schluss. Doch erst noch ein letztes Augenzwinkern des Komponisten: Wie aus dem Nichts beginnt erneut das allererste Vorspiel mit den getupften Akkorden in e-Moll, fahlen Klängen des Harmoniums und kraftvollen Akkordschlägen, die nun aber in E-Dur schließen und nicht nur das *Agnus Dei*, sondern die gesamte *Petite Messe solennelle* beenden. Wo waren wir in den letzten Minuten, so fragt man sich unwillkürlich. Und wo sind wir jetzt? Beginnt alles wieder von Neuem? Die Messe als Mythos, der immer ist und niemals war. Christlich wäre das nicht, weil das „ein für alle Mal" (Hebr 10,10) der Erlösung durch Christus außer Kraft gesetzt würde. Rossini lässt sich am ehesten so verstehen, dass er mit dem *Agnus Dei* eine Art opernhafte „Wallfahrt" zu diesem Christusbild mit dem Lamm Gottes unternimmt. Am Ende geht es wieder zurück in den Alltag. Aber verändert und geläutert. In gewisser Weise ist alles beim Alten geblieben. Wäre da nicht die Schlusswendung in Dur. Sie hellt den Satz auf und opponiert gegen die „Wiederkehr des Gleichen".

Dramatik im Dienst des Glaubens

Rossini bringt die Messe in den Salon. Er horcht sie förmlich ab, um auf ihre Worte und Gesten eine opernhafte Antwort zu komponieren. Was er in seinen Opern gesagt hat, kann er abschließend in dieser Messe zusammenfassen. Die Opern nennen alle menschlichen Zustände und Abgründe, um zugleich existenzielle Töne und religiöse Obertöne ins Spiel zu bringen. Die „kleine Messe" wird zum großen komponierten Gebet, das für Rossini wohl erst dann gültig ist, wenn wirklich alles Menschliche darin seinen Platz gefunden hat. Wir hören von Christus als einem Helden im *Domine Deus*. Und es erklingt die ebenso existenzielle wie universale Friedenssehnsucht im *Agnus Dei*.

Werfen wir noch einen letzten Blick auf die Karikaturen, die wir am Anfang dieses Kapitels betrachtet haben. Gerne wüsste man, was die alte Frau in Paris denn erlebt hätte, wenn sie im Théâtre-Italien einen Logenplatz eingenommen und Rossinis Messe beigewohnt hätte. Aber das bleibt ein Geheimnis. Allen Freundinnen und Freunden des Musiktheaters hat Rossini eine opernhafte Messe geschenkt, die wahrhaft „geistlich" ist. Ob sie bei der exklusiven Uraufführung 1864 liturgisch erklungen ist, scheint fraglich. Vermutlich war sie die „Begleitmusik" im Salon zur Einweihung einer Hauskapelle. Heute erklingt sie konzertant in Kirchen und Konzertsälen.

Dieses Werk in eine heutige Liturgie zu integrieren, wäre eine spannende Aufgabe! Im Unterschied zur Zeit Rossinis sind die Möglichkeiten dazu inzwischen prinzipiell gegeben. Diese Gabe hat das Zweite Vaticanum in der Liturgiekonstitution als Aufgabe formuliert, wenn es alle gute Musik zulässt, „die die erforderlichen Eigenschaften" (SC 112) besitzt. Am Beispiel dieser Messe sehen wir, dass die liturgisch und musikalisch Verantwortlichen immer gemeinsam fragen müssen: Was und wie und mit wem wollen wir feiern? Und welche Musik ist aufgrund ihrer „erforderlichen Eigenschaften" dafür geeignet? Diese prinzipielle Frage, die zugleich mit der Überlegung zu den praktischen Möglichkeiten zu verbinden ist, stellt sich bei jedem Jugendgottesdienst wie bei einem gregorianischen „Choralamt". Entscheidend ist, dass heute auch Rossinis Messe keineswegs von einer liturgischen Integration ausgeschlossen ist. Wenn sie gelänge, dann würde wohl in den Ohren und Herzen der Feiernden – selbst noch auf dem Heimweg – das expressive *Agnus Dei* mit der ebenso schlichten wie eindringlichen Friedensbitte „Dona nobis pacem" nachklingen. Und all das „con amore", wie Rossini in seinem Vorwort – mit zusätzlicher Unterstreichung dieser beiden Worte! – schreibt und wie er diese singuläre Messe vom ersten Takt an komponiert hat.

Die Kommunion

Frank Martin: Image de la Chambre haute aus Polyptyque für Solovioline und zwei kleine Streichorchester

Bild, Musik und Ritus

Die Messe ist nicht nur ein Klangraum, sondern ein intermedialer Raum. Wer eintritt, erlebt zumeist als Erstes die Architektur. Sie ist am wenigsten veränderbar und prägt alles mit, was rituell und musikalisch geschieht. Manche katholische Barockkirche will ein irdisches Abbild des himmlischen Abendmahlsaales sein, mit viel Schmuck und Licht, mit dem Tabernakel im Hochaltar als Zielpunkt des Raumes. Protestantische Kirchenräume betonen eher die Kanzel als Ort der Predigt und machen durch die Hinordnung der Bankreihen zu diesem Zentrum die Feiernden zu „Hörerinnen und Hörern des Wortes". Heute wird auch über den sogenannten „Communio-Raum" diskutiert, in dessen elliptischer Form sich die Gemeinde um die „Brennpunkte" des Altars als Tisch des Mahles und des Ambos als Tisch des Wortes versammelt und sich zugleich im Gebet gemeinsam über den Raum hinaus ausrichtet, hin zur „exzentrischen Mitte", dem wiederkommenden Christus.

In jedem Fall hat die Gestalt des Raumes großen Einfluss auf die Musik, die ihn erfüllt, was Fragen etwa nach der liturgisch und musikalisch sinnvollen Position der Musikerinnen und Musiker aufwirft. Manche Räume ermöglichen doppelchörige Aufstellungen. Wenn bei liturgischen Höhepunkten wie dem Halleluja-Ruf oder dem Sanctus ein Miteinander von Chor, Orgel und Gemeindegesang erwünscht ist, braucht es eine entsprechende räumliche „Klangregie" (vgl. die Abb. 1, S. 10), damit dies gelingt: als Musizieren nicht nur im Raum, sondern mit dem Raum.

Zum Raum kommen in gegenseitiger „Resonanz" die Klänge und weitere sinnliche Erfahrungen, durchaus multimedial und intermedial. Einige Beispiele: Wer singt, sieht zugleich Bilder, etwa auf Kirchenfenstern oder Altären. Wer kniet, riecht vielleicht auch Weihrauch. Und wer die Kommunion empfängt, hört zugleich Musik. Um das Thema des Abendmahls soll es nun gehen. Oft schon wurde es bildlich dargestellt und in Töne gefasst. Leonardo da Vincis Ultima Cena (1497) ist ebenso berühmt wie Johann Sebastian Bachs „Szene" des Abendmahls in der Matthäus-Passion (1727), von der Albert Schweitzer meinte, dass er sich Jesu Brot- und Kelchwort in keinem anderen Rhythmus mehr vorstellen will als so, wie Bach diese Worte vertont hat. Wir beschreiben zunächst diese Station der Messfeier in der Spannung von heutiger Praxis und theologischer Sicht, um sie dann mit einer Musik des 20. Jahrhunderts in Verbindung zu bringen, die von einem Bild des Abendmahls aus dem 14. Jahrhundert inspiriert ist.

Der Kommuniongang

Die Art und Weise, wie wir gewöhnlich in der Messe an der Kommunion teilnehmen, ist sehr individualisiert: Wir reihen uns zwar in eine Prozession mit anderen Menschen ein und schreiten unter den Klängen etwa der Orgel nach vorne, doch irgendwie ist jeder ganz bei sich, was man in der Musik vielleicht mit einer solistischen Rolle vergleichen könnte. Auch der Prozessionscharakter, das gemeinsame, bewusste Schreiten wird selten als ein geistliches Geschehen wahrgenommen. Am „Altarraum" angekommen, zeigt der Priester oder Diakon, die Kommunionhelferin oder der Kommunionhelfer jedem persönlich die Hostie und spricht: „Der Leib Christi". Es folgt die Antwort, wenn überhaupt, leise und kaum vernehmlich: „Amen". Sogleich ist der oder die Nächste an der Reihe. Der Kelch wird selten gereicht. Man geht zurück auf seinen Platz, nun noch weniger koordiniert und „im Takt", jeder und jede bestimmt sein Tempo. In der Bank ist man dann wieder ganz bei sich – nach dem Motto: Ich und mein Gott.

Der Liturgiewissenschaftler Reinhard Meßner übt scharfe Kritik an dieser üblichen Form der „Wandelkommunion". Für ihn verdunkelt die eingebürgerte Form des Kommunionempfangs den Sinngehalt der Eucharistie. Denn diese Feier ist alles andere als ein individualistisches Geschehen. Es geht um etwas Gemeinsames, fast wie wenn ein musikalisches Ensemble gemeinsam spielt oder singt. Der Grundvorgang der Eucharistie ist, wie bereits erwähnt, gemeinsames Essen und gemeinsames Trinken; erst danach oder besser *daraus* folgen die persönliche Besinnung, das Gespräch mit Christus, das Dankgebet. In einigen Gemeinden kommt seit geraumer Zeit das gemeinsame Essen und Trinken zumindest ansatzweise durch eine gruppenweise Ausspendung der Kommunion zum Ausdruck – gleichwohl das Spendewort nur selten gemeinsam für die kleine Kommuniongruppe zugesagt und Brot und Wein gemeinsam kommuniziert werden. Ein Votum (Segenswunsch) nach dem Kommunionempfang, wie es in evangelischen Kirchen üblich ist, sieht das Messbuch nicht vor.

Kurze historische Vergewisserung

Auch wenn es sich bei der Kommunion nur um einen kleinen Bissen Brot und einen Schluck Wein, also um ein Essen und Trinken in *formalisierter* Gestalt handelt, muss der Charakter des gemeinsamen Essens und Trinkens erkennbar bleiben. Denn die Eucharistie ist ein besonderes Mahl, das Vergangenheit und Zukunft in der Gegenwart vereint. Sie schaut voraus auf die Mahlgemeinschaft in der himmlischen Stadt Jerusalem und sie blickt zurück auf das letzte Mahl Jesu mit seiner symbolischen Antizipation des Kreuzestodes. Damit vermittelt die Eucharistie besondere Botschaften. Durch die gemeinsame eucharistische Mahlzeit wird Gesellschaft gebildet, nämlich die Kirche als soziale Institution – eine somit neue Gesellschaft, in der es keine Unterschiede gibt, in der eine wahre Gleichheit existiert (vgl. Meßner 2013, 324–333).

Allzu lange war die Gläubigenkommunion in der Messfeier jedoch gar nicht als integraler Bestandteil vorgesehen. Nur der

Priester war zum Kommunionempfang in der Messe verpflichtet, wohingegen die Gläubigen an den seltenen „Kommuniontagen" des Jahres erst nach der Messe kommunizierten. Bereits in der Spätantike gehörte der eigentlich fundamentale Kernakt der Messe, die Kommunion, nicht mehr zu der normalen und selbstverständlichen Partizipationsform an der Eucharistie – ein historischer Vorgang, der bis heute rätselhaft bleibt. Das Auseinandergehen von Kleriker- und Gläubigenkommunion hat auf jeden Fall kultur- und mentalitätsgeschichtliche Gründe. Als ab der Mitte des 4. Jahrhunderts die Institution Kirche und die Gesellschaft nahezu identisch wurden, verlor die Messe ihren sozialen Charakter, mit der eucharistischen Versammlung die himmlische Kirche in dieser Welt abzubilden. An die Stelle der Gemeinschaftsstiftung trat der individuelle Vollzug, der überdies durch ein restriktives Sündenverständnis mitsamt der Vorstellung, erst mit entsprechender Vorbereitung (Beichte) die Kommunion empfangen zu dürfen, äußerst selten zustande kam. Mit dem Verzicht bzw. Verbot des sogenannten „Laienkelchs" im Hochmittelalter des Westens ging das gemeinsame Trinken ganz unter.

Auch die Reformation konnte, trotz des theologischen Erkenntnisgewinns vom allgemeinen Priestertum, den gemeinsamen Kommunionakt als Grundform des Sonntagsgottesdienstes letztlich nicht wiederherstellen. Die diversen Liturgiereformen des 20. Jahrhunderts haben zwar zu einer selbstverständlicheren Kommunionfrequenz geführt, doch viel zu selten wird dabei nach adäquaten Formen des gemeinsamen Kommunionempfangs gesucht. Überlagert wurden (und werden) die Debatten über die „Performance" der Kommunion durch die periphere Frage des Empfangs in den Mund oder in die Hand. Auch das Messbuch kennt kaum Handlungsanweisungen zur Gestaltung der Gläubigenkommunion. Dabei ist die Kommunion eine besondere Gabe. Sie kann nur gespendet und empfangen werden, niemand kann sie sich selbst nehmen. Ein für alle Teilnehmenden geltendes Empfangen der Kommunion ist der rituelle Ausdruck dessen, dass hier alle in gleicher Weise von dem einen Gastgeber Christus die Speise und das Getränk des Lebens gereicht bekommen.

25 Kommunionempfang in der Gemeinde Maria Geburt, Aschaffenburg.

Umkehr vom Ich

Umkehr vom Ich, bezogen auf die Feier der Eucharistie und den Empfang der Kommunion, bedeutet *eins* zu werden im Sinne von: sich selbst als einen Teil der „einen Opfergabe" (GL 188) der Kirche zu verstehen, sich wandeln zu lassen, sein Leben vor Gott zu stellen, es Jesus gleich zu tun. Es geht um ein Leben im Dienst am Nächsten, ein Leben in der dienenden Liebe Jesu Christi. „Pro-existenz" lautet der Fachbegriff hierfür. All diese Überlegungen setzen aber in der Praxis voraus, dass unsere Kommunionriten jene egalitäre Gemeinschaft ausdrücken, in der alle ausnahmslos den gleichen Status als Gäste des einen Gastgebers Christus haben und dass gerade so die endzeitliche Gesellschaft im Reich Gottes expressiv dargestellt wird.

Die Gabe der Eucharistie wäre also vollkommen missverstanden, wollte man sie nur auf die intime Begegnung des einzelnen Gläubigen mit Christus engführen. Vielmehr will sie als Zeichengeschehen des *neuen Bundes* die bestehenden Standesunterschiede in der Welt überwinden und schon jetzt jene neue egalitäre Gemeinschaft (*communio*) darstellen, die wir bei Gott hoffnungsvoll erwarten. Es geht nicht um einen individuell religiösen Akt eines einzelnen Christen, bei dem ihm die

Kommunion zur Heilung der Seele gereicht wird. Kommunion ist als Zeichen des *neuen und ewig gültigen Bundes* primär ein gemeinschaftlicher Akt, der die auf Erden angebrochene Gottesherrschaft sinnenfällig zur Erfahrung bringen will. Deshalb ist sowohl das Essen von dem *einen gebrochenen Brot* als auch das Trinken aus dem *einen Kelch* nicht etwa ein Privileg des Priesters und einiger Auserwählter. Die Eucharistie als Zeichen des *neuen Bundes* wird gerade im *gemeinsamen* Trinken vom Blut Christi deutlich, das als Symbol zur Vergebung der Sünden die innige Beziehung Gottes zu seinem Volk ausdrücken und zur christlichen Lebenspraxis befähigen will.

Musik von Frank Martin und ihre bildhafte Inspiration

Die Ensemblemusik, die wir zum Thema der Kommunion ausgewählt haben, führt uns zur biblischen Szene des Abendmahls, die jeder Kommunionspendung zugrunde liegt. Sie stammt aus einem konzertanten Passionswerk und erklingt – leider eher selten – in großen und kleinen Konzertsälen. Aber auch in Kirchen sind Aufführungen gut möglich. Und sogar als liturgische Musik zur Kommunion könnte sich dieser Satz sehr wohl eignen. Der Titel *Image de la Chambre haute* besagt, dass die Klänge vom biblischen Bild des „Abendmahlssaales" in Jerusalem inspiriert sind. Allerdings nicht nur in einem allgemeinen Sinn. Vielmehr bezieht Frank Martin sich auf eine ganz bestimmte Darstellung, nämlich ein Altarbild im Dom zu Siena (heute im dortigen Dommuseum), das er auf einer Italienreise gesehen hat. Dieses am Beginn des 14. Jahrhunderts geschaffene *Polyptychon* – so auch der Titel des musikalischen Werkes – von Duccio di Buoninsegna (um 1225–1318/19) zeigt 26 Szenen der Passionsgeschichte Jesu. Das ist die Rückseite des Retabels, auf dessen Vorderseite die thronende Maria dargestellt ist, umgeben von Heiligen und Engeln.

Wie kam es zu dieser Komposition? Anfang der 1970er Jahre bat der weltberühmte Geiger Jehudi Menuhin den damals bereits über 80-jährigen Schweizer Komponisten Frank Martin um ein Violinkonzert zum 25-jährigen Jubiläum des Internationalen Musikrates. Frank Martin willigte ein, stellte aber kein „klassisches" Konzert für Violine und Orchester in Aussicht, sondern eine Art „Suite", deren einzelne Sätze jeweils von einem Bild inspiriert sein sollten. Aus dem Polyptychon in Siena, das auch als „Maestà" bekannt ist, wählte Martin sechs Bilder aus. Die Überschriften lauten: Palmsonntag (I), Abendmahlssaal (II), Judas (III), Gethsemane (IV), Verurteilung (V) und Verherrlichung (VI). Auch Martins 1948 vollendetes großes vokal-instrumentales Passionsoratorium *Golgotha* beginnt mit dem Palmsonntag und endet mit der „Glorification", wobei sogar das österlich Exsultet schon erklingt. Die exquisite Besetzung von *Polyptyque* besteht aus einer Solovioline und zwei kleinen, jeweils fünfstimmigen Streichorchestern.

Wer war der Komponist Frank Martin?

Frank Martin (1890–1974) war das zehnte Kind einer seit 1754 in Genf ansässigen wohlhabenden Hugenottenfamilie. Sein Vater war calvinistischer Pastor. Prägend für den jungen Frank waren Hausmusik und Bachs *Matthäus-Passion*, die er im Alter von elf Jahren in der Genfer Kathedrale St. Pierre gehört hatte. Dies war für ihn das „größte musikalische Ereignis" seiner Kindheit. Obwohl seine Eltern ihm davon abraten, wird er Musiker. Als vorwiegend freischaffender Komponist lebt er in Genf und Paris. Von 1950 bis 1957 wirkt er zudem als Professor für Komposition an der Musikhochschule Köln. Zu seinen geistlichen Werken zählen eine doppelchörige *Messe a cappella*, ein Requiem und eine Weihnachtskantate sowie die Oratorien *Golgotha* und *In terra pax*, letzteres für Radio Genf zum Waffenstillstand 1944 komponiert. Besonders bekannt sind in der Musikwelt seine *Jedermann-Monologe* und *Le vin herbé* über den Mythos von Tristan und Isolde.

In der Musik des 20. Jahrhunderts ist Frank Martin, der auch bis ins hohe Alter als Dirigent tätig war, ein unabhängiger „Solitär": weder Avantgardist noch Traditionalist, sondern ein wacher Zeitgenosse mit eigener Musik-Sprache, die sich aus verschiedenen Quellen speist. Überdies war er ein Lehrer, der selbst nie eine Musikhochschule besucht hat. Sein „Stil" vermeidet die strenge Zwölftonmusik der Zweiten Wiener Schule, die ihm zu

„grau" erschien, weder hell noch dunkel, und ist doch modern auf eine ganz eigene Art.

Die Abschiedsworte Jesu und sein letztes Mahl

Frank Martin hat immer wieder darauf hingewiesen, dass *Polyptyque* eine komponierte „Antwort" auf Johann Sebastian Bachs *Matthäus-Passion* ist. Die Solovioline „verkörpert" bisweilen die Stimme Jesu als instrumentale „Vox Christi". Die beiden Orchester repräsentieren die Gruppen der Jünger und der Gegner Jesu, die in oratorischen Passionen als „Turba"-Chöre auftreten. Zum zweiten Satz, um den es uns hier geht, schreibt der Komponist: „Das Bild vom Abendmahlssaal, das sind die Abschiedsworte (l'adieu), die Christus zu seinen Jüngern spricht, die ängstlichen Fragen, die sie an ihn richten, und seine Antworten voller Liebe." (Martin 1984, 163) Täuscht der Eindruck, dass dieses „Klang-Bild" theologisch die synoptischen Evange-

26 Frank Martin am Klavier in Naarden, Niederlande, 1966 (Foto: János Sebestyén).

lien mit dem vierten Evangelium verbindet? Vom Abendmahl erzählen die Synoptiker im Rahmen der Passionsgeschichte; die Abschiedsreden Jesu jedoch – im Französischen heißen sie „Le discours d'adieu de Jésus" – lesen wir in den Kapiteln 14 bis 17 des Johannesevangeliums, dessen „Cantus firmus" das Thema der Liebe ist. *O große Lieb, o Lieb ohn alle Maße* ist wohl deshalb die erste Choralstrophe in Johann Sebastian Bachs *Johannes-Passion*. Frank Martin hat das heilige Abendmahl im Jahr 1939 unter der Überschrift *La Sainte Cène* (nach Lukas 22) vertont, was er in der Partitur des Passionsoratoriums *Golgotha* eigens am Ende des Abschnitts vermerkt.

In *Polyptyque* jedoch legt er den Akzent ganz „johanneisch" nicht auf das Mahl, sondern auf Jesu Abschiedsworte an seine Jünger. Die Überschrift *Image de la Chambre haute* ist dennoch passend, weil ja beides in diesem „Raum" spielt. Frank Martin reiht sich sozusagen in die Schar derer ein, die die vier Evangelien als „Harmonie" lesen. Er verbindet den Ort des Abendmahls mit den bei Johannes erzählten Abschiedsreden. Seine Musik will nicht platt das Gemälde als musikalische „Klangmalerei" präsentieren, sondern eine Resonanz auf seine eigenen „intimen Eindrücke" beim Betrachten sein. Als Ziel deutet er vorsichtig eine Perspektive an: „Vielleicht kann diese Musik einigen dabei helfen, diese Bilder der Passion in sich selbst neu zu erschaffen." (Martin 1984, 163) Ludwig van Beethovens berühmtes Wort, das er seiner sechsten Sinfonie mit dem Beinamen *Pastorale* vorangestellt hat, mag einem in den Sinn kommen, weil es auch zu Frank Martin passt: „Mehr Ausdruck der Empfindung als Malerei."

Klänge des Abschieds

Die Musik im *Chambre haute* beginnt mit hohen Klängen der Solovioline und einer Begleitung, bei der die Streicher beider Orchester zu einem Gesamtklang verschmelzen. Es entwickelt sich ein vertrautes Zwiegespräch, bei dem der mit „cantabile" (gesanglich) überschriebene Solopart vom ersten Takt an einen überaus ernsten und zugleich sprechenden Ausdruck gewinnt, wohingegen die Klänge aus den Orchestern weniger wie Worte, sondern eher wie erstaunte Gesten wirken. Ihre Fragen und ihr Erstaunen, das sich im offenen Mund oder als Kopfschütteln zeigen könnte, wird fast greifbar. Auch scheint eine Ähnlichkeit mit der Gestik der vorderen Apostel auf dem Altarbild von Siena durchaus gegeben. Am Ende des ersten Abschnitts wirkt alles wie geflüstert, geradezu intim. Und zugleich einvernehmlich, weil am Schluss nicht nur dieses Abschnitts ein konsonanter Akkord steht, der in eine Generalpause mündet, die Aufatmen lässt und Ruhe vermittelt.

Und doch geht es von Phrase zu Phrase weiter. Das Gespräch bleibt angeregt. Im zweiten dialogischen „Gesprächsgang" pausiert die Solovioline zunächst. Die Jünger scheinen mit sich selbst zu reden: in zwei Gruppen, fast wie in zwei „Lagern", eher aufgeregt, fast aufgewühlt. Aus höchster Höhe kommend, besänftigt die Solovioline sie mit einer neuen nonverbalen Botschaft,

27 Duccio di Buoninsegna (um 1225–1318/19): Maestà, Retabel im Dom zu Siena, 1308–1311; Rückseite, 26-teilige Passionsgeschichte, Detail: Abendmahl.

zu der jetzt begleitende Akkorde zu hören sind. Eine große Beruhigung, die noch einige Takte lang nachklingt! Dann eine große solistische Aufwärtsgeste, wie eine zum Himmel strebende Verheißung, begleitet von kurzen Akkordschlägen. Bald pausiert die Solovioline erneut. Jesus lässt die Jünger zu Wort kommen. Aber jetzt ahmen sie das Gehörte im tutti nach, übernehmen also die Gestik der „Vox Christi". Ist ihre Aneignung und Zustimmung geglückt? Nach einer Generalpause folgt eine Art Dacapo des ersten Teils. Nun weist die Solostimme zunächst nach unten, begleitet von ängstlich-dissonanten Akkorden der tiefen Instrumente aus beiden Orchestern.

Gegen Ende kommt es immer mehr zu Beruhigung und Verinnerlichung: „Largamente", in breiter Feierlichkeit. Die Solovioline wie segnend in großen Auf- und Abwärtsgesten, vor allem synkopisch, also von der zeitlichen Ordnung des Taktes gelöst. Diese Botschaft der „Vox Christi" kündigt Himmlisches an, vielleicht die Feier des ewigen Mahles mit dem „Brot der Engel"? Frank Martin könnte hier durchaus an einige eucharistische „Passagen" gedacht haben, wie sie ihm aus Bibel, Theologie, Gottesdienst und Musik vertraut waren. Im Wechsel miteinander signalisieren die beiden Orchester ihr Einverständnis und große Zustimmung. Alle Aktivitäten werden reduziert, mehr Hören als Spielen. Das Ende im tiefen und doch hellen E-Dur dann fast wie ein leise im pianissimo und decrescendo verklingendes „Amen" mit den Tönen e und gis – als letzte Antwort auf das solistische „Wort" mit dem Ton h.

Musikalischer Impuls für die heutige Kommunionpraxis

Zum Schluss noch zwei Bemerkungen zur gegenseitigen musikalisch-liturgischen Inspiration. Zunächst in Richtung von der Liturgie zur Musik. Frank Martin spricht von „traduire". Damit bezieht er sich auf ein Tradieren der Botschaft als „Übersetzen" in die Sprache der Musik, wie wir es bereits bei Heinrich Schütz kennengelernt haben. Martin fragt sogar selbstkritisch, ob es ihm denn gelungen ist, seine intimen Eindrücke von der Passion

Jesu, die ihm die Bilder in Siena geschenkt haben, stimmig in Musik zu fassen. Zudem rechnet er sowohl mit einem Verstehen, das nur auf die Musik Wert legt, als auch mit Hörerinnen und Hörern, denen seine Klänge helfen könnten, die Bilder der Passion in sich „neu zu erschaffen". Auf dieser Linie sehen wir auch den Versuch, Frank Martins „klingende Bilder" mit dem Verstehen der Messe in eine inspirierende Verbindung zu bringen. Mit Jean Langlais verbindet ihn überdies, dass er alles, auch die Passion, von Ostern her deutet. Dem „Lumen Christi", von dem wir bei unserer Reise durch die „Klangwelt der Messe" ausgegangen waren, entspricht bei Frank Martin die schlussendliche „Glorification" in einer Theologia gloriae, welche die Leidensgeschichte keineswegs verschweigt, sie aber ins österliche Licht taucht.

Ebenso wichtig ist die für dieses Buch entscheidende „Gegenrichtung" von der Musik zur Liturgie. Frank Martins Komposition lässt uns Gesten und Motive hören, die liturgisch inspirierend sind. Es geht um Jesu „Stimme", um seine Worte und die Antworten der Jüngerinnen und Jünger. Um Dialog und Gemeinschaft geht es, um Staunen und Aneignung. Im Blick auf die heutige Messfeier kann bereits beim Hochgebet gefragt werden, wie die Präsenz der Worte Jesu etwa durch ein Kantillieren zu intensivieren ist. Bei der Kommunionpraxis ist, wie wir schon gesehen haben, die communio verkümmert. Wäre in diesem Sinne nicht der gemeinsame Gesang zur Kommunion zu erneuern, der eher selten geworden ist? Der Einwand heißt, dass man doch besser nur den „meditativen Orgelklängen" zuhört, die leider oftmals weder dezidiert von der Abendmahlsthematik noch vom Gemeinschaftsaspekt geprägt sind.

Strophenlieder sind auf dem Prozessionsweg und ohne Gesangbuch eher schwierig zu realisieren. Aber sehr wohl möglich sind solistisch vorgetragene Worte Jesu, etwa aus den Abschiedsreden im Chambre haute, auf die alle mit einem einprägsamen Kehrvers wie Kostet und seht, wie gütig der Herr ... auswendig antworten. Eine gruppenweise „Aufstellung" im Altarraum, etwa in Kreisen, um gemeinsam und nicht „individualisiert" den Leib und das Blut Christi zu empfangen, gleicht ja fast der Ensemble-Aufführungspraxis von Frank Martins Polyptyque. Gerade für das so interessante und auch die Liturgie der Messfeier prägende

Spannungsfeld von „Ich" und „Wir" gibt es vielleicht kaum bessere Impulse als die musikalischen. Musik zeigt uns, wie Spannungen nicht aufzulösen, sondern zu gestalten sind: Ich und Wir, Wort und Antwort, Aussagen und Gesten, äußere und innere Bilder, Verläufe und Höhepunkte, Singen und Schweigen, Zeit und Ewigkeit.

IV Ausklang

Was könnte am Ende unserer Überlegungen im „Klangraum der Messe" besser passen als ein gemeinsamer Dankgesang und ein virtuoses Orgelnachspiel zum Auszug der Gemeinde? Am Schluss der Messe braucht es nicht mehr viele Worte und Gesten, denn fast alles ist gesagt und getan. Worum es jetzt noch geht, ist die Gestaltung eines Übergangs, von der Liturgie zurück ins alltägliche Leben. Deshalb folgt in aller Kürze nach etwaigen Hinweisen und Vermeldungen, mit denen Liturgie und Leben als Einheit greifbar werden, direkt der Schlusssegen mit dem Entlassruf und der Abschied vom Altar.

Streng genommen gehört der Dankhymnus zum Kommunionteil der Messe, der mit dem Schlussgebet „besiegelt" wird. Die meisten Danklieder – so auch unser gewähltes Beispiel – beziehen sich auf den Empfang der eucharistischen Speisen. Doch der Dank der Gemeinde lässt sich auch auf die doppelte Gabe Gottes in der Messe beziehen: in seinem Wort und seinem Leib und Blut. Dank und Sendung sind quasi die beiden zurück- und vorausschauenden „Schlussakkorde", die von der Feier der Eucharistie in das Leben aus der Eucharistie überleiten.

Danken ist oft ein Thema von Liedern. Und der Gesang *Gott sei gelobet und gebenedeiet* ist ein besonders berühmter Beitrag zum „Kommuniondank", der sowohl im katholischen Gebet- und Gesangbuch *Gotteslob* (GL 215) als auch im *Evangelischen Gesangbuch* (EG 214) zu finden ist. Es gibt dazu auch frühbarocke Orgelmusik und einen vierstimmigen Choralsatz von Johann Sebastian Bach. Die beiden heutigen Gesangbuch-Fassungen differieren allerdings, was mit ökumenischen Fragen zusammenhängt, die beim Thema der Messe ja nicht unwichtig sind. Geschichtlich spannt dieser Choral den Bogen von der Fronleichnamssequenz *Lauda Sion* des Thomas von Aquin (1225–1274) über Martin Luther (1483–1546), der den Schwerpunkt von der eucharistischen Verehrung zum Empfang der Kommunion verlagert hat, bis zu heutigen Fragen des Verständnisses von Eucharistiefeier und Abendmahl.

Als Ausklang – und somit Pendant zur Orgel-Einstimmung mit dem *Lumen Christi* von Jean Langlais – wählen wir nochmals einen französischen Komponisten des 20. Jahrhunderts. Olivier Messiaen (1908–1992) war von 1941 bis 1987 Professor am Pariser Conservatoire. Zudem hat er als „Titularorganist" der Kirche Sainte Trinité mehr als 60 Jahre lang vor allem die Messfeiern an der dortigen Orgel von Aristide Cavaillé-Coll (1868) musikalisch begleitet. Sein umfangreichster konzertanter Orgelzyklus *Livre du Saint Sacrement* (1984) ist ein Spätwerk und eine Art von „Orgel-Mess-Buch", das ähnlich stark von Thomas von Aquin inspiriert ist wie das Lied *Gott sei gelobet und gebenedeiet*. Der Schlusssatz des zweistündigen Werkes ist dem schwierigen Thema der Opfergabe gewidmet und heißt *Offrande et Alleluia final*. Wir hören darin die Quintessenz der eucharistischen Musik von Messiaen, deren zeugnishafter Bogen sich vom frühen Orgelstück *Le banquet céleste* (Das himmlische Gastmahl) aus dem Jahr 1928 bis zu diesem fulminanten „Schlussakkord" aus dem Jahr 1984 spannt.

Dank und Sendung

Ökumenisches Kirchenlied: Gott sei gelobet und gebenedeiet

„Gott sei gelobet und gebenedeiet"

Wenn die Kommunionausteilung beendet ist und die Gefäße in aller Zurückhaltung an der Kredenz gereinigt worden sind, erklingt – möglichst nach einem Moment der Stille und der persönlichen Besinnung – *Gott sei gelobet und gebenedeiet* als gemeinsam gesungener Dankhymnus. Wer die Ursprünge dieses Liedes nachvollziehen will, sollte sich gedanklich ins 14. Jahrhundert versetzen. Die Liturgie war damals vorwiegend lateinisch, auch beim Fronleichnamsfest, das Papst Urban IV. (um 1195–1264) im Jahr 1264 für die Gesamtkirche eingeführt hat. In der Messe dieses Feiertages – oder vielleicht zur Prozession? – stimmt die Schola gregoriana den vielstrophigen Gesang *Lauda Sion salvatorem* (Lobe Zion, deinen Hirten) an. Kein Geringerer als der große mittelalterliche Theologe und Kirchenlehrer Thomas von Aquin hat die Worte eigens für das neue Fest gedichtet. Sie sind die poetische Quintessenz seiner eucharistischen Theologie, nun aber nicht in theologische Kapitel, sondern in Verse und in Musik gefasst (Tück 2014).

Etwa um das Jahr 1400 sind erstmals volkssprachliche Ergänzungen zur Sequenz *Lauda Sion* dokumentiert. Im Prozessionale aus einem Mainzer Frauenkloster steht der folgende Wortlaut, dessen originale Schreibweise die historische Distanz ebenso erahnen lässt wie die Gemeinsamkeit, wenn wir das nach 600 Jahren noch singen:

Gott sy gelobbet und gebenedyet
der uns alle hayt gespijssit
mydt synem fleysch mydt synem blude
das gibbe unß lieber herre got zu gude.
(das hylge sacramente an unßrem lesten ende
uß des gewijten priesters hende)
kyrieleyson

O herre dorch dynen heilgen fronlijchenam
der von dyner mutter marien quam
und das heyllige bludt
nu hilff unß herre uß aller unßer noid
kyrieleyson (Franz 2017, 401)

Poetisch-musikalische Ergänzung der Sequenz Lauda Sion

Das ist ein sogenanter „Leis", benannt nach dem Ruf „Kyrieleison" am Ende jedes Abschnitts. Das berühmteste Lied dieser Art ist das älteste deutschsprachige Kirchenlied, das bis heute gesungen wird, nämlich Christ ist erstanden, das wir bereits 1180 mit der wichtigen Regieanweisung „Populus intonet" (Das Volk beginne zu singen) finden. So wie Christ ist erstanden sich im Text und vor allem auch melodisch auf die Ostersequenz Victimae paschali laudes (Singt das Lob dem Osterlamme) bezieht, orientiert sich das Lied Gott sei gelobet und gebenedeiet in Wort und Ton an der Fronleichnamssequenz Lauda Sion. Der erste deutsche Vierzeiler soll nach den geraden Strophen der Sequenz gesungen werden, der zweite nach den ungeraden. Woher weiß man das? Wir erfahren es aus einer Schulordnung im schwäbischen Crailsheim aus dem Jahr 1480. Da ist zu lesen: „Dann folgt das lobwürdige Fest Fronleichnam, bei welchem jene Sequenz Lauda Sion gesungen wird, zu welcher jener volkstümliche Gesang als Tropus hinzutritt: Gott sei gelobet und gebenedeiet, der uns selber hat gespeiset mit seinem Fleische und mit seinem Blute, das komm uns, o Herr, zugute. Kyrieleis." (Praßl 2000, 61)

Was aber ist mit den oben eingeklammerten Versen, die den ersten Teil merkwürdig verlängern? Diese kamen erst nachträglich hinzu und spiegeln ein verändertes Verständnis der Eucharistie wider. Weil der Empfang der Kommunion im Kirchenvolk immer seltener geworden war und etwa das vierte Laterankonzil 1215 nur noch die jährliche Osterkommunion vorgeschrieben hat, trat etwas anderes an die Stelle des Essens und Trinkens. Man spricht von „geistlicher Kommunion" oder von „Augenkommunion", die sich auf den Anblick der geweihten Hostie während der Wandlung konzentriert, wozu ja auch innige und ekstatische Musik in Form von „Elevationstoccaten" komponiert wurden. Die geistliche Kommunion kann als eine Art „Präludium" verstanden werden, dem das eigentliche Empfangen erst später folgen wird, und zwar zweifach: zunächst auf Erden im Angesicht des Todes, also „an unserm letzten Ende" beim Empfang der Sterbesakramente, wie es mit den Worten „in mortis examine" auch das berühmte und von Mozart vertonte Reimgebet *Ave verum corpus* betont; und dann im vollen Sinne beim ewighimmlischen Gastmahl, wenn alle zeitlichen Beschränkungen aufgehoben sind und sich der von Thomas von Aquin mit den Worten „Lass die Schleier fallen einst in deinem Licht ..." (GL 497,7) formulierte Wunsch erfüllt.

Die Frömmigkeit hat den Akzent verlagert: vom realen Empfang der Kommunion zum geistlichen Geschehen und zur eucharistischen Verehrung, deren äußeres Fest im Kirchenjahr Fronleichnam ist. So sehr das „Geschichtsfest" Gründonnerstag auch theologisch im Mittelpunkt bleibt, so deutlich rückt das nachgeordnete „Ideenfest" Fronleichnam ins Zentrum typisch katholischer Feierkultur. Im Lied *Gott sei gelobet und gebenedeiet* erkennen wir mithin verschiedene Stufen des Verständnisses von Messe und Kommunionempfang: das „gespeiset mit seinem Fleische und mit seinem Blute" verweist noch auf den wirklichen Empfang, sogar unter „beiderlei Gestalten", was uns gleich beschäftigen wird; der Nachtrag „an unserm letzten Ende" verschiebt das Empfangen in die Sterbestunde.

Martin Luther und die Musik

Nach dem Kirchenvater Augustinus ist Martin Luther (1483–1546) ein besonders musikalischer Theologe und Kirchenmann. Sein Einfluss auf die Musik der späteren Jahrhunderte gründet zunächst in seiner großen musischen Begabung. Früh kommt er mit Musik in Berührung, etwa als Sänger im Schulchor. Er besucht nämlich die Eisenacher Georgen-Lateinschule, zu deren Schülern zweihundert Jahre später auch J. S. Bach zählen wird. Ebenso wichtig wie die Musik als Bildungsgut im Kanon der Sieben freien Künste ist wohl Luthers Begeisterung für alles Klingende. Er spielt nicht nur die Laute, sondern liebäugelt bei seiner kurzen Motette *Non moriar, sed vivam* (Nicht sterben werde ich, sondern leben) sogar mit dem mehrstimmigen Komponieren. Mit Künstlern wie Ludwig Senfl (um 1490–1543), der am katholischen Münchener Hof wirkt, korrespondiert er auf Augenhöhe. Und nicht zuletzt traut Luther sich ein kritisches Urteil über Komponisten und ihre Werke zu.

Johann Walter (1496–1570) war ein Freund und musikalischer Berater Luthers. Er berichtet, wie der Reformator „zur Musica im Choral- und Figuralgesange große Lust hatte" und „des Singens schier nicht konnte müde und satt werden". Eine gelungene Balance „praktischer" und „theoretischer" Aspekte wird erkennbar, weil Luther zugleich „von der Musica so herrlich zu reden wusste" (Walter 1999, 43), etwa in seinen Gesangbuchvorreden. Bisweilen blitzen sogar Momente auf, die wir heute „musiktherapeutisch" nennen würden. So schreibt Luther am 7. Oktober 1534 brieflich und im Sinne einer musikalischen Seelsorge an den späteren Freiberger Organisten Matthias Weller, den er aus Wittenberg kennt:

> „Darumb, wenn ihr traurig seid, und will überhand nehmen, so sprecht: Auf! Ich muss unserm Herrn Christo ein Lied schlagen auf dem Regal (einer kleinen Orgel ...) oder nehmet gute Gesellen und singet dafur, bis ihr lernet ihn (den Teufel) spotten." (Geck 2017, 28)

Luther verstand das Singen von Gemeindeliedern als einen „Klingende Katechismus" (catechismus sonorus) und als pädagogische Chance, das Wort der Bibel „in Schwang zu bringen". Seine berühmtesten Beiträge zum Liederschatz sind das Weihnachtslied *Vom Himmel hoch, da komm ich her* sowie die Psalmlieder *Aus tiefer Not* (Ps 130) und *Ein feste Burg ist unser Gott* (Ps 46). Aber auch zur Messe hat er Lieder verfasst. Sein Sanctuslied *Jesaja, dem Propheten, das geschah* ergänzt die beiden 1523, also bereits vor Luthers Beiträgen entstandenen Lieder von Nicolaus Decius (1485–1541), nämlich *Allein Gott in der Höh sei Ehr* (Gloria) und *O Lamm Gottes unschuldig* (Agnus Dei).

Vom Fronleichnamslied zum Abendmahlschoral

Nachdem in Wittenberg das Fronleichnamsfest 1523 abgeschafft worden war, könnte man vermuten, dass Luther auch die Fronleichnamslieder sozusagen links liegen lässt. Aber es kam anders. An der Fronleichnamsprozession hat Luther die Trennung von Leib und Blut gestört, zumal ja der Leib ohne das Blut gezeigt wird. Vor allem aber warb er für den häufigeren Kommunionempfang unter beiderlei Gestalten, mit Brot und Wein. Am Lied *Gott sei gelobet und gebenedeiet* hatte Luther nichts auszusetzen. Er nennt es lobend „ein christlich rein, fein Bekenntnis und von einem rechten Geist gemacht" (Franz 2017, 401). Zudem legt er Wert darauf, dass die Worte „mit seinem Fleische und mit seinem Blute" ja die authentische und alte Praxis der Kommunion unter beiderlei Gestalten belegen, was historisch freilich kaum stimmt, weil der Laienkelch schon im 12./13. Jahrhundert außer Übung gekommen war.

Fronleichnam nein! Lied ja! Luther findet die perfekte Lösung, die darin besteht, dass er das Fronleichnamslied zu einem Abendmahlschoral umformt. Die häufig bei seinen Liedern auf ältere Vorlagen anzutreffende Bemerkung „gebessert" wäre auch hier am Platz. Dass der textliche Einschub, der des „Priesters geweihte Hände" nennt, mit seiner Vorstellung vom gemeinsamen Priestertum aller Gläubigen nicht vereinbar war, versteht sich von selbst. Doch auf diese Zeilen konnte er ja gut und gern verzichten, weil er sie als sekundären Einschub erkannt hat: „Doch soll man daryn auslassen das Stücklein ‚Und das heilige Sacrament / an unserm letzten Ende / aus des geweyhten Priesters Hände." (Ebd.) Luther befürchtet hier nicht zuletzt ein magisches Verständnis im Sinne von: Wenn wir im Leben die „Augenkommunion" haben und im Tod die „Sterbekommunion", dann genügt das für das Seelenheil.

Im Sinne seiner Kreuzestheologie konzentriert Luther sich ganz auf Jesu Hingabe „für uns" und „uns zugute". Deshalb wohl auch die Formulierung, dass Gott in der Person seines gekreuzigten und auferstandenen Sohnes der Gastgeber dieses Mahles ist, mit den Worten „... der uns *selber* hat gespeiset". Der Akzent liegt auf Christi Tun. Das Wort „Leichnam" belässt Luther, weil es damals noch den lebendigen Leib bezeichnet hat. Später konnte es den lebendigen oder toten Leib meinen. Heute bekanntlich nur den toten, was etwas irritierend wirken mag. „Fron-leichnam" heißt der „herrliche Leib". Die erste Silbe begegnet uns heute höchstens noch in „Fron-Dienst" als Dienst für einen Herrn oder im Verb „frönen" im Sinne von „etwas besonders gern tun".

Die Theologie der drei Strophen

Martin Luther gibt sich aber nicht mit dem wiederhergestellten Original der zwei Mal vier Zeilen zufrieden. Er „orchestriert" das Abendmahlsthema gleichsam und macht aus seiner knappen Inspirationsquelle, dem volkssprachlichen Leis als Ergänzung der lateinischen Fronleichnamssequenz *Lauda Sion*, ein theologisch reiches, dreistrophiges Lied, einen „Choral". Nach der ersten Strophe mit dem Schwerpunkt der *Incarnatio* (Menschwerdung) geht es in der zweiten um die *Satisfactio* (Kreuzestod). Wir sind erlöst, weil Gottes Sohn unsere Schuld „bezahlt" hat. Deshalb sollen wir seiner immerfort „gedenken", ganz im Sinne von Paulus: „Denn sooft ihr von diesem Brot esst und aus dem Kelch trinkt, verkündet ihr den Tod des Herrn, bis er kommt." (1 Kor 11,26) Die ganze Passionstheologie Luthers ist hier zusammengefasst. Die dritte Strophe führt dann mit dem Akzent der *Missio* (Sendung) aus dem liturgischen Raum hinaus ins Leben. Damit übersteigt das Lied eine Konzentration auf den Kommuniondank hin zu einer Bitte um den Beistand Gottes im alltäglichen

Leben. In der Welt soll sich, gestärkt durch „seiner Gnade Segen", das Geschenk der Gabe „in rechter Lieb und brüderlicher Treue" bewähren. Dann gilt – man beachte auch die Betonungsverhältnisse –, dass uns *die* Speis nicht gereue (vgl. 1 Kor 11,27). Diese Speise wird fruchtbar, wenn sie Kraft gibt für das Handeln im Geist Jesu, so wir es auch im Gesang *Wo die Güte und die Liebe wohnt, dort nur wohnt der Herr* (GL 442) besingen. Den lutherischen Akzent fasst der Leipziger Theologe Gabriel Wimmer in seiner ausführlichen „Lieder-Erklärung" so zusammen: „Eine Speise solls sein und kein Opfer, wie Lutherus selber, aus diesem alten Liede wider die Papisten behauptet." (Wimmer 1749, 356)

Dass sich schon zu Luthers Zeit auch die „Papisten" weiter des Liedes annehmen, zeigt die Version im Gesangbuch des Dominikaners Michael Vehe (1485–1539) aus dem Jahr 1537. Sie beginnt wie Luthers Fassung, um dann aber die Anbetung der Hostie über deren Empfang zu stellen mit Worten wie „So du die heilige Speiß gebrauchen wirst auf geistlich Weis. Kyrieleison." Vehes fünfstrophige „katholische" Fassung hält sich nur bis ins 17. Jahrhundert, wohingegen Luthers Version lebendig bleibt, was nicht zuletzt an den musikalischen Bearbeitungen abzulesen ist.

Musik zum Lied – zwischen 1524 und 1730

Auch musikalisch verbindet dieses Lied die Epochen und Konfessionen, die Stile und Sprachen. Der gregorianische „Klangleib" (Zender 1991, 83) der lateinischen Sequenz des Thomas von Aquin bleibt im deutschen Doppel-Leis im Wesentlichen erhalten. Das ist ja die Voraussetzung der katholischen Praxis, Sequenz und Leis im Wechsel singen zu können. Der Leis verselbständigt sich dann aber und wird, vor allem im protestantischen Bereich, zum gern gesungenen Choral. Unter der Überschrift *Der gesang Got, sey gelobet* sind diese drei Strophen bereits im berühmten *Erfurter Enchiridion* (1524), einem der frühesten lutherischen Gesangbücher, enthalten. Dass nur der Text abgedruckt ist, weist wohl darauf hin, dass die Melodie als bekannt vorausgesetzt werden konnte.

Eine mehrstimmige Fassung mit der Melodie im Tenor findet sich sodann im ersten reformierten Chorbuch, dem *Geistlichen Gesang-Büchlein* von Johann Walter. Luther hat zu diesem Druck seines musikalischen Beraters und ersten reformierten Kantors in Torgau das Vorwort beigesteuert. Offenbar ist das Lied auch in den späteren Jahrhunderten noch beliebt. Im protestantischen Hamburg komponiert Heinrich Scheidemann (1595–1663) eine Choralbearbeitung für Orgel. Hier erklingt die Melodie zunächst in kleinen Notenwerten, einer sogenannten „Vorausimitation", bevor sie majestätisch in den „Pfundsnoten" der Pedalstimme zur Geltung kommt. Offenbar war damals in der Hamburger Hauptkirche St. Katharinen zum Abendmahl solch festliche Orgelmusik zu hören. Eine Generation später komponiert Matthias Weckmann (um 1616–1674) für die Hamburger Hauptkirche St. Jacobi ein Orgelwerk in vier Sätzen, das man sich auch in einem Vespergottesdienst vorstellen kann, wobei dann üblicherweise zwischen den gespielten Orgelversen die drei Strophen gesungen wurden. Von Johann Sebastian Bach gibt

28 Der Liedtext nach Martin Luther im Erfurter Enchiridion, 1524, einem der frühesten protestantischen Gesangbücher.

es einen einzeln überlieferten kunstvollen vierstimmigen Vokalsatz BWV 322, der vielleicht aus einer verschollenen Kantate stammt. Darüber wüsste man gerne Näheres!

Im 19. und 20. Jahrhundert wird es dann stiller um dieses Lied. Große romantische Orgelsonaten über seinen Cantus firmus sucht man ebenso vergebens wie opulente Choralmotetten oder -kantaten. Das Lied bleibt aber dem Gemeindegesang erhalten, was vor allem die evangelischen Gesangbücher belegen. Chorsätze sind beliebt, auch Posaunenchöre kennen und spielen das Lied. Und wer wollte genau wissen, wie oft festliche Improvisationen dazu erklungen sind, am katholischen Fronleichnamsfest ebenso wie in der Messfeier und beim protestantischen Abendmahl?

Ökumene im Lied heute

Etwas Wasser aber müssen wir nun noch in den „ökumenischen Wein" gießen. Leider gibt es beim Lied *Gott sei gelobet und gebenedeiet* (noch) keine Verständigung über einen gemeinsamen Wortlaut in den Gesangbüchern. Der „katholische" Wortlaut kennt in allen drei Strophen einen gleichbleibenden Refrain, was auf die einflussreiche Sammlung *Kirchenlied* (1938) zurückgeht, die den Boden bereitet hat für die Aufnahme des Liedes zunächst in die Sammlung der sogenannten *Einheitslieder* (1947) und dann in das *Gotteslob* 1975 und 2013. Diesen Refrain kann man sich leicht merken, etwa wenn das Lied bei einer Prozession gesungen wird. Er beschneidet aber zugleich den inhaltlichen Reichtum. Diesen entfaltet hingegen die evangelische Version, die sich nach wie vor an Luther orientiert und somit in jedem Vers einen neuen Text des Refrains bietet, wodurch das Lied zu einer inhaltlich gefüllten „Postcommunio" (Franz 2018, 14) als Gebet nach der Kommunion wird.

Bei aller Verschiedenheit, die es zwischen den Konfessionen im Verständnis des Abendmahls noch gibt, schlägt dieses einzigartige Lied eine musikalische Brücke. Interessant ist, dass auch das katholische *Gotteslob* zumindest mit der Einordnung unter „Kommunion" – und nicht bei „Fronleichnam" oder „Eucharis-

29 Heinrich Posthumus Reuß und seine Gemahlin beim Abendmahl. Gemälde von Johann Dobenecker (1596–1670), heute in der Kirche St. Trinitatis, Gera.

tie" im Sinne eucharistischer Verehrung – ganz auf der lutherischen Linie liegt. Der Beginn der dritten Strophe „Gott, geb uns allen seiner Gnade Segen, dass wir gehn auf seinen Wegen" schließt heute auch den Weg der Verständigung der Konfessionen mit ein! Und am Hochfest Fronleichnam freilich auch den Prozessionsweg, wenn dieses Lied an einer der Stationen gesungen wird. Dieses ökumenische Lied ist ein Baustein für die geeinte Kirche. Es zeigt, dass Musik auch mit all ihren Mitteln das Ziel der geeinten Christenheit besingen kann, selbst wenn dabei die vorerst noch vorhandenen Unterschiede etwa als textliche „Dissonanzen" hörbar sind.

Segen und Sendung

Mit der dritten Strophe leitet unser Lied vom Kommuniondank in den Segen und damit in den Abschluss der Messfeier über. In wenigen Riten wird jetzt der Gottesdienst für „beendet" erklärt – so lautet die wörtliche Übersetzung des bekannten Entlassrufes

„Ite, missa est", „Geht, es ist Entlassung". Doch diese technische Anweisung vermag den geistlichen Gehalt der Schlussriten nicht hinreichend wiederzugeben. So haben sich in den volkssprachlichen Messbüchern inhaltlich angereicherte Rufe entwickelt, etwa im deutschen Messbuch das „Geht hin in Frieden", das in der Neuauflage des Missale Romanum (2002/2008) auch ins Lateinische übersetzt als Alternativruf aufgenommen wurde. Mit diesem Ruf ist aber kein moralischer Appell gemeint, quasi aus der Messe als Friedensbringer zu den Menschen ausgesendet zu werden – so sehr dieser Gedanke der Korrespondenz von Liturgie und Ethik auch entspricht. „Geht hin in Frieden" meint vielmehr „ihr seid im Frieden; in dieser freudigen Zuversicht geht jetzt auseinander." (Berger 2009, 201)

Mit dem „Ritus conclusionis" (Schluss) schließt sich der Bogen zum „Ritus initialis" (Eröffnung). Es ist vor allem der Segen, der die Bewegungsrichtung der Eröffnungsriten quasi umkehrt, wenn hier durch den Priester Gottes Lebenskraft über die Gläubigen aus der Feier in den Alltag hinein gepriesen, für sie erbeten und ihnen zugesprochen wird. So hat der Segen in der Messfeier die Aufgabe, „den Übergang zwischen dem symbolischen Ort der Eucharistie, also dem Reich Gottes, und der Alltagswelt der Gemeinde zu markieren und zu bewältigen." (Meßner 2009, 221)

In der römischen Liturgie war ursprünglich nur dem Bischof die Segensvollmacht in der Öffentlichkeit vorbehalten. In den ältesten römischen Ordines wird überliefert, wie der Bischof – nach altem Brauch – beim Auszug aus der Kirche im Vorübergehen die verschiedenen Gruppen mit der Hand segnete: „Benedicat nos (vos) Dominus." Die Segnung mit dem Kreuzzeichen ist so eng mit dem Ritus verbunden, dass er über den lateinischen Begriff signare (bezeichnen) den deutschen Terminus bis heute prägt. Und was wäre der Segen ohne den taktilen Gestus? Wo kein Volk anwesend war, etwa in den Klöstern, fehlte bis ins späte Mittelalter ein solcher Segen. Ansonsten setzte er sich in der römischen Liturgie etwa seit dem 11. Jahrhundert durch. Aufgrund des Verlangens der Gläubigen ging die Bevollmächtigung zur Segnung auch auf den Priester über, der ihn nun als festes liturgisches Element vom Altar aus nach dem „Ite, missa est" (also nach der Messfeier) erteilt, wenn auch in Wort und Gestus vom bischöflichen Segen verschieden. Mittlerweile nach gallikanischer Tradition zu einer trinitarischen Formel erweitert, bildete er im *Missale Romanum* von 1570 (bis zur Ausgabe von 1962) die zentrale Sprachform des Segens. Sie ist bis heute die gängige Praxis geblieben, gleichwohl das erneuerte Messbuch zwei verschiedene Erweiterungen bereithält, die ebenfalls auf die früheste Praxis zurückgehen: das Segensgebet über das Volk (*oratio super populum*), traditionell in der Fastenzeit und am Karfreitag, und den feierlichen (dreigliedrigen) Schlusssegen (*benedictio sollemnis*).

So ist der Segen am Ende eines Gottesdienstes Ausdruck einer wechselseitigen Lebensbeziehung von Gott und Mensch, Schöpfer und Geschöpf. Alles menschliche Tun kann gelingen, wenn es unter dem Segen Gottes steht, wenn der Mensch sich Gott anvertraut, der das Leben will und nicht den Tod. Lobpreis und Anrufung Gottes verbinden sich im Segen, der von den Gläubigen im dankbaren Gedächtnis des Heilshandeln Gottes von ihm, dem Heil der Welt, erbeten wird. Den Segen als „gutes Wort" oder „gute Gabe" Gottes zu übersetzen, lehnt sich an eine wörtliche Übertragung des lateinischen Begriffs für Segen *benedictio*, zu deutsch „gut sprechen" (loben, preisen), an.

Sprachlich zeichnet sich der Segen durch einen indirekten Zuspruch aus, der sich von einer Bitte oder einem Wunsch eindeutig unterscheidet. Daher ist eine in der Praxis – aus vermeintlich guten Gründen – oft geübte einschließende Segensformel („Der Herr segne uns") höchst problematisch. Der Segen ist „Entlassvorgang" (Berger 2009, 200), wenn der Priester die zu verabschiedende Gemeinde segnet. Er ist ein Schwellenritus, der „von der gefeierten zur gelebten Eucharistie" (Meßner 2009, 221) überleitet.

Von der gefeierten zur gelebten Eucharistie

Olivier Messiaen: Offrande et Alleluia final aus dem Orgelzyklus Livre du Saint Sacrement

Abschied und Aufbruch

Wer kennt das nicht: Ein schönes Abendessen im Kreis von Familie und Freunden ist vorbei, auch der „Scheidebecher" ist längst getrunken und das anregende Gespräch verebbt in einer großen Stille. Und doch bleibt man noch eine Weile beisammen, will diesen Abend irgendwie nachklingen und auf sich wirken lassen, bevor es dann endgültig heißt, Abschied zu nehmen. Ganz ähnlich verhält es sich auch am Ende der Messe.

Die Liturgie kennt offiziell keinen großen Auszug mit Schlussgesang oder Orgelfinale. Im Messbuch heißt es schlicht und einfach: „Wie zu Beginn des Gottesdienstes küsst der Priester den Altar. Gemeinsam mit allen, die bei der Meßfeier einen besonderen Dienst versehen haben, macht er die vorgesehene Ehrenbezeigung und kehrt zur Sakristei zurück." (Messbuch 1988, 531) Hier wird der „Abschied vom Altar" rituell vollzogen. Ist damit der Gottesdienst endgültig beendet? Was tut die Gemeinde?

Im Gegensatz zu den Eröffnungsriten, die programmatisch mit dem Satz „Die Gemeinde versammelt sich" eingeleitet werden, fehlt zu den Abschlussriten eine vergleichbare Rubrik, die sich auf die Gemeinde als Trägerin der Liturgie bezieht. „Die Gemeinde bricht auf" – so könnte man vielleicht ergänzen. So wie die Messe die Menschen aus vielen Lebenszusammenhängen an einem Ort versammelt hat und auf diese Weise Kirche entstehen ließ, so trennen sich nun die Wege. Es geht zurück in die „Kirche im Alltag" – doch nicht heimlich, still und leise (außer an

30 Kirche und Liturgie im Aufbruch: Eucharistiefeier in der Zeltkirche des Bildungs- und Exerzitienhauses St. Bonifatius, Winterberg-Elkeringhausen (Foto: Christoph Hast).

Karfreitag). Ein letztes Mal darf Orgelspiel erklingen: um einen „Schlusspunkt" zu setzen, und damit nachklingen kann, was wir gefeiert haben und was uns auf dem Weg über die Schwelle hinaus in das Leben geleitet.

Der Organist als „Con-Zelebrant"?

Olivier Messiaen (1908–1992) war ein großer Komponist und Katholik des 20. Jahrhunderts! Zwei Charakterisierungen zitieren wir zur Einstimmung. Zunächst: Das vielleicht größte kirchliche Lob erhielt er von Kardinal Jean-Marie Lustiger (1926–2007), der bis 2005 Erzbischof von Paris war. Lustiger nannte Messiaen seinen musikalischen „Con-Zelebranten". Damit klingt im Übrigen auch die Grundthese dieses Buches über „Messe und Musik" an: Beim Gottesdienst, aber auch konzertant, wird Musik zur „Con-Zelebrantin" der Liturgie. Das meint „Musik als Liturgie". Die zweite Anerkennung Messiaens bezieht sich mehr auf seine Person. Sein zeitweiliger Schüler Karl-Heinz Stockhausen (1928–2007) sagt über ihn die schönen Worte: „Er liebt die Erde und hofft auf den Himmel." (Schlee/Kämper 1998, 29)

Die Messe war zweifellos ein Hauptthema in Messiaens Leben und Wirken, sozusagen das „A und O". In einem Interview zieht er die Parallele zwischen seinem ersten Orgelwerk *Le banquet céleste* und dem späten *Livre*, um im Blick auf die eucharistische Thematik zu bekennen: „Ich habe damit begonnen, ich ende damit." (Bauer 2015, 61) Eine autobiografische Bemerkung führt uns nun ins Zentrum des Werkes. Messiaen erinnert sich an die Entstehung seines *Livre du Saint Sacrement pour orgue*, dessen Titel man durchaus mit *Orgel-Mess-Buch* übersetzen könnte, was dann etwa so viel bedeutet wie: Wie das eucharistische Thema in der Sprache der Orgelmusik zu beschreiben ist. Obwohl das Werk ein konzertanter Orgelzyklus ist, verdankt sich die Inspiration zumindest einiger Sätze der liturgischen Messfeier:

> „Ich musste etwa drei Minuten mit meinem Orgelspiel ausfüllen, und da überkam mich plötzlich eine Inspiration. Ich spielte ein Stück, das beim ersten Hinhören nach überhaupt nichts klang, ein ganz einfacher bacchischer Rhythmus, ein banaler Sextakkord ... Beim Wiederhören [sc. der Aufnahme, die Yvonne Loriod von seinem Spiel erstellt hatte] wurde ich jedoch gewahr, dass dieses Musikstück nicht so war wie andere. Berührt von der großen Schönheit des Gottesdienstes widerfuhr mir, so glaube ich, eine Eingebung des Augenblicks. Ich brachte dieses Stück zu Papier, überschrieb es mit ,L'Institution de l'Eucharistie' (Die Einsetzung der Eucharistie) und begann so mit der Komposition des ,Livre du Saint Sacrement' [...] Das war mehr als ein Jahr nach ,Saint François'." (Bauer 2015, 56)

Wer war Olivier Messiaen?

In gängige Klischees lässt sich dieser Komponist nicht einordnen, weder als Mensch noch als Musiker. Vielen Anhängern der Moderne war er zu fromm, etlichen Kirchgängern zu modern. Zeitlebens hat er sich auch in säkularisierten Kontexten geradezu emphathisch zu Glaube, Katholizismus und Frömmigkeit bekannt. Die Düsseldorfer Organistin und bedeutende Messiaen-Interpretin Almut Rößler (1932–2015) – sie spielte die Uraufführung des *Livre du Saint Sacrement* am 1. Juli 1986 in der Metropolitan

Methodist Church Detroit (USA) vor etwa 2000 professionellen Organistinnen und Organisten – nennt es einen „wahrhaft großen Augenblick", als Messiaen in seiner Rede anlässlich der Verleihung des Erasmus-Preises am 25. Juni 1971 im Concertgebouw Amsterdam der vielköpfigen Gesellschaft sein Bekenntnis „Je crois en Dieu!" zurief (Rößler 1985, 40). Dass er diesen Grundsatz sogleich trinitarisch erläutert und mit etlichen seiner Werke differenziert belegt hat, ist charakteristisch für ihn. Er trennte nicht zwischen Person und Werk, sondern verstand viele seiner Kompositionen als persönliches Glaubenszeugnis, als eine klingende Theologie. Überdies berichtete er nicht ohne Stolz von seiner tausend Bände umfassenden theologischen Bibliothek, die es ihm erlaubt hat, anregende Gespräche mit Theologen zu führen.

Bereits mit 22 Jahren wurde er, am Instrument Orgel eigentlich noch ein Neuling, doch mit zahlreichen Empfehlungen ausgestattet, zum jüngsten Titularorganisten Frankreichs berufen. Anfängliche Bedenken, dass er zu modern improvisieren könnte, zerstreuten sich offenbar schnell. Zudem gab es eine Regelung, wie die verschiedenen Messen mit Orgelmusik zu bestücken waren. Jeden Sonntag gab es eine Messe mit gregorianischem Choral, eine mit klassischer und romantischer Orgelmusik sowie die „Mittagsmesse", in der Messiaen vorwiegend eigene Werke spielte. Viele seiner Kompositionen für Orgel hat er selbst konzertant aufgeführt und auf Tonträger eingespielt. Alle musikalischen Aktivitäten Messiaens, der als Organist und Komponist, „Rhythmiker" und Ornithologe, Farbenmusiker und Verfasser von Texten über seine Werke tätig war, gehen einher mit seiner religiösen Praxis als Katholik, was etwa die Feier der Heiligen Messe und den Empfang des Beichtsakraments angeht. Mit dem Satz „Je joue le dimanche" (Ich spiele die Sonntagsmesse) pflegte er Anfragen nach sonntäglichen Verabredungen abschlägig zu beantworten. Und mit einem zweiten, oft zitierten Satz „Je suis né croyant" (Ich bin gläubig geboren) beschreibt er seine geradezu selbstverständliche Frömmigkeit.

Messe und Mystik

Das Thema der Messe begegnet uns häufig bei Messiaen, insgesamt aber dominieren eher das Kirchenjahr und die komponierte Eschatologie in Werken wie *Eclairs sur l'au-dela* (Streiflichter auf das Jenseits) oder *Couleurs de la cité céleste* (Farben der himmlischen Stadt) oder auch im berühmten *Quatuor pour la fin du temps* (Quartett auf das Ende der Zeit), komponiert 1941 in einem Kriegsgefangenenlager in der Nähe von Görlitz und gewidmet dem Engel im letzten Buch der Bibel, der verkündet, dass keine Zeit mehr sein wird, wenn die Ewigkeit anbricht. Hier spielen ekstatische Momente eine Rolle, etwa in Vortragsbezeichnungen wie „ekstatique" oder, in der Violinstimme des letzten Satzes, sogar „paradisiaque".

Ähnlich ekstatisch deutet Messiaen den Kommunionempfang im weihnachtlichen Zyklus *Vingt Regards sur L'Enfant-Jésus* (Zwanzig Blicke auf das Jesuskind). Der vor einer gewissen Süßlichkeit des Klangs nicht zurückschreckende XV. Satz, der „Kuss des Jesuskindes", ist von einem Bild der heiligen Thérèse von Lisieux (1873–1897) inspiriert und widmet sich dem Akt der mystischen Einung mitsamt Vorspiel. Messiaens Kommentar in der Notenausgabe lautet hier: „Bei jeder Kommunion schläft das Jesuskind bei uns nahe der Tür; dann öffnet er sie auf den Garten hin und stürzt sich ins volle Licht, um uns zu umarmen ...". All diese Stufen der religiös-mystischen Erfahrung erklingen in „wollüstiger" Klaviermusik! Wie sehr er sich in der Mystik auskennt, zeigt Messiaens Schlussgestaltung dieses Blickes. Auf den geradezu eruptiven „Kuss" folgt noch „der Schatten des Kusses" als Erinnerung, die das Verlangen neu weckt und so in der Sprache virtuosspiritueller Klaviermusik die mystische Dynamik von sehnsüchtiger Erwartung, ekstatischer Erfüllung und liebender Erinnerung erneut in Gang setzt.

Die Theologie von Dom Columba Marmion

Eine herausragende Rolle für Messiaens Komponieren spielt die durchweg liturgisch verankerte Mysterientheologie, wie sie ihm durch Werke Ernest Hellos (1828–1885) und vor allem durch Dom Columba Marmions (1858–1923) *Le Christ dans ses mystères* (Christus in seinen Geheimnissen) vermittelt worden ist. Dieses Buch hatte sein Beichtvater ihm empfohlen, als Messiaen in jungen Jahren Organist der Kirche Sainte Trinité geworden war. Oftmals sind Marmions Auslegungen der Schlüssel zu den umstrittenen spirituellen Kommentaren am Beginn etlicher Werke, die Messiaen als der jeweiligen Komposition unbedingt zugehörig erachtet und die er oftmals bei Uraufführungen auch selbst rezitiert hat.

Bezeichnend für Messiaen ist seine Gabe, sowohl im „Buch der Bibel" als auch im „Buch der Natur" zu lesen. Er verbindet die beiden „Bücher" mit immer neuen Brückenschlägen, etwa wenn er einen Satz des *Quatuor* als „Liturgie du cristal" (Kristallene Liturgie) betitelt. Feiern vielleicht auch die Kristalle ihre Liturgie? Ähnlich wie die Sphären Musik machen, auch wenn wir sie nicht hören? Hier sind keine hieb- und stichfesten Erkenntnisse mehr möglich, sondern eher zeugnishaft-poetische Bemerkungen, die weite Horizonte öffnen. In diesem Sinne sagt Olivier Messiaen, er suche nach „einer Musik, die ein neues Blut, eine zeichenhafte Geste, ein unbekannter Duft, ein Vogel ohne Schlaf sein soll; einer Kirchenfenster-Musik, einem Kreisen von komplementären Farben; einer Musik, die das Ende der Zeit, die Allgegenwart, die verklärten Leiber und die göttlichen wie übernatürlichen Mysterien ausdrückt; einem ‚theologischen Regenbogen'." (Walter 2007, 592)

Das abendfüllende „Orgel-Mess-Buch"

Zum Thema der Messe hat Messiaen in seinen letzten Lebensjahren – nach der großen Oper über den heiligen Franziskus – den abendfüllenden Orgelzyklus mit dem Titel *Livre du Saint Sacrement* in 18 Sätzen komponiert. Das ist sein „Schlusswort" zum Orgel-Thema wie zur Eucharistie in der Sprache seiner Musik. Von vielen Worten der Bibel, Liturgie und Theologie ausgehend, entwirft er Orgel-Betrachtungen, die allesamt unter dem von Thomas von Aquin stammenden Motto „Adoro te" (I) stehen, wobei er dem Eröffnungssatz zudem das von der ersten Hymnuszeile „Adoro te devote, latens Deitas" (1263/64) abgeleitete „Je vous adore, ô divinité cachée!" voranstellt, die im Gebet- und Gesangbuch *Gotteslob* „Gottheit tief verborgen, betend nah ich dir" (GL 497) heißt. Hochtheologische Aspekte wie die Lehre von der Transsubstantiation (XII) stehen neben biblischen Erzählungen wie der von Maria Magdalenas österlicher Begegnung mit dem Auferstandenen (XI). Auch alttestamentliche Motive wie das Manna als Vorbild der eucharistischen Speise (VI) sowie „komponierte Gebete" vor der Kommunion (XIV) und danach (XVI) sind mit im Spiel.

Offrande et Alleluia final

Ans Ende seines Opus summum für Orgel stellt Messiaen eine Art von *Sortie*, wie in den Messfeiern an den großen Pariser Kirchen üblich. Die Überschrift heißt *Offrande et Alleluia final*, Opfergabe und abschließendes Halleluja. Das Motto stammt aus dem berühmten Andachtsbuch *Nachfolge Christi* des Thomas von Kempen (1380–1471), näherhin aus dem vierten Buch, Abschnitt XVII. Messiaen zitiert die französische Übersetzung mit dem Wortlaut „Je vous offre Seigneur, tous les transports d'amour et de joie, les extases, les ravissements, les révélations, les visions célestes de toutes les âmes saintes ...". Eine deutsche Übertragung könnte lauten: „Ich bringe vor dich, Herr, allen Liebestaumel und alle Freudenausbrüche, alle Ekstasen, Verzückungen, Erleuchtungen, die himmlischen Visionen aller Seelen der Heiligen ...".

Mit „Offrande" nennt Messiaen ein überaus wichtiges Wort im Zusammenhang der Messe. Es meint „Hingabe" in einem gegenseitigen Sinn. Am wichtigsten ist, wie wir bereits beim Lied zur Gabenbereitung *Nimm, o Gott, die Gaben, die wir bringen* gesehen haben, Jesu Hingabe, sein „Opfer", auf das wir menschlich antworten. Paul Gerhardt (1607–1676) sagt es aus lutheri-

scher Perspektive im Kirchenlied *Ich steh an deiner Krippen hier*
mit den Worten: „Ich komme, bring und schenke dir, was du
mir hast gegeben." (GL 256,1) Hier geht es um das persönliche
„Dankopfer", was Messiaen vermutlich zu wenig wäre. Er will jedoch spirituelle „Engführungen" vermeiden. Deshalb ist Dorothee Bauer zuzustimmen, die feststellt: „Messiaen greift somit
gerade nicht den scholastischen Opferbegriff auf, der das Kreu-
zesopfer Christi einseitig betont, sondern bestimmt die Opfergabe umfassend als großes Lob- und Dankopfer, das bereits hier
an der himmlischen Festfreude Anteil nimmt." (Bauer 2015, 295)
Messiaens Verständnis von „Offrande" verbindet das „Hier
und jetzt", etwa die heutige Messfeier, mit der Fülle aller Danksa-
gungen. Ort und Zeit scheinen ein letztes Mal überwunden! Und
was wäre als ein alles zusammenfassender „Schlussakkord" geeigneter als dieses „Alleluia final"? Das entspricht zugleich dem
„Lumen Christi" im Orgelwerk von Jean Langlais, mit dem wir
dieses Buch begonnen haben. Freilich darf bei dieser Kulmina-
tion mit eschatologisch-himmlischer „Note" auch die Geste der
„Sendung in die Welt" keineswegs vergessen werden. Messiaen
vergisst sie nicht. Denn sein ganzes Leben bezeugt sie.

Wie klingt das „Opfer" bei Messiaen?

„Offrande" meint für Messiaen „alle Gebete aller Heiligen". Was
hören wir? Zunächst den „Akt der Darbringung", einstimmig gespielt vom Kornett-Register – wobei Messiaen „chanté" schreibt,
weil die Orgel hier „singen" darf. Gespreizte Intervalle öffnen
einen weiten Klangraum, der sich am Ende auf *b-e* „einpendelt":
Den Tritonus, im Barock noch als „diabolus in musica" bezeichnet, versteht Messiaen als vollkommen, weil er die Oktav genau
in der Mitte teilt. Die traditionelle Unterscheidung von Konsonanz und Dissonanz gibt es ohnehin nicht mehr, wenn alle
„Sonanzen" ihre Schönheit entfalten dürfen. Immer aber gilt in
solchen Sätzen Messiaens Devise: „Ehre der Melodie, der melodischen Phrase!" Die Einstimmigkeit meint hier „Schlichtheit und
Demut" (Bauer 2015, 296) als Gestik der Hingabe. Und nicht weniger wichtig als der „Gesang" sind die ihn gliedernden Pausen.

Jedes Nachklingen wird zur Möglichkeit des Nachsinnens, das Singen schlägt um ins Hören: „Diese stillen Momente sind charakteristisch für die letzte kompositorische Epoche Messiaens." (Piqué i Collado 2008, 116)

Auf die Hingabe in schlichter Einstimmigkeit folgt der Dank aller Heiligen in zwei weiteren „Tonsprachen", die sich fortan abwechseln: zunächst eine eruptive Passage, in der Aufwallungen manualiter jeweils von einem majestätischen Pedal-Motiv „kommentiert" werden und die zu Bausteinen einer „brillianten Toccata" der Freude werden; dann flirrende einstimmige, in Oktaven zu spielende Motive, die wie von ferne an die „Vogelkonzerte" Messiaens und auch ein wenig an gregorianische Motive erinnern. Der Komponist spricht hier von „Halleluja-artigen Läufen". Wiederum liest Messiaen in beiden Büchern: im Buch der Bibel mitsamt dem Messbuch – und auch im „Buch der Natur", bei dem ihm das „Kapitel" der Vogelstimmen zeitlebens so wichtig war, dass er es unter anderem in einen abendfüllenden Klavierzyklus mit dem Titel *Catalogue des oiseaux* gefasst hat. Auch im *Livre du Saint Sacrement* wird die gegenseitige Inspiration zwischen Liturgie und Natur zu einer Art Synthese, wenn am liturgisch-kosmischen Halleluja auch die Vogelstimmen mitwirken.

Mit dabei sind überdies alle Heiligen, deren Hingabe hier zu Musik werden soll. Messiaen nennt oftmals ihr ganzes „Ensemble" im Sinne von „Allerheiligen". Und doch lassen sich, wenn wir andere seiner Werke mit heranziehen, sogar bestimmte Personen identifizieren. Beim oben zitierten *Kuss des Jesuskindes* aus dem Klavierzyklus *Vingt Regards* war es die „kleine" Thérèse. In der Franziskus-Oper hören wir ein diesem Orgelstück vergleichbares Postcommunio-Gebet, das dem großen Kirchenlehrer Thomas von Aquin zugeschrieben wird:

„O ewiger Gott, allmächtiger Vater, lass mich ein wenig nur von dem unaussprechlichen Festmahl kosten, in welchem du mit deinem Sohn und dem Heiligen Geist für deine Heiligen das wahre Licht, der Gipfel der Wonnen und die vollkommene Glückseligkeit bist! Zeige mir, wie groß die Überfülle an Zartheit ist, die du denen vorbehalten hast, die dich fürchten." (Bauer 2015, 303)

Besondere Übersetzung der „Freude" in die Musik

Der spirituelle „Kontrapunkt" zu dieser geradezu intimen Zartheit sind die ekstatischen Freudenausbrüche, die Messiaen, etwa im Orgelwerk L'Ascension über Christi Himmelfahrt, „Transports de joie" nennt. Er war von beiden Facetten des religiösen Lebens gleichermaßen fasziniert, von der mystischen Innigkeit ebenso wie vom extrovertierten Überschwang. Im Livre du Saint Sacrement ist beim Thema der Freude noch eine weitere Besonderheit seiner Kompositionstechnik zu hören und vor allem in den Noten zu sehen: Messiaen hat mit immer wieder neuen Mitteln versucht, Worte und Klänge möglichst integrativ zu verbinden. Wie geht das? Am einfachsten gelingt es in der Vokalmusik, wenn Texte nicht gesprochen, sondern gesungen werden. Zudem hat Messiaen oft „Motto"-Texte den Noten vorangestellt und diese dann im Konzert rezitiert.

Eine weitere, eher indirekte Möglichkeit, die er hier in Offrande et Alleluia final anwendet, ist die verschlüsselte Textierung, die den Tönen und Klängen bestimmte Buchstaben zuordnet, so dass eine Art „klingendes Alphabet" zur Verfügung steht. Mit diesem Verfahren, das er „Langage communicable" nennt, hat er im Orgelzyklus Méditations sur le Mystère de la Sainte Trinité ganze Textpassagen aus Werken des Thomas von Aquin in Musik „übersetzt", was aber insgesamt wohl doch nicht ganz befriedigend war, so dass diese Kompositionsmethode später zur besonderen Ausnahme wird. Hier im Schlusssatz seines letzten Orgelwerkes beschränkt er sich auf wenige Begriffe wie „Resurrection" (Auferstehung) oder „Parousie" (Wiederkunft), die sehr plakativ erklingen. Dazu zählt auch das Wort „LA JOIE", die Freude, und zwar mit den einstimmig-markanten Tönen L(es)-A(a)-J(fis)-O(h)-I(dis)-E(e), wobei das betonte „O" auf h einen ganzen Takt einnimmt.

Messiaen spricht von der „Proklamation des Wortes ‚La joie' beim Abschluss im Fortissimo". Dieser Schluss versammelt seine bevorzugten „Vokabeln" der Ekstase in toccatischer Manier: Die Kraft ungestümer Läufe „très vif" entlädt sich in sieben von Pausen gegliederten wuchtigen Akkordschlägen. Dann folgen in den drei letzten Takten zunächst eine im doppelten fortissimo „ffff" zu spielende barsche Abwärtsbewegung mit vier Sechzehnteln manualiter, die auf dem tiefsten Ton des Pedals wie ein Blitz einschlagen. Nachdem dieses letzte C einen Takt lang wie ein Schlusspunkt „solistisch" zu hören war, klingt es im Pausen-Schlusstakt mit Fermate nach – bis im Konzert der Applaus für die gesamten zweistündigen „Orgel-Exerzitien" zum Thema der Eucharistie einsetzt oder womöglich eine Messfeier mit diesem letzten Satz des Orgel-Mess-Buches von Olivier Messiaen beschlossen wird.

Konkrete Sendung und universale Weitung

In diesem Kapitel zum Abschluss der Messe mit dem Kirchenlied Gott sei gelobet und gebenedeiet und Messiaens Orgelstück Offrande et Alleluia final sind uns etliche Epochen der Musik begegnet. Die dem deutschsprachigen Lied zugrunde liegende lateinische Fronleichnamssequenz gehört in den Bereich des gregorianischen Chorals. Dieser war für Messiaen die Grundlage aller liturgischen Musik. Sein „Gegenstück" ist der lutherische Choral im Sinne des Kirchenlieds. Eine zweite Facette ist die theologische Musik außerhalb der Liturgie. Dazu gab es in diesem Buch zahlreiche Beispiele von Händels Messias bis zu Rossinis Petite Messe solennelle. Entscheidend ist, dass hier ein Publikum in oftmals säkularen Kontexten mit „musikalischer Theologie" in Berührung kommt.

Dieser zweite Aspekt öffnet sich schließlich zum dritten hin, den Messiaen als „Musik des Geblendetseins" (éblouissement) charakterisiert. Damit benennt er die Möglichkeit der Musik zum Transzendieren. In der „Zeitkunst" Musik soll musikalisch-ekstatisch die Zeit überwunden werden. Das lässt sich nicht „herstellen" wie andere Eigenschaften der Musik! Doch es kann sich ereignen im Zusammenspiel etlicher Komponenten: Werk und Komponist, Zeit und Ambiente, Bereitschaft der Hörerinnen und Hörer, um nur einiges zu nennen. Ekstase und Andacht finden zueinander. Aber nicht die Musik steht im Zentrum, sondern das, was sie vorbereiten will. Messiaen erinnert daran, wie sie uns zeigt, „dass Gott jenseits von Worten, Gedanken und Konzepten ist, jenseits von unserer Erde und unserer

Sonne …". Indem sie Christus preisen, helfen die Klänge uns, „besser zu leben, besser unseren Tod, besser unsere Auferstehung von den Toten und das neue Leben, das uns erwartet, vorzubereiten." Die Töne sind für Messiaen „ein hervorragender ‚Durchgang', ein hervorragendes ‚Vorspiel' zum Unsagbaren und Unsichtbaren." (Rößler 1984, 69)

„… und das vielleicht Wunderbarste ist die Eucharistie"

Jetzt könnte man denken, dass Olivier Messiaen alles in die Zukunft verlagert. Dem ist aber nicht so, weil er mit den Themen Inkarnation und Eucharistie zugleich die Gegenwart bedenkt. Zur Inkarnation sagt er: „Das ist der schönste Aspekt der Gottheit: das Geheimnis der Inkarnation, und deshalb bin ich Christ. Dabei denke ich nicht an Unterschiede zwischen Orthodoxen, Protestanten, Katholiken – Christ ist derjenige, der begreift, dass Gott gekommen ist." Zur Messfeier ergänzt er: „Wieviel schöner ist es, anstelle eines wunderbaren, aber fernen Gottes an einen zu glauben, der versucht hat, sich unseren Sinnen mit unseren Mitteln verständlich zu machen. Und das vielleicht Wunderbarste ist die Eucharistie, wo er uns seinen Leib zugänglich macht. Und dieser Leib bleibt bei uns und er war nicht nur unter uns, er hat ihn uns gelassen. Und doch ist seit der Himmelfahrt dieser Leib Teil der Gottheit, der doch nur ein nichtiger Menschenleib war. Das ist eine absolut wunderbare Sache, und deshalb bin ich katholischer Christ." (Rößler 1984, 103f.)

Ein letzter Gedanke zum Schluss

Ans Ende unseres Durchgangs durch den „Klangraum der Messe" soll ein abschließender Gedanke gestellt werden. In seinen „Fliegenden Blättern von Kult und Gebet" schildert der Dichter und Theologe Christian Lehnert die christliche Liturgie als ein dramatisches Geschehen, das auf Katharsis und Heiligung, auf Transformation und Wandlung zielt. Er schreibt: „Mehrstimmigkeit, innere Spannungen und die Verflechtung von Zeitebenen, aber vor allem die szenische Grundkonstellation von Chor und einem Einzelnen, der sich je sprechend und singend aus der Menge löst und handelt, zeigen die Verwandtschaft mit der griechischen Tragödie." (Lehnert 2017, 153) Für Lehnert entstammt die lateinische Messe zwei Herkunftsorten: zum einen der jüdischen Erinnerungskultur und ihrer Aufforderung, im Erzählen den großen Heilstaten Gottes eingedenk zu sein, und zum anderen „der Vergegenwärtigungsweise tragischer Unterbrechungen des Chronos, wie man sie aus dem antiken Theater kennt." (Ebd.) So sehr mit diesen Worten die Sinnlichkeit und Dramatik des Gottesdienstes im Sinne eines heiligen Spiels neu entdeckt und betont wird, warnt der Theologe zugleich vor der Versuchung, durch Dramaturgie Gottesbegegnung „erzeugen" zu können. Liturgie generell und die Messe im Besonderen sind ein ganzheitliches Geschehen, das den Menschen mit allen Sinnen anrühren und zum Lobpreis Gottes anstimmen will; zugleich bleibt Gottesbegegnung aber immer etwas Unverfügbares. Er schreibt: „Die Liturgie ist ja nicht selbst religiöse Erfahrung (...) Der Kult im Christentum ist ein Gedächtnis, mithin nur ein Gefäß, in dem sich religiöse Erfahrung ereignen kann. (...) Der Modus der liturgischen Vielsprachigkeit (aus Tönen und Worten und Gesten und Farben und Stoffen und Lichtern) ist der Konjunktiv." (Ebd., 158f.) Aber damit es diesen Konjunktiv gibt, muss Gottesdienst als lebendige und fruchtbare Feier begangen werden.

Die Messe ist kein Theater, gleichwohl ihr Inhalt immer ein Drama darstellt, die Feier des Pascha-Mysteriums Jesu Christi, der Hindurchgang des Sohnes Gottes durch den Tod in das Leben. Liturgische und musikalische Theologie ist daher auch Negative Theologie, der ein Paradoxon zugrunde liegt: Gott, der im Wirken seines Geistes präsent ist, allerdings weder hörbar noch sichtbar, braucht Zeichen der Repräsentation, die an sein Heilshandeln erinnern und Heiligung bewirken. Es ist also der immanente Anspruch religiöser Inszenierung, nicht irgendetwas, sondern den Glauben an den einen Gott Israels, den Vater Jesu Christi, aufzuführen, die eine systematische Skepsis auf den Plan ruft. Sie sucht in der Vielfalt gottesdienstlicher Überlieferungen aller Zeiten und Kulturen, in den Sakramenten wie den

31 Olivier Messiaen und Almut Rößler an der Beckerath-Orgel der Johanneskirche Düsseldorf, Messiaen-Fest 1968 (Foto: Hans Lachmann).

Geistlichen Spielen, in den Gebeten wie der Musik, im Wort wie im Gestus nach der *einen* Überlieferung Gottes selbst. Auch wenn man durch das Dramatische dem Heilshandeln Gottes nichts Neues hinzufügen kann, so muss es doch in neuen Kontexten und im Zusammenspiel mit je anderen Lebenswelten sinnlich und sinnstiftend erfahrbar bleiben. Wo der menschliche Hang zur Selbstdarstellung im liturgischen Vollzug heilvoll und spielerisch unterbrochen wird, dort *kann* Gottes Geist Raum greifen. Die Messe auf diese Weise musikalisch und liturgisch zu feiern, ist letztlich eine hohe Kunst.

Anhang

Literaturverzeichnis sowie Hinweise auf
Notenausgaben und musikalische Einspielungen
der besprochenen Werke auf Tonträgern
(CD, DVD) und im Internet

A Literaturhinweise

Die Literaturhinweise sind, jeweils alphabetisch, in zwei Abschnitte gegliedert. Im ersten Abschnitt nennen wir grundlegende theologische und musikwissenschaftliche Literatur, im zweiten spezielle, vor allem musikwissenschaftliche Titel zu den einzelnen Werken. Zitate, die aus den theologischen sowie aus den überblicksartigen musikwissenschaftlichen Publikationen stammen, sind daher im ersten Abschnitt des Literaturverzeichnisses zu verifizieren. Nur selten, wenn nämlich musikwissenschaftliche Publikationen in mehreren Kapiteln zitiert werden, sind auch diese Titel in Teil I des Literaturverzeichnisses zu finden. Die Angaben nach dem jeweiligen Zitat in Klammern beziehen sich auf: Autor, Publikationsjahr und Seitenzahl.

I Allgemeine theologische und musikwissenschaftliche Literatur

Allgemeine Einführung in das Messbuch. In: Die Meßfeier – Dokumentensammlung. Auswahl für die Praxis, hrsg. vom Sekretariat der Deutschen Bischofskonferenz (Arbeitshilfen 77). Bonn ^{12}2015, S. 7–89. [Abgekürzt: AEM]

Berger, Rupert: Die Feier der Heiligen Messe. Eine Einführung. Freiburg i. Br. 2009.

Die Messe. Mit einer Einleitung von Walter Blankenburg und weiterführender Literatur von Peter Tenhaef (edition MGG. Musikalische Gattungen in Einzeldarstellungen 2). Kassel 1985.

Emminghaus, Johannes H.: Die Messe. Wesen – Gestalt – Vollzug. Durchges. u. überarb. v. Theodor Maas-Ewerd (Schriften des Pius-Parsch-Instituts 1). Klosterneuburg ^{6}1997.

Georgiades, Thrasybulos G.: Musik und Sprache. Das Werden der abendländischen Musik dargestellt an der Vertonung der Messe (1954). Neuausgabe mit einem Vorwort von Hans-Joachim Hinrichsen. Darmstadt 2008.

Gerhards, Albert: Deuten und Bedeuten. Zum Wechselspiel von Predigt und Sonntäglicher Eucharistiefeier. In: Roth, Ursula / Schöttler, Heinz-Günther / Ulrich, Gerhard (Hrsg.): Sonntäglich. Zugänge zum Verständnis von Sonntag, Sonntagskultur und Sonntagspredigt (Festschrift Ludwig Mödl / Ökumenische Studien zur Predigt 4). München 2003, S. 159–168.

Grün, Anselm: Meine Musik-Rituale. Wie Musik uns verwandelt. Kassel 2021.

Grundordnung des römischen Messbuchs. Vorabpublikation zum Deutschen Messbuch (3. Auflage), hrsg. vom Sekretariat der Deutschen Bischofskonferenz (Arbeitshilfen 215). Bonn 2007.

Haunerland, Winfried (Hrsg.): Mehr als Brot und Wein. Theologische Kontexte der Eucharistie (Würzburger Theologie 1). Würzburg 2005.

Hermans, Jo: Die Feier der Eucharistie. Erklärung und spirituelle Erschließung. Regensburg 1984.

Hoping, Helmut: Die Brotbitte des Vaterunsers und die Eucharistie, in: Bärsch, Jürgen/Kopp, Stefan/Rentsch, Christian (Hrsg.): Ecclesia de Liturgia. Zur Bedeutung des Gottesdienstes für Kirche und Gesellschaft (Festschrift Winfried Haunerland). Regensburg 2021, S. 155–168.

Hoping, Helmut: Mein Leib für euch gegeben. Geschichte und Theologie der Eucharistie. Freiburg i. Br. ^{2}2015.

Jeggle-Merz, Birgit/Kirchschläger, Walter/Müller, Jörg (Hrsg.): Luzerner Biblisch-Liturgischer Kommentar zum Ordo Missae. 3 Bde. Stuttgart 2014–2016.

Jeggle-Merz, Birgit/Kirchschläger, Walter/Müller, Jörg (Hrsg.): Mit der Bibel die Messe verstehen. Bd. 1: Die Feier des Wortes Gottes. Bd. 2: Die Feier der Eucharistie. Stuttgart 2015–2017.

Jilek, August: Das Brotbrechen. Eine Einführung in die Eucharistiefeier (Kleine Liturgische Bibliothek 2). Regensburg 1994.

Jungmann, Josef Andreas: Missarum Sollemnia. Eine genetische Erklärung der römischen Messe. Wien ^{5}1962.

Jungmann, Josef Andreas: Wortgottesdienst im Lichte von Theologie und Geschichte. 4., umgearbeitete Auflage der „Liturgischen Feier". Regensburg 1965.

Kaspar, Peter Paul: Ein großer Gesang. Musik in Religion und Gottesdienst. Graz u.a. 2002.

Klöckener, Martin/Spichtig, Peter (Hrsg.): Leib Christi sein – feiern – werden. Ort und Gestalt der Eucharistiefeier in der Pfarrei. Freiburg/Schweiz 2006.

Koch, Jakob Johannes: Traditionelle mehrstimmige Messen in erneuerter Liturgie – ein Widerspruch? Regensburg 2002.

Lehnert, Christian: Der Gott in einer Nuß. Fliegende Blätter von Kult und Gebet. Berlin 2017.

Leuchtmann, Horst/Mauser, Siegfried (Hrsg.): Messe und Motette (Handbuch der musikalischen Gattungen 9). Laaber 1998.

Maas-Ewerd, Theodor/Richter, Klemens (Hrsg.): Gemeinde im Herrenmahl. Zur Praxis der Meßfeier (Festschrift Emil J. Lengeling / Pastoralliturgische Reihe in Verbindung mit der Zeitschrift „Gottesdienst"). Freiburg i. Br. 1976.

Meyer-Blanck, Michael: Gottesdienst – Dramaturgie und Erlebnis: Einführung und theoretische Grundlegung. In: Thema: Gottesdienst 17 (2001), S. 5–17.

Marthé, Peter Jan (Hrsg.): Die Heilige Messe. Kultisch, szenisch, sinnlich, mystisch. Würzburg 2011 (incl. CD-Mitschnitt der „erdwärtsmesse" für Gemeindegesang, Bariton, Chor, Bläser, Schlagwerk und Orgel aus dem Dom zu Brixen 2010).

Messbuch für die Bistümer des deutschen Sprachgebietes. Authentische Ausgabe für den liturgischen Gebrauch. Kleinausgabe. Das Messbuch deutsch für alle Tage des Jahres (Die Feier der heiligen Messe). Einsiedeln u.a. ^{2}1988.

Meßner, Reinhard: Einführung in die Liturgiewissenschaft (UTB für Wissenschaft 2173). Paderborn ²2009.

Meßner, Reinhard/Nagel, Eduard/Pacik, Rudolf (Hrsg.): Bewahren und Erneuern. Studien zur Meßliturgie (Festschrift Hans Bernhard Meyer/Innsbrucker theologische Studien 42). Innsbruck 1995.

Meyer, Hans Bernhard: Eucharistie. Geschichte, Theologie, Pastoral. Mit einem Beitrag von Irmgard Pahl (Gottesdienst der Kirche 4). Regensburg 1989.

Nagel, Eduard: Gottes Wort feiern. Der Wortgottesdienst der Messfeier. Trier 2000.

Nagel, Eduard: Mehr als Brot und Wein. Der Kommunionteil der Messfeier. Trier 1999.

Nohl, Paul-Gerhard: Lateinische Kirchenmusiktexte. Geschichte – Übersetzung – Kommentar. Messe, Requiem, Magnificat, Dixit Dominus, Te Deum, Stabat Mater. Kassel 1996.

Odenthal, Andreas: Reiche Liturgie in der Kirche der Armen? Zum Überfluss gottesdienstlichen Handelns im Kontext einer diakonischen Pastoral, in: Theologische Quartalschrift 193 (2013), S. 282–290.

Patsch, Jakob: … als er das Brot brach. Gehalt und Gestalt der Eucharistiefeier. Innsbruck 2011.

Saberschinsky, Alexander: Einführung in die Feier der Eucharistie. Freiburg i. Br. 2009.

Schmierer, Elisabeth: Geschichte der Messe. Eine Einführung (Gattungen der Musik 10). Laaber 2019.

Schreieck, Corinna: Fülle – Leere. Artifizielle Messkompositionen nach 1950 zwischen Tradition und Innovation. Baden-Baden 2017.

Stuflesser, Martin: Eucharistie. Liturgische Feier und theologische Erschließung. Regensburg 2013.

Stuflesser, Martin/Winter, Stephan: Geladen zum Tisch des Herrn. Die Feier der Eucharistie (Grundkurs Liturgie 3). Regensburg 2004.

Wahle, Stephan/Hoping, Helmut/Haunerland, Winfried (Hrsg.): Römische Messe und Liturgie in der Moderne. Freiburg i. Br. 2016.

Walter, Meinrad: Kirchenmusik nach dem Zweiten Vatikanischen Konzil. Überblick, regionale Einblicke, Ausblick. In: Schmiedl, Joachim (Hrsg.): Der Tiber fließt in den Rhein. Das Zweite Vatikanische Konzil in den mittelrheinischen Bistümern (Quellen und Abhandlungen zur mittelrheinischen Kirchengeschichte 137). Mainz 2015, S. 241–263.

Welte, Bernhard: Wer an Gott glaubt, muss an alles glauben. Was bedeutet das in einer zerrissenen Welt? (1982/1991). In: Ders.: Wege in die Geheimnisse des Glaubens. Eingeführt und bearbeitet von Peter Hünermann (Gesammelte Schriften IV/2). Freiburg i. Br. 2007, S. 77–86.

Welte, Bernhard: Religionsphilosophie. Eingeführt und bearbeitet von Klaus Kienzler (Gesammelte Schriften III/1). Freiburg i. Br. 2008,.

Wersin, Michael: Reclams Führer zur lateinischen Kirchenmusik. Stuttgart 2006.

Zender, Hans: Geistliche Musik und Liturgie. Versuch eines Überblicks. In: Ders.: Happy New Ears. Das Abenteuer, Musik zu hören. Freiburg i. Br. 1991, S. 79–102.

II Spezielle musikwissenschaftliche Literatur zu den einzelnen Werken

Jean Langlais: Incantation pour un jour Saint

Busch, Hermann J.: Zur französischen Orgelmusik des 19. und 20. Jahrhunderts. Ein Handbuch (Studien zur Orgelmusik 4). Bonn 2011, S. 217–243.

Jaquet-Langlais, Marie-Louise: Jean Langlais. Un Indépendant. Essai sur son oeuvre d'Orgue (Reihe L'Orgue. Cahiers et Mémoires 8). Paris ²1987.

Jaquet-Langlais, Marie-Louise: Jean Langlais. Ombre et Lumière. Paris 1995.

Kagl, Stefan/Maurer, Daniel/Schauerte-Maubouet, Helga: Drei Beiträge zu Jean Langlais unter der Überschrift „Souvenirs I–III". In: Organ. Journal für die Orgel 10 (2007), Heft 4, S. 12–27.

Labounsky, Ann: Jean Langlais. The Man and his Music. Portland 2000.

Schauerte-Maubouet, Helga: Die Orgelwerke von Jean Langlais. In: Faber, Rudolf/Hartmann, Philip (Hrsg.): Handbuch Orgelmusik. Komponisten, Werke, Interpretation. Kassel 2002, S. 433–437.

Georg Friedrich Händel: Römisches Gloria und Glory to God aus dem Oratorium Messias

Erhardt, Tassilo: Messiah (HWV 56). In: Zywietz, Michael (Hrsg.): Händels Oratorien, Oden und Serenaten (Händel-Handbuch 3). Laaber 2010, S. 311–327.

Heymel, Michael: Messias-Dichtungen und Jesus-Romane. In: Musik und Kirche 89 (2019), S. 372–375.

Marx, Hans Joachim: Ein unbekanntes Gloria in excelsis Deo von Händel. In: Ders.: Händel und die geistliche Musik des Barockzeitalters. Eine Aufsatzsammlung. Laaber 2013, S. 93–107.

Nohl, Paul-Gerhard: Geistliche Oratorientexte. Entstehung – Kommentar – Interpretation. Der Messias, Die Schöpfung, Elias, Ein deutsches Requiem. Kassel u. a. 2001, S. 19–134.

Waczkat, Andreas: Georg Friedrich Händel. Der Messias (Bärenreiter-Werkeinführung). Kassel u. a. 2008.

Walter, Meinrad: Adventsfeier mit Händels „Messiah". Ein Vorschlag zur liturgischen Aufführungspraxis. In: Musik und Kirche 89 (2019), S. 380f.

Zweig, Stefan: Georg Friedrich Händels Auferstehung (Sternstunden der Menschheit). Ostfildern 2013.

Louis Lewandowski: Der Herr ist mein Hirte (Psalm 23)

Izsák, Andor: „Liebe macht das Lied unsterblich". Booklet-Einführung zur CD Louis Lewandowski: Eighteen Liturgical Psalms. Hungarian Radio Choir. Leitung: Andor Izsák. Label Deutsche Grammophon (2020), S. 8–11.

Nemtsov, Jascha: Musik im jüdischen religiösen Leben. Internet-Themenportal „Kirchenmusik – Musik in Religionen" beim Musikinformationszentrum des Deutschen Musikrats: https://themen.miz.org/kirchenmusik/musik-juedisches-religioeses-leben-nemtsov

Nemtsov, Jascha / Simon, Hermann: Louis Lewandowski. „Liebe macht das Lied unsterblich!" (Jüdische Miniaturen 114). Berlin 2011.

Wolfgang Amadé Mozart: Halleluja aus der Motette Exsultate, jubilate

Bachmann, Ingeborg: Malina. Roman (Teil des unvollendeten Romanzyklus' „Todesarten"). In: Koschel, Christine / von Weidenbaum, Inge / Münster, Clemens (Hrsg.): Werke, Bd. 3. Todesarten: Malina und unvollendete Romane. München 1978, S. 9–337.

Bachmann, Ingeborg: Die wunderliche Musik. In: Koschel, Christine / von Weidenbaum, Inge / Münster, Clemens (Hrsg.): Werke, Bd. 4. Essays, Reden, Vermischte Schriften, Anhang. München 1978, S. 45–58.

Konrad, Ulrich: Frömmigkeit und Kirchenmusik. Gedanken zum „geistlichen" Mozart. In: Herten, Joachim / Röhring, Klaus (Hrsg.): Wie hast Du's mit der Religion? Wolfgang Amadeus Mozart und die Theologie. Würzburg 2009, S. 43–59.

Münster, Robert: Die beiden Fassungen der Motette „Exsultate, jubilate" KV 165. In: Schmid, Manfred Hermann (Hrsg.): Mozart Studien. Bd. 2. Tutzing 1993, S. 119–133.

Ortheil, Hanns-Josef: Das Glück der Musik. Vom Vergnügen, Mozart zu hören. München 2006.

Walter, Meinrad: Musikalische Sprache des Glaubens. Perspektiven theologischer Mozartforschung. In: Herten, Joachim / Röhring, Klaus (Hrsg.): Wie hast Du's mit der Religion? Wolfgang Amadeus Mozart und die Theologie. Würzburg 2009, S. 191–202.

Heinrich Schütz: Der Gerechten Seelen sind in Gottes Hand aus den Musikalischen Exequien (Begräbnis-Missa)

Breig, Werner: Heinrich Schütz' „Musikalische Exequien". Überlegungen zur Werkgeschichte und zur textlich-musikalischen Konzeption. In: Schütz-Jahrbuch 11 (1989), S. 53–68.

Breig, Werner: Von der „Sterbens-Erinnerung" zur „Teutschen Missa" und vom „Wercklein" zum Werk. Zur Entstehungs- und Rezeptionsgeschichte von Schütz' „Musikalische Exequien". In: Schütz-Jahrbuch 41 (2019), S. 21–35.

Eggebrecht, Hans Heinrich: Heinrich Schütz. Musicus poeticus (1959). Verbesserte und erweiterte Neuausgabe Wilhelmshaven 1984.

Henning, Rudolf: Zur Textfrage der „Musicalischen Exequien" von Heinrich Schütz. In: Internationale Heinrich-Schütz-Gesellschaft (Hrsg.): Sagittarius. Beiträge zur Erforschung und Praxis alter und neuer Kirchenmusik. Bd. 4. Kassel 1973, S. 44–57.

Karg, Heike (Transkription und Kritischer Bericht): Die Sterbens-Erinnerung des Heinrich Posthumus Reuß (1572–1635). Konzeption seines Leich-Prozesses. Aktenband Cb Nr. 4 im Bestand Gemeinschaftliche Regierung Gera des Thüringischen Staatsarchivs Greiz. Bad Köstritz 1997.

Karg, Heike: Das Leichenbegängnis des Heinrich Posthumus Reuß 1636 – Ein Höhepunkt des protestantischen Funus (Kasseler Studien zur Sepulkralkultur 17). Kassel 2010.

Küster, Konrad: Musik im Namen Luthers. Kulturtraditionen seit der Reformation. Kassel 2016.

Pickerodt, Gerhart: Der tönende Sarg. Heinrich Schütz' „Musikalische Exequien" im Ereigniszusammenhang eines Fürsten-Todes. In: Schütz-Jahrbuch 16 (1994), S. 27–37.

Staehelin, Martin: Heinrich Schütz. Musikalische Exequien. Von der funktionalen Beisetzungs- zur Bekenntnismusik. In: Hinrichsen, Hans-Joachim / Lütteken, Laurenz (Hrsg.): Meisterwerke neu gehört. Ein kleiner Kanon der Musik. 14 Werkporträts, Kassel u. a. 2004, S. 33–56.

Steiger, Renate: „Der Gerechten Seelen Sind In Gottes Hand". Der Sarg des Heinrich Posthumus Reuß als Zeugnis lutherischer Ars moriendi. In: Stein, Ingeborg (Hrsg.): Diesseits- und Jenseitsvorstellungen im 17. Jahrhundert. Jena 1996, S. 189–212.

Stein, Ingeborg: „Christus, dir lebe ich". Die Sterbenserinnerung des Heinrich Posthumus Reuß in Musik versetzt durch Heinrich Schütz (Musikikonographische Veröffentlichungen zu Heinrich Schütz 1). Bad Köstritz 1998.

Leonard Bernstein: I believe in one God aus Mass. A Theatre Piece for Singers, Players and Dancers

Bernstein, Leonard: Von der unendlichen Vielfalt der Musik (Neubearbeitung 1983). Mainz-München 1984.

Burton, Humphrey: Leonard Bernstein. Die Biographie. Aus dem Englischen von Harald Stadler. München 1994.

Gottwald, Clytus: Leonard Bernstein oder die Konstruktion der Blasphemie. In: Melos. Neue Zeitschrift für Musik 43 (1976), S. 281–284.

Gradenwitz, Peter: Leonard Bernstein. Unendliche Vielfalt eines Musikers. Mainz 2015.

Loos, Helmut: Leonard Bernsteins geistliche Musik. Chichester Psalms und Mass. In: Dusella, Reinhold / Loos, Helmut (Hrsg.): Leonard Bernstein. Der Komponist (Musik der Zeit 7). Bonn 1989, S. 93–110.

Scheibler, Alexandra: „Ich glaube an den Menschen". Leonard Bernsteins religiöse Haltung im Spiegel seiner Werke (Studien und Materialien zur Musikwissenschaft 22). Hildesheim 2001.

Walter, Meinrad: Blasphemie oder Mysterienspiel? Leonard Bernsteins „MASS. A Theatre Piece for Singers, Players and Dancers" (1971). In: Musik und Kirche 88 (2018), S. 278–279.

Felix Mendelssohn Bartholdy: Komponierte Gebete im Oratorium Elias

Eichhorn, Andreas: Felix Mendelssohn Bartholdy. Elias, Kassel u. a. 2005.

Nohl, Paul-Gerhard Nohl: Geistliche Oratorientexte. Entstehung – Kommentar – Interpretation. Der Messias, Die Schöpfung, Elias, Ein deutsches Requiem. Kassel u. a. 2001, S. 247–392.

Seidel, Wilhelm: Felix Mendelssohn Bartholdy. Elias. Über die religiöse und musikalische Konzeption des Oratoriums. In: Hinrichsen, Hans-Joachim/Lütteken, Laurenz (Hrsg.), Meisterwerke neu gehört. Ein kleiner Kanon der Musik. 14 Werkporträts. Kassel u. a. 2004, S. 156–180.

Theobald, Michael: Deus semper maior. Der Elias von Felix Mendelssohn Bartholdy, op. 70. In: Theologische Quartalschrift 198 (2018), S. 223–246.

Walter, Meinrad: Mendelssohns „Elias"-Oratorium. Musikalische Dramatik und komponiertes Gebet, in: Diakonia. Internationale Zeitschrift für die Praxis der Kirche 49 (2018), S. 176–181.

Raymund Weber/Andrew Lloyd Webber: Nimm, o Gott, die Gaben, die wir bringen

Bruhn, Siglind: Christus als Opernheld im späten 20. Jahrhundert. Waldkirch 2005.

Erwe, Joachim: „All You Need Is Love (The Beatles)". In: Songlexikon. Encyclopedia of Songs. Ed. by Michael Fischer, Fernand Hörner and Christofer Jost. Im Netz unter: http://www.songlexikon.de/songs/allyouneedislove, 11/2011 [revised 10/2013].

Reuber, Edgar: Werkanalyse der Rockoper Jesus Christ Superstar. Musikalisch-theologische Perspektiven. Halle 2007.

Walter, Meinrad: Nimm, o Gott, die Gaben, die wir bringen. In: Ders.: „Ich lobe meinen Gott …" 40 Gotteslob-Lieder vorgestellt und erschlossen. Freiburg i. Br. 2015, S. 91–94.

Weber, Raymund: „Der AK SINGLES und ich". Statements von AK-Mitgliedern. In: „Jubelt nicht unbedacht!" 1971–2021: 50 Jahre Arbeitskreis SINGLES. Eine Festschrift, hrsg. vom BDKJ-Diözesanverband Köln als Broschüre. Köln 2021, S. 63.

Johann Sebastian Bach: Sanctus aus der Messe h-Moll

Beuerle, Hans Michael: Wider das Angleichen. Anmerkungen zum Verhältnis von Aufführungspraxis und Interpretation. In: Schalz-Laurenze, Ute (Hrsg.): Spuren suchen, Spuren legen (Festschrift Nicolas Schalz). Bremen 2006, S. 251–288.

Blankenburg, Walter: Einführung in Bachs h-Moll-Messe. Kassel u. a. ^{5}1996.

Darmstadt, Hans: Johann Sebastian Bach. Messe in h-Moll. Analysen und Anmerkungen zur Kompositionstechnik mit aufführungspraktischen und theologischen Notizen (Dortmunder Bach-Forschungen 11). Dortmund 2012.

Jena, Günter: Vom Urschrei zum Urvertrauen. Bachs h-Moll-Messe. Erfahrungen und Gedanken eines Dirigenten. Book on Demand 2017.

Meyer, Ulrich: Johann Sebastian Bachs theologische Äußerungen. In: Musik und Kirche 47 (1977), S. 112–118.

Prinz, Ulrich: Johann Sebastian Bach. Messe H-Moll. „Opus ultimum" BWV 232. Vorträge der Meisterkurse und Sommerakademien J.S. Bach 1980, 1983 und 1989 (Schriftenreihe der Internationalen Bachakademie Stuttgart 3). Stuttgart 1990.

Petzoldt, Martin: Bach-Kommentar. Theologisch-musikwissenschaftliche Kommentierung der geistlichen Vokalwerke Johann Sebastian Bachs. Band IV: Messen, Magnificat, Motetten, hrsg. von Norbert Bolin unter Mitarbeit von Jochen Arnold, Christfried Brödel und Michael Beyer (Schriftenreihe der Internationalen Bachakademie Stuttgart 13.4). Kassel 2019, S. 84–89.

Walter, Meinrad: „Erschallet, ihr Lieder, erklinget, ihr Saiten!" Johann Sebastian Bachs musikalisch-lutherische Bibelauslegung im Kirchenjahr. Stuttgart 2014. Darin J.S. Bach und die Bibel, S. 9–21; Exkurs zur Missa h-Moll als Bachs „Kunst der Messe", S. 223–234.

Walter, Meinrad: Von Dresden 1733 bis Einsiedeln 1950. J.S. Bachs „Kunst der Messe" im Spiegel rezeptionsgeschichtlicher Benennungen und Deutungen. In: Höink, Dominik / Jacob, Andreas (Hrsg.): Musikwissenschaft und Theologie im Dialog. Johann Sebastian Bachs „h-Moll-Messe" und „Johannes-Passion". Hildesheim 2020, S. 203–246.

Wolff, Christoph: Johann Sebastian Bach. Messe in h-Moll (Bärenreiter-Werkeinführung). Kassel 2009.

Ludwig van Beethoven: Präludium und Benedictus aus der Missa solemnis

Assmann, Jan: Kult und Kunst. Beethovens Missa Solemnis als Gottesdienst. München 2020.

Fischer, Kurt von: Missa solemnis op. 123. In: Dahlhaus, Carl / Ringer, Alexander / Riehtmüller, Albrecht (Hrsg.): Beethoven. Interpretationen seiner Werke. 2 Bde, Laaber 1994, Bd. 2, S. 235–248.

Gülke, Peter: „mein Größtes Werk". Glaubensprüfung in Musik. Die Missa Solemnis. In: Ders.: „… immer das Ganze vor Augen". Studien zu Beethoven. Stuttgart u.a. 2000, S. 269–278.

Hiemke, Sven: Ludwig van Beethoven. Missa solemnis (Bärenreiter-Werkeinführung). Kassel 2003.

Hinrichsen, Hans-Joachim: „Ein Kranz aus unverwelklichen Sternen…". Zur Rezeption der Missa solemnis. In: Walter, Meinrad (Hrsg.): Ludwig van Beethoven. Missa solemnis (Wort // Werk // Wirkung – mit CD-Einspielung der Aufnahme 2019 unter Leitung von Frieder Bernius). Stuttgart 2019, S. 93–141.

Kirkendale, Warren: Beethovens Missa Solemnis und die rhetorische Tradition (1971). In: Finscher, Ludwig (Hrsg.): Ludwig van Beethoven (Wege der Forschung CDXXVIII). Darmstadt 1983, S. 52–97.

Koch, Jakob Johannes: „Von Herzen – Möge es wieder – zu Herzen gehn!". Der biografische und biblisch-theologische Hintergrund der Missa solemnis. In: Walter, Meinrad (Hrsg.): Ludwig van Beethoven. Missa solemnis (Wort//Werk//Wirkung – mit CD-Einspielung der Aufnahme 2019 unter Leitung von Frieder Bernius). Stuttgart 2019, S. 35–92.

Lodes, Birgit: Composing with a dictionary. Sounding the word in the Missa Solemnis. In: Jones, David Wyn/Chapin, Keith (Hrsg.): Beethoven Studies 4. Cambridge 2020, S. 189–208.

Loos, Helmut: E-Musik – Kunstreligion der Moderne. Beethoven und andere Götter. Kassel 2017.

Walter, Meinrad: „Mein Größtes Werk ist eine große Meße". Andacht, Drama und Transzendenz in Beethovens „Missa solemnis". In: Musik und Kirche 90 (2020), S. 156–160.

Arvo Pärt: Vaterunser im Himmel

Brauneiss, Leopold/Kareda, Saale/Pärt, Arvo/Restagno, Enzo: Arvo Pärt im Gespräch. Wien 2010.

Gassmann, Michael: Wanderer auf einem schmalen Grat. Einige Gedanken zum Werk Arvo Pärts. In: Internationale katholische Zeitschrift Communio 36 (2007), S. 316–321.

Hoping, Helmut: Musik aus der Stille des Schweigens. Die musikalische Theologie des estnischen Komponisten Arvo Pärt. In: Stimmen der Zeit 225 (2007), S. 666–674.

Shenton, Andrew (Hrsg.): The Cambridge Companion to Arvo Pärt. Cambridge 2012.

Sildre, Jonas: Zwischen zwei Tönen. Aus dem Leben des Arvo Pärt. Eine Graphic Novel. Aus dem Estnischen von Maximilian Murmann. Berlin und Dresden 2021.

Walter, Meinrad (Hrsg.): Ein Hauch der Gottheit ist Musik. Gedanken großer Musiker. Düsseldorf 2009. Darin Originaltexte von Arvo Pärt, S. 67–69.

Gioachino Rossini: Agnus Dei aus der Petite Messe solennelle

Ambros, August Wilhelm: Die „Messe solennelle" von Rossini. In: Bunte Blätter. Skizzen und Studien für Freunde der Musik und der bildenden Kunst. Leipzig 1872, S. 81–92.

Döge, Klaus: Vorwort zur Notenausgabe im Carus-Verlag (CV 40.650). Stuttgart 1991.

Fleming, Nancy Pope: Rossini's „Petite Messe Solennelle". Diss. University of Illinois. Ann Arbour 1986.

Hagedorn, Volker: Ein Sonntagmittag anno 1864 in der Rue Moncey 12. Zwischen kleiner Besetzung und großer Oper: Die Uraufführung von Gioachino Rossinis „Petite Messe solennelle" in einem Pariser Stadtpalais. In: b-No 7. Magazin des Balletts am Rhein, Oktober 2016,

S. 24–29. Im Internet einsehbar unter http://www.volker-hagedorn.de/wp/?p=2485

Hagedorn, Volker: Der Klang von Paris. Eine Reise in die musikalische Metropole des 19. Jahrhunderts. Reinbek bei Hamburg 2019, S. 332–337.

Pritsch, Norbert: Gedanken zu den drei Fassungen der „Petite Messe Solennelle". In: Kern, Bernd-Rüdiger / Müller, Reto (Hrsg.): Rossini in Paris. Tagungsband. Leipzig 2002, S. 143–151.

Smejkal, Emily: Analyse der „Petite Messe solennelle" von Giochino Rossini. Arbeit am Institut für Musikwissenschaft und Interpretationsforschung der Universität für Musik und darst. Kunst Wien. Saarbrücken 2017.

Weinstock, Herbert: Rossini. Eine Biographie. Übersetzt von Kurt Michaelis. Adliswil/Schweiz 1981.

Frank Martin: Image de la Chambre haute aus Polyptique für Solovioline und zwei Streichorchester

Billeter, Bernhard: Frank Martin. Werdegang und Musiksprache seiner Werke. Mainz 1999, S. 198.

Brandt, Regina: Religiöse Grundzüge im Werk von Frank Martin. (Kölner Beiträge zur Musikforschung 174). Regensburg 1992.

Bruhn, Siglind: Europas klingende Bilder. Eine musikalische Reise. Waldkirch 2013, S. 72–76.

Martin, Maria (Hrsg.): A propos de ... Commentaires de Frank Martin sur ses oeuvres. Neuchâtel 1984, S. 162f.

Gott sei gelobet und gebenedeiet

Franz, Ansgar: Gott sei gelobet und gebenedeiet. In: Ders. u.a. (Hrsg.): Die Lieder des Gotteslob. Geschichte – Liturgie – Kultur. Mit besonderer Berücksichtigung ausgewählter Lieder des Erzbistums Köln. Stuttgart 2017, S. 399–404.

Franz, Ansgar (zum Text) / Marti, Andreas (zur Musik): Gott sei gelobet und gebenedeiet. In: Alpermann, Ilsabe / Evang, Martin (Hrsg.): Liederkunde zum Evangelischen Gesangbuch (Handbuch zum Evangelischen Gesangbuch 3), Heft 24. Göttingen 2018, S. 10–18.

Geck, Martin: Luthers Lieder. Leuchttürme der Reformation. Hildesheim 2017.

Heidrich, Jürgen / Schilling, Johannes: Martin Luther. Die Lieder. Stuttgart 2017.

Praßl, Franz Karl: Das Mittelalter. In: Möller, Christian (Hrsg.): Kirchenlied und Gesangbuch. Quellen zu ihrer Geschichte. Ein hymnologisches Arbeitsbuch (Mainzer Hymnologische Studien 1), Tübingen u.a. 2000, S. 29–68.

Stock, Alex: Gott sei gelobet und gebenedeiet. In: Becker, Hansjakob u.a. (Hrsg.): Geistliches Wunderhorn. Große deutsche Kirchenlieder. München 2001, S. 76–83.

Tück, Jan-Heiner: Gabe der Gegenwart. Theologie und Dichtung der Eucharistie bei Thomas von Aquin. Freiburg i. Br. 2014.

Walter, Meinrad, „Erschallet, ihr Lieder, erklinget ihr Saiten!" Eine Pfingstkantate Johann Sebastians Bachs in lutherischer Musiktradition. In: Steiger, Renate (Hrsg.): Von Luther zu Bach. Bericht über die Tagung 22. bis 25. September 1996 in Eisenach. Sinzig 1999, S. 43–65.

Wimmer, Gabriel: Gott sey gelobet und gebenedeiet. In: Ders. Ausführliche Lieder-Erklärung, wodurch die ältesten und gewöhnlichsten Gesänge der Evangelisch-Lutherischen Kirche … Teil 2, S. 351–364. Im Netz unter: https://gdz.sub.uni-goettingen.de/id/PPN55651422X?tify={%22pages%22:[355],%22view%22:%22toc%22}

Olivier Messiaen: Offrande et Alleluia final aus dem Orgelzyklus Livre du Saint Sacrement

Bauer, Dorothee: Olivier Messiaens Livre du Saint Sacrement. Mysterium eucharistischer Gegenwart: Dank – Freude – Herrlichkeit (Beiträge zur Geschichte der Kirchenmusik 20). Paderborn 2015.

Busch, Herman J./Heinemann, Michael (Hrsg.): Zur Orgelmusik Olivier Messiaens. Teil 2: Von der Messe de la Pentecôte bis zum Livre du Saint Sacrement. Bonn 2008, 153–184.

Heinemann, Michael: Summa organistica. Zu Messiaens Livre du Saint Sacrement. In: Goetze, Albrecht/Hiekel, Jörn Peter (Hrsg.): Religion und Glaube als künstlerische Kernkräfte im Werk von Olivier Messiaen. Ein Symposion des Meetingpoint Music Messiaen. Hofheim 2010, S. 111–122.

Marmion, D. Columba OSB: Christus in seinen Geheimnissen. Übertragen von M. Benedicta v. Spiegel OSB. Mit einem Geleitwort von Prof. Dr. M. Rackl (Paderborn 1931). 4., überarbeitete Aufl. Mariawald 2017.

Müller, Wolfgang W.: Klingende Theologie. Glaube – Reflexion – Mysterium im Werk Olivier Messiaens. Ostfildern 2016.

Piqué i Collado, Jordi-Agustí: Livre du Saint Sacrement pour Orgue. Eucharistie als Manifestation und Erfahrung des Transzendenten. In: Hastetter, Michaela Christine (Hrsg.): Musik des Unsichtbaren. Der Komponist Olivier Messiaen (1908–1992) am Schnittpunkt von Theologie und Musik. St. Ottilien 2008, S. 104–125.

Rößler, Almut (Hrsg.): Beiträge zur geistigen Welt Olivier Messiaens. Mit Original-Texten des Komponisten. Duisburg 1984.

Schlee, Thomas Daniel/Kämper, Dietrich (Hrsg.): Olivier Messiaen. La cité céleste – Das himmlische Jerusalem. Über Leben und Werk des französischen Komponisten. Köln 1998.

Walter, Meinrad: Musik aus dem Geist der Theologie. Zum Werk des Komponisten Olivier Messiaen. In: Herder-Korrespondenz 61 (2007), S. 589–593.

B Hinweise auf Notenausgaben sowie musikalische Einspielungen der besprochenen Werke auf Tonträgern (CD, DVD) und im Internet

Jean Langlais: *Incantation pour un jour Saint*
Notenausgabe: Jean Langlais: Incantation pour un jour Saint. In: Orgue et Liturgie. 1. Paques. Editions Musicales Schola Cantorum, Paris 1954, S. 27–32.
CD-Einspielungen gibt es von zahlreichen Organistinnen und Organisten, z. B. Klemens Schnorr an den Orgeln des Freiburger Münsters: CD und DVD *Cathedral music*. Label Motette (MOT 13236).
Internet:
Mit Jeremy Cole (Wells Cathedral 2020) → QR-Code 1

Georg Friedrich Händel: Römisches Gloria und Glory to God aus dem Oratorium Messias
Notenausgaben: (1) Georg Friedrich Händel: Gloria für Sopran, zwei Violinen und Generalbass. Hrsg. von Hans Joachim Marx. Verlag Bärenreiter. (2) Georg Friedrich Händel: Messiah / Der Messias. Zahlreiche Ausgaben u. a. bei den Verlagen Bärenreiter, Carus, Peters. Faksimile-Ausgabe bei Bärenreiter.
CD-Einspielungen zum römischen Gloria liegen vor u. a. mit den Sopranistinnen Emma Kirkby, Deborah York, Dorothea Craxton. Das Messiah-Oratorium gibt es auf vielen CD-Einspielungen in eher „traditioneller" oder historisch informierter Aufführungspraxis, von Karl Richter und Neville Marriner über Andrew Parrott bis zu Paul McCreesh, John Eliot Gardiner und neuerdings Masaaki Suzuki, René Jacobs und Hans-Christoph Rademann.
Internet:
(1) Gloria mit Hana Blažíková und dem Collegium 1704: → QR-Code 2
(2) Glory to God aus dem Messiah mit Andrew Parrott und „mitlaufenden" Noten: → QR-Code 3
Gesamtaufnahme des Messiah mit Václav Luks (Gloria-Szene beginnt bei ca. 35'): → QR-Code 4

Antwortpsalm aus dem synagogalen Gottesdienst
Louis Lewandowski: Der Herr ist mein Hirte (Psalm 23)
Notenausgabe: Louis Lewandowski: 18 liturgische Psalmen für Soli, Chor und Orgel. Hrsg. von Andor Izsák. Verlag Breitkopf&Härtel.
CD-Einspielung: 18 liturgische Psalmen mit dem Hungarian Radio Choir (Leitung: Andor Izsák) bei Deutsche Grammophon.

Internet:
Mit dem Synagogalchor Hannover: → QR-Code 5
Mit dem Hungarian Radio Choir: → QR-Code 6

Wolfgang Amadé Mozart: Halleluja aus der Motette Exsultate, jubilate

Notenausgabe: Partitur und Klavierauszug sind erhältlich u.a. bei den Verlagen Bärenreiter und Carus.
CD-Einspielungen gibt es mit vielen Sängerinnen, z. B. Carolyn Sampson, Susan Gritton, Emma Kirkby, Cecilia Bartoli.
Internet:
Mit der Sopranistin Regula Mühlemann (bei 4'40"): → QR-Code 7
Mit Ruth Ziesak (bei 12'30"): → QR-Code 8
Zum Vergleich eine historische Aufnahme (1954) mit Maria Stader:
→ QR-Code 9

Heinrich Schütz: Der Gerechten Seelen sind in Gottes Hand aus den Musikalischen Exequien (Begräbnis-Missa)

Notenausgabe: Editionen u. a. bei den Verlagen Bärenreiter und Carus.
CD-Einspielungen liegen zahlreich vor, u. a. mit den Dirigenten Hans-Christoph Rademann (Carus im Rahmen der Schütz-Gesamteinspielung), Philippe Herreweghe, Lionel Meunier, Manfred Cordes, Howard Arman.
Internet:
Mit Philippe Herreweghe (mit Noten, bei 14'): → QR-Code 10
Mit Lionel Meunier (bei 20'45"): → QR-Code 11

Leonard Bernstein: I believe in one God aus Mass. A Theatre Piece for Singers, Players and Dancers

Notenausgabe: Klavierauszug bei Boosey&Hawkes.
CD-Einspielungen liegen zahlreich vor, u. a. mit den Dirigenten Leonard Bernstein, Kent Nagano, Dennis Russel Davies, Kristjan Järvi, Yannik Jesset-Seguin, Marin Alsop.
Internet:
Mit Marin Alsop: → QR-Code 12
Kennedy Centre 1981: → QR-Code 13
Mit Oskar Rozsa: → QR-Code 14
Mit Kristjan Järvi: → QR-Code 15

Felix Mendelssohn Bartholdy: Komponierte Gebete im Oratorium Elias

Notenausgaben: Das Oratorium „Elias" gibt es in zahlreichen neueren Editionen, jeweils mit Studienpartitur und Klavierauszug: Breitkopf&Härtel, Bärenreiter, Carus, Peters.

CD-Einspielungen liegen zahlreich vor, z. B. mit den Dirigenten Helmuth Rilling, Thomas Hengelbrock, Hans-Christoph Rademann.

Internet:
Mit Philippe Herreweghe: → QR-Code 16
Mit Daniele Gatti: → QR-Code 17

Raymund Weber/Andrew Lloyd Webber: Nimm, o Gott, die Gaben, die wir bringen

Notenausgabe: Stammteil des Gebet- und Gesangbuchs Gotteslob (2013), Nr. 188; zur Rockoper „Jesus Christ Superstar" gibt es bei der Edition Music Sales eine Gesamtpartitur sowie zahlreiche Arrangements für einzelne Songs mit Gesang und Begleitung.

Internet:
Abendmahlsszene der „Rockoper" TaM Duisburg: → QR-Code 18
The Last Supper (Film 2000): → QR-Code 19
Das Kirchenlied im Internet in Verbindung mit J. S. Bachs „Air" aus der Suite D-Dur: → QR-Code 20
Karaoke-Version als Klavierbegleitung zum Mitsingen: → QR-Code 21

Johann Sebastian Bach: Sanctus aus der Messe h-Moll

Notenausgabe: Zahlreiche neuere Editionen, meistens mit Studienpartitur und Klavierauszug, gibt es u. a. bei den Verlagen Bärenreiter (Uwe Wolf, 2010), Breitkopf&Härtel (Joshua Rifkin, 2006), Carus (Ulrich Leisinger, 2014), Peters (Christoph Wolff, 1997).

CD-Einspielungen liegen zahlreich vor, mit Dirigenten wie John Eliot Gardiner, Thomas Hengelbrock, Masaaki Suzuki, Philippe Herreweghe, Frieder Bernius, Rudolf Lutz.

Internet:
Jos van Veldhoven (all of Bach): → QR-Code 22
Thomanerchor Leipzig (Georg Christoph Biller): → QR-Code 23
Thomas Hengelbrock aus der Elbphilharmonie Hamburg: → QR-Code 24

Das große Lob- und Dankgebet
Ludwig van Beethoven: Präludium und Benedictus aus der Missa solemnis

Notenausgabe: Zahlreiche neuere Editionen, meistens mit Studienpartitur und Klavierauszug, gibt es u. a. bei den Verlagen Bärenreiter, Carus, Henle.

CD-Einspielungen gibt es in großer Anzahl, die jüngsten mit den Dirigenten Frieder Bernius (Carus), René Jacobs (harmonia mundi).

Internet:
René Jacobs und FBO: → QR-Code 25
Leonard Bernstein: → QR-Code 26
John Eliot Gardiner: → QR-Code 27

Arvo Pärt: Vaterunser im Himmel
Notenausgabe: Arvo Pärt: Vater unser für Knabensopran und Klavier. Gewidmet dem Heiligen Vater, Papst Benedikt XVI. Verlag Universal Edition, Wien.
Im Internet:
Mit dem Knabensopran Lluis Travesset (Montserrat) und Orgel: → QR-Code 28
Aus dem Vatikan bei der Pärt-Preisverleihung mit dem Komponisten am Klavier: → QR-Code 29
Fassung für Countertenor (Andreas Scholl) und Streicher: → QR-Code 30

Gioachino Rossini: Agnus Dei aus der Petite Messe solennelle
Notenausgabe: Die Fassung für Vokalsolisten, Chor, zwei Klaviere und Harmonium liegt u. a. vor bei Carus (Klaus Döge).
CD-Einspielungen gibt es u. a. mit den Dirigenten Marcus Creed, Peter Dijkstra, Michel Corboz.
Internet:
sehr packende Aufnahme unter Leitung von Leonardo Garcia Alacrón: → QR-Code 31

Frank Martin: Image de la Chambre haute aus Polyptyque für Solovioline und zwei Streichorchester
Notenausgabe: Die Partitur liegt in Frank Martins Handschrift vor bei der Universal Edition, Wien. Eine Taschenpartitur ist erhältlich, ebenso die Noten zum Mitlesen im Internet:
→ QR-Code 32
CD-Einspielung: etliche Einspielungen mit Geigern wie Jehudi Menuhin, Georges-Emmanuel Schneider, Patricia Kapatchinskaja.
Internet:
Jehudi Menuhin: → QR-Code 33
Mit Bach-Chorälen, Arabella Steinbacher (Violine): → QR-Code 34

Gott sei gelobet und gebenedeiet
Kritische Notenausgabe von Luthers Fassung: Luthers geistliche Lieder und Kirchengesänge. Vollständige Neuedition in Ergänzung zu Band 35 der Weimarer Ausgabe. Bearbeitet von Markus Jenny. Köln 1985 (Lied Nr. 4).
Die „katholische" Fassung im Gotteslob und weiteren Gesangbüchern, die lutherische im Evangelischen Gesangbuch.

Internet:
Gotteslob-Fassung unter: → QR-Code 35
Heinrich Scheidemann (Orgelchoral) mit Fabian Moulaert: → QR-Code 36

Olivier Messiaen: Offrande et Alleluia final aus dem Orgelzyklus Livre du Saint Sacrement

Notenausgabe: Olivier Messiaen: Livre du Saint Sacrement pour orgue. Éditions Musicales Alphonse Leduc (AL 27373), Paris 1989.

CD-Einspielungen: Zahlreiche Einspielungen des 18-sätzigen Werkes liegen vor, u. a. mit Jennifer Bate, Michael Bonaventure, Hans-Ola Ericsson, Paul Jacobs, Susan Landale, Olivier Latry, Almut Rößler.

Internet:
Jolanda Zwoferink (mit Noten): → QR-Code 37
Susan Landale: → QR-Code 38
Winfried Bönig: → QR-Code 39
Paul Jacobs: → QR-Code 40

C QR-Codes

QR-Code 1

QR-Code 2

QR-Code 3

QR-Code 4

QR-Code 5

QR-Code 6

QR-Code 7

QR-Code 8

QR-Code 9

QR-Code 10

QR-Code 11

QR-Code 12

QR-Code 13

QR-Code 14

QR-Code 15

QR-Code 16

QR-Code 17

QR-Code 18

QR-Code 19

QR-Code 20

QR-Code 21

QR-Code 22

QR-Code 23

QR-Code 24

QR-Code 25

QR-Code 26

QR-Code 27

QR-Code 28

QR-Code 29

QR-Code 30

QR-Code 31

QR-Code 32

QR-Code 33

QR-Code 34

QR-Code 35

QR-Code 36

QR-Code 37

QR-Code 38

QR-Code 39

QR-Code 40

Bildnachweis

Vignetten: S. 5/7/11/41/93/173/203: Johann Sebastian Bach, Missa A-Dur. Gloria (Partiturautograf); S. 13: Jean Langlais, Incantation pour un jour Saint. Orgue et Liturgie 1. Paques. Editions Musicales Schola Cantorum; S. 25: Georg Friedrich Händel, Messiah. Glory to God in the highest (Partiturautograf); S. 44: Louis Lewandowski, 18 liturgische Psalmen. Der Herr ist mein Hirte (Erstdruck); S. 53: Wolfgang Amadé Mozart, Motette Exsultate, jubliate. Halleluja (frühe Abschrift des Partiturautografs); S. 61: Heinrich Schütz, Musikalische Exequien. Gedrucktes Stimmbuch (III. Teil, Secundus Chorus); S. 74: Leonard Bernstein, Mass. A Theatre Piece for Singers, Players and Dancers: X. Credo, Library of Congress; S. 84: Felix Mendelssohn Bartholdy, Oratorium Elias. Herr, höre unser Gebet! – Zion streckt ihre Hände aus (Partiturautograf); S: 97: Nimm, o Gott, die Gaben, die wir bringen: Andrew Lloyd Webber, Full orchestral score for "Jesus Christ Superstar", Palace Theatre, 9 August 1972 © Victoria and Albert Museum, London; S. 111: Johann Sebastian Bach, Missa h-Moll. Sanctus (Partiturautograf); S. 123: Ludwig van Beethoven, Missa solemnis D-Dur. Benedictus (Partiturautograf); S. 136: Arvo Pärt, Vater Unser © Copyright 2013 by Universal Edition A.G., Wien; S. 147: Gioachino Rossini, Petite Messe solennelle. Agnus Dei (Partiturautograf); S. 160: Frank Martin, Polyptyque. Image de la Chambre haute (Partiturautograf); S. 176: Gott sei gelobet und gebenedeiet: Johann Walter, Geystliche gesangk Buchleyn. Gedrucktes Stimmbuch (Tenor); S. 188: Olivier Messiaen, Livre du Saint Sacrement pour orgue. Offrande et Alleluia final (Autograf) © Fondation Olivier Messiaen.
Abb. 2: © Günter Lade; Abb. 3/15/22/25: © Markus Krauth. Für weitere Abbildungen und Beschreibungen vgl. Markus Krauth (Hrsg.): Voll Gott. Maria Geburt Aschaffenburg. Regensburg 2019; Abb. 4: Wikimedia Commons, Alonso de Mendoza; Abb. 8: Wikimedia Commons, Musicologus; Abb. 9: Wikimedia Commons, Meidosensei; Abb. 14: Wikimedia Commons, Ewald9; Abb. 17: Sieger Köder, Musica Sacra © Sieger Köder-Stiftung Kunst und Bibel, Ellwangen, www.verlagsgruppe-patmos.de/rights/abdrucke; Abb. 18: Beethoven-Haus, Bonn; Abb. 24: Wikimedia Commons, Scewing; Abb. 31: © Düsseldorfer Kantorenkonvent.